L'essentiel des techniques bancaires

Éditions d'Organisation
Groupe Eyrolles
61, bd Saint-Germain
75240 Paris Cedex 05
www.editions-organisation.com
www.editions-eyrolles.com

Jean-Marc Béguin
Arnaud Bernard

L'essentiel
des techniques bancaires

EYROLLES

Éditions d'Organisation

Sommaire

Introduction

L'objectif de cet ouvrage est principalement d'apporter un grand nombre de réponses aux utilisateurs de services bancaires que nous sommes tous.

Plus particulièrement, cet ouvrage sera utilisé dans les cursus de licence professionnelle Banque ou master Banque.

Aussi, les non-professionnels pourront y retrouver :

- ▸ l'organisation bancaire française ;
- ▸ l'entrée en relation avec son banquier ;
- ▸ le fonctionnement du compte bancaire ;
- ▸ les différents moyens de paiement ;
- ▸ l'ensemble des placements bancaires et financiers ;
- ▸ les différents crédits et leurs garanties ;
- ▸ les risques dans la relation bancaire.

L'ensemble des chapitres se veut une vue non exhaustive de la relation quotidienne banquier/client dans la profonde mutation qu'elle a pu connaître ces dernières années.

1. Les caractéristiques économiques du marché des particuliers et des professionnels

Le secteur bancaire français est un acteur de premier plan de la croissance économique ; selon l'Insee, il y contribue presque trois fois plus que l'industrie automobile ou deux fois plus que l'industrie agroalimentaire.

La banque est rarement perçue comme une entreprise comme les autres par ses clients du fait de la spécificité de sa matière première : l'argent des Français.

Les banques ont en effet pour mission de soutenir la croissance à court terme, avec la distribution de crédit à la consommation, et à long terme, avec la mise en place de crédits immobiliers et de crédits aux entreprises.

Tableau 1 – Les principaux métiers bancaires

Métiers	Caractéristiques
La banque des particuliers : à partir de 2001, la banque de détail a joué un rôle important dans les résultats des banques françaises et internationales	Une contribution majeure au résultat des banques françaises Une rentabilité inférieure à celle observée dans les systèmes bancaires européens les plus rentables Un degré de concentration élevé Une concurrence intense : des capacités de distribution élevées et les marges les plus faibles en Europe Un fort degré de compétitivité (rationalisation des réseaux, centralisation des back-offices, diffusion de nouvelles technologies) Une activité peu consommatrice de fonds propres Un coût du risque modéré Une gamme complète de produits et de services bancaires offerts et des stratégies de ventes croisées efficaces : un taux d'équipement moyen d'environ sept produits par ménage Une forte fidélité des clients, même si les freins à la mobilité se lèvent
Les financements spécialisés pour les particuliers : les acteurs spécialisés se développent deux fois plus rapidement que les banques de détail	Force des banques françaises dans la standardisation et la diffusion des produits à l'international Innovation produit Part croissante dans le PNB des banques
La banque de financement et d'investissement : un secteur d'excellence, mais les grandes banques françaises ne font pas partie des dix meilleurs groupes mondiaux	Un métier volatil et cyclique, mais rentable Des pôles d'excellence reconnus sur le plan international : dérivés actions, dérivés de taux, financement export Absence des premières places des grandes banques de gros
La gestion d'actifs	Un pôle d'excellence partagé avec les assureurs Une part non négligeable dans le résultat des banques Une place dans la concurrence mondiale
L'assurance	Forte position des banques dans la distribution Les filiales des banques sont aussi des producteurs d'assurance dans le cadre de l'équipement de la clientèle et de la diversification des activités Part de plus en plus importante dans le résultat des groupes bancaires

Source : rapport CCSF mai 2006.

2. Les enjeux de la relation client

Parmi les plus grands utilisateurs du monde, les Français effectuent plus de 225 opérations de paiement (hors espèces) par an.

Selon la Banque Centrale Européenne (BCE), les opérations bancaires des Français représentent près du quart des opérations de paiement réalisées en Europe.

Selon la Fédération Bancaire Française (FBF), en 2006 :

- 86 % des Français ont au moins un produit d'épargne ;
- 52,6 % des ménages ont souscrit un crédit ;
- 34,5 % détiennent un crédit de trésorerie ;
- 30,5 % ont un crédit immobilier ;
- 33 % disposent de comptes dans plusieurs banques ;
- 60 % ont un accès à leur compte *via* Internet ;
- 35 % se rendent régulièrement dans leur agence bancaire (44 % en 1999).

3. Les Soldes Intermédiaires de Gestion de la banque (SIG)

Figure 1 – Les résultats bancaires

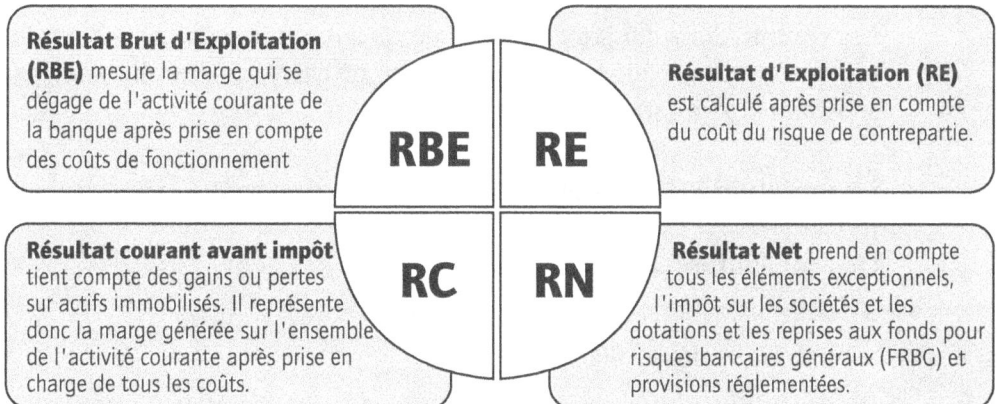

Résultat Brut d'Exploitation (RBE) mesure la marge qui se dégage de l'activité courante de la banque après prise en compte des coûts de fonctionnement

RBE

Résultat d'Exploitation (RE) est calculé après prise en compte du coût du risque de contrepartie.

RE

Résultat courant avant impôt tient compte des gains ou pertes sur actifs immobilisés. Il représente donc la marge générée sur l'ensemble de l'activité courante après prise en charge de tous les coûts.

RC

RN

Résultat Net prend en compte tous les éléments exceptionnels, l'impôt sur les sociétés et les dotations et les reprises aux fonds pour risques bancaires généraux (FRBG) et provisions réglementées.

La présentation du compte de résultat d'un établissement de crédit a été modifiée par les règlements du Comité de la Réglementation Comptable (CRC) le 4 juillet 2000. La nouvelle présentation est obligatoire depuis le 1er janvier 2001. Elle fournit désormais aux lecteurs une information plus claire. Les nouveaux comptes de résultat comportent des SIG obligatoires dont le contenu est uniformisé.

3.1 Le Produit Net Bancaire (PNB)

Le premier SIG intégré dans le compte de résultat d'un établissement bancaire est le PNB. Ce solde représente la marge brute dégagée par les établissements de crédit sur l'ensemble de leurs activités bancaires, majorée des produits accessoires et divers nets, et du résultat des opérations sur les titres de l'activité de portefeuille. Le PNB doit évidemment être positif pour couvrir les frais généraux et les risques de l'établissement. Le PNB sert d'indicateur de la valeur ajoutée de la banque.

Le PNB est un indicateur

Le PNB est un indicateur qui rend compte de l'ensemble des activités de la banque (dans ses différentes fonctions, d'intermédiation, de marché, etc.) et détermine sa marge brute. Le PNB s'obtient donc en soustrayant à la somme des produits d'exploitation la somme des charges d'exploitation. Les principaux composants du PNB sont :

▸ les intérêts perçus sur la clientèle et ceux versés aux tiers ;

▸ les produits du portefeuille titres et des participations ;

▸ les autres produits d'exploitation bancaire (essentiellement les commissions sur services).

Les commissions sur services sont de plus en plus recherchées par les banques pour améliorer leur rentabilité et parce qu'elles ne sont pas sensibles aux variations de taux.

La rentabilité d'un client revient à déterminer le PNB unitaire par client

On situe souvent la rentabilité de la clientèle :

▸ des particuliers, entre 100 € et 1 000 € annuels ;

▸ patrimoniale, à 2 000 € annuels ;

▸ des professionnels et des entreprises, de 1 000 € à 10 000 € annuels.

Mais il est difficile d'apprécier le temps passé avec chaque client, les provisions engagées, les frais de gestion, les charges unitaires…

Aussi, il est important pour toute banque de savoir si l'ensemble des relations entretenues avec ses clients ou des segments de sa clientèle est rentable ou non.

Prendre en compte quatre éléments

▸ Produits et services bancaires utilisés par le client : les répertorier en totalité est assez aisé pour un particulier, mais beaucoup plus délicat pour une entreprise.

▸ Gains sur float : il est important d'intégrer ces gains réalisés par le fonctionnement du compte client. Le float est constitué par les fonds à disposition de la banque du fait de l'application des jours de valeur. Les décalages entre les enregistrements des opérations et les inscriptions sur le compte engendrent des disponibilités au profit de la banque. Les gains sont valorisés à un taux de référence (taux moyen du marché monétaire, par exemple).

▸ Évaluation du risque client : chaque emprunteur de capitaux fait supporter un risque d'insolvabilité plus ou moins élevé. Sa prise en compte dépend de la politique de couverture de la banque :

  • constitution de provisions : une provision fictive est déterminée en tenant compte de la catégorie de risque client (cotation) ou d'une politique générale de la banque ;

  • conditions débitrices – le coût du crédit – consenties à un client, qui intègrent de plus en plus le risque supporté par la banque.

▸ Modalités de refinancement : certains crédits se refinancent plus facilement que d'autres sur les marchés des capitaux ; les différences entre ces modalités doivent être prises en compte. On peut éventuellement considérer que le refinancement est une ressource, qui dépend directement du crédit choisi par le client.

Le calcul du PNB et la formation des SIG

La première partie du compte de résultat d'un établissement bancaire permet de calculer le PNB. Il est composé de plusieurs rubriques qui s'additionnent ou se soustraient entre elles.

Figure 2 – Le compte de résultat

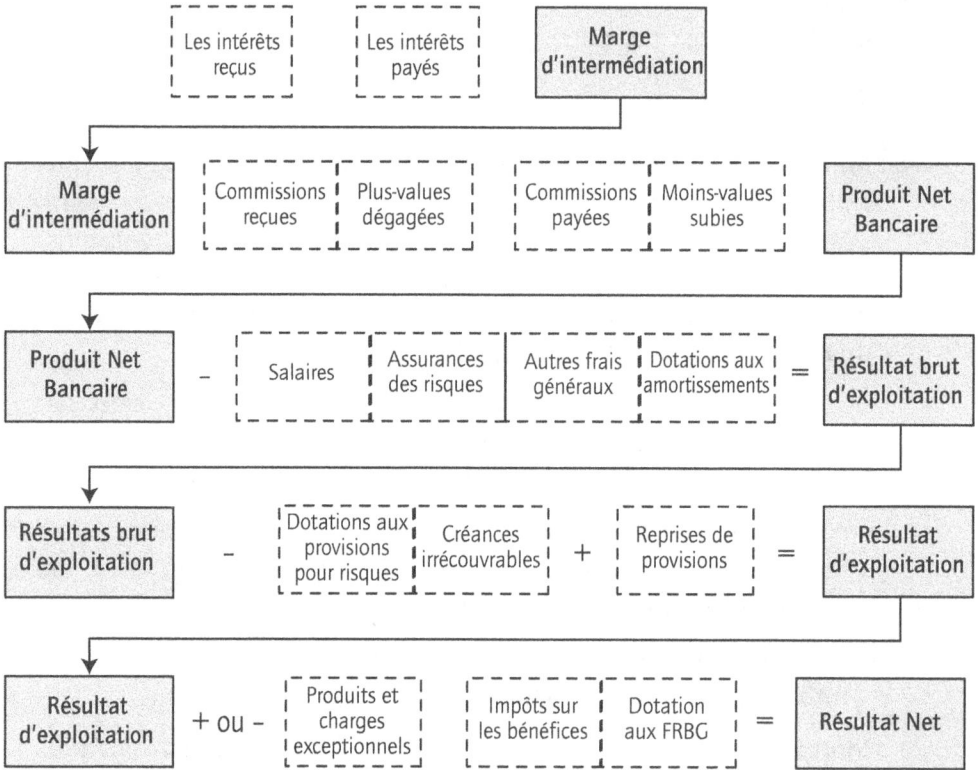

| Les intérêts reçus | Les intérêts payés | Marge d'intermédiation |

| Marge d'intermédiation | Commissions reçues | Plus-values dégagées | Commissions payées | Moins-values subies | Produit Net Bancaire |

| Produit Net Bancaire | − | Salaires | Assurances des risques | Autres frais généraux | Dotations aux amortissements | = | Résultat brut d'exploitation |

| Résultats brut d'exploitation | − | Dotations aux provisions pour risques | Créances irrécouvrables | + | Reprises de provisions | = | Résultat d'exploitation |

| Résultat d'exploitation | + ou − | Produits et charges exceptionnels | Impôts sur les bénéfices | Dotation aux FRBG | = | Résultat Net |

3.2 Les autres ratios utiles

▸ Le ratio de structure du PNB (commissions nettes/PNB) qui précise la part des produits issus de l'activité de prestataire de services d'un établissement.

▸ Le ratio de productivité globale (charges générales d'exploitation/ PNB), appelé aussi « coefficient d'exploitation », qui indique la part du PNB absorbé par les frais généraux de l'établissement.

▸ Le ratio de productivité par agent (PNB/effectif).

Chapitre 1

L'organisation française du système bancaire

Figure 1.1 – Schéma actuel de l'organisation bancaire française

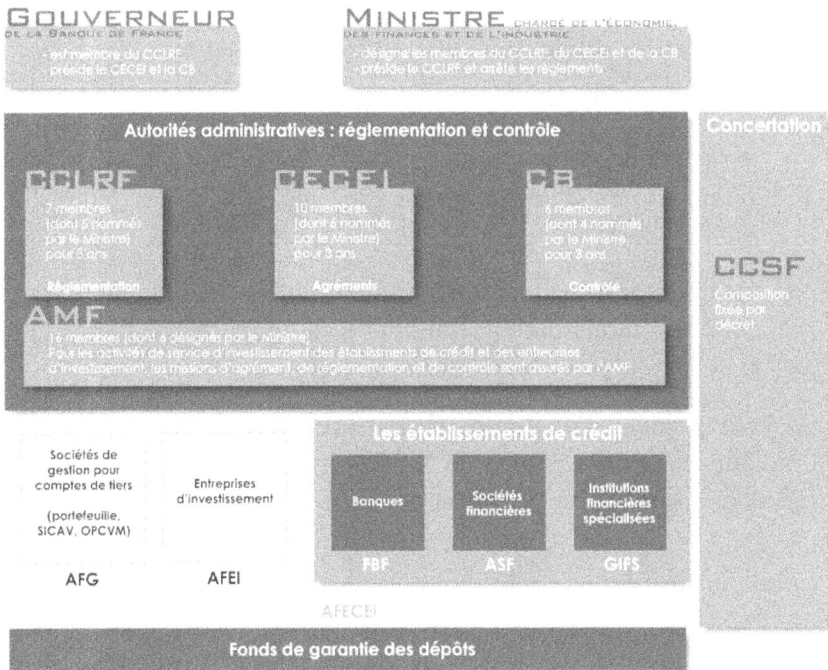

AMF : Autorité des marchés financiers
CB : Commission bancaire
CCLRF : Comité consultatif de la législation et de la règlementation financières
CECEI : Comité des établissements de crédit et des entreprises d'investissement.
CCSF : Comité consultatif du secteur financier

Source : Fédération bancaire française.

Depuis la loi bancaire du 24 janvier 1984, l'organisation française du secteur bancaire se divise en plusieurs niveaux.

1. Les différents établissements de crédit

Les établissements de crédit sont des personnes morales qui effectuent à titre de profession habituelle des opérations de banque. Ils peuvent aussi effectuer des opérations connexes à leurs activités, au sens de l'article L. 311-2.

Les opérations de banque comprennent la réception de fonds du public, les opérations de crédit, ainsi que la mise à la disposition de la clientèle ou la gestion de moyens de paiement. Les opérations connexes aux opérations de banque sont :

▸ les opérations de change ;

▸ les opérations sur or, métaux précieux et pièces ;

▸ le placement, la souscription, l'achat, la gestion, la garde et la vente de valeurs mobilières et de tout produit financier ;

▸ le conseil et l'assistance en matière de gestion de patrimoine ;

▸ le conseil et l'assistance en matière de gestion financière, l'ingénierie financière et, d'une manière générale, tous les services destinés à faciliter la création et le développement des entreprises ;

▸ les opérations de location simple de biens mobiliers ou immobiliers pour les établissements habilités à effectuer des opérations de crédit-bail.

À la fin de 2006, 848 établissements de crédit français et monégasques étaient assujettis au contrôle de la Commission bancaire, contre 882 au 31 décembre 2005 et 912 au 31 décembre 2004.

Les banques

Les banques et les banques coopératives et mutualistes peuvent effectuer toutes les opérations de banque. Les opérations de banque comprennent la réception de fonds du public. Les banques sont seules habilitées à recevoir du public des fonds à vue ou à moins de deux ans de terme. En 2006, on compte 435 banques en France.

Les crédits municipaux

Les crédits municipaux sont des établissements publics communaux de crédit et d'aide sociale. Ils bénéficient du monopole de l'octroi de prêts sur gages. Il existe 20 caisses à fin 2006.

Évolution des réseaux

Au 31 décembre 2006, le système bancaire français comptait 27 328 guichets permanents, en augmentation de 511 unités. Plus de la moitié de cette évolution relève de la catégorie des banques. Le nombre des guichets des caisses d'épargne est resté stable. Les autres réseaux ont poursuivi leur stratégie d'implantation, mais à un rythme ralenti par rapport à 2005.

Tableau 1.1 – Évolution du réseau de guichets permanents. Métropole, outre-mer et Monaco (par catégories juridiques)

	Au 31.12.2005	Au 31.12.2006	Variation nette
BANQUES	11 019	11 391	+ 372
BANQUES MUTUALISTES OU COOPÉRATIVES	15 734	15 882	+ 148
Banques populaires	2 660	2 740	+ 90
Crédit agricole mutuel	5 828	5 868	+ 40
Crédit mutuel et Crédit mutuel agricole et rural	2 695	2 723	+ 28
Caisses d'épargne et de prévoyance	4 551	4 551	-
SOUS-TOTAL	26 753	27 273	+ 520
CAISSES DE CRÉDIT MUNICIPAL	64	55	- 9
TOTAL	26 817	27 328	+ 511

Source : Banque de France, données des établissements.

Les sociétés financières

À la différence des banques, elles ne peuvent faire tous les types d'opérations. Il existe 386 sociétés financières à fin 2006.

Regroupées pour la plupart au sein de l'Association des Sociétés Financières (ASF) (www.asf-france.fr), elles sont spécialisées dans les différents crédits offerts aux différents agents économiques : crédit à la consommation, crédit immobilier, crédit-bail, affacturage, cautionnement, etc.

Les institutions financières spécialisées sont des établissements de crédit auxquels l'État a confié une mission permanente d'intérêt public. Les sociétés financières et les institutions financières spécialisées (IFS) ne peuvent collecter de dépôts à vue à titre habituel. On compte à fin 2006 les Institutions Financières Spécialisées suivantes :

▸ OSEO ;

▸ trois Sociétés de Développement Régional (SDR) ;

▸ la Caisse de Garantie du Logement Social (CGLS) ;

▸ l'Agence Française du Développement (AFD).

Ces institutions sont regroupées au sein du Groupement des Institutions Financières Spécialisées (GIFS).

2. Les organismes professionnels et les organes centraux

Tout établissement de crédit est tenu d'adhérer à un organisme professionnel ou à un organisme central affilié à l'Association Française des Établissements de Crédit et des Entreprises d'Investissement (AFECEI).

Il existe quatre organismes professionnels actuellement :

▸ la Fédération Bancaire Française (FBF, ex-AFB) ;

▸ l'Association Française des Sociétés Financières (ASF) ;

▸ le Groupement des Institutions Financières spécialisées (GIFS) ;

▸ la Conférence permanente des caisses de Crédit Municipal (CPCCM).

Il existe aussi six organismes centraux :

▸ le Crédit Agricole SA ;

▸ la Caisse Nationale des Caisses d'Épargne et de Prévoyance (CNCEP) ;

▸ la Banque Fédérale des Banques Populaires (BFBP) ;

▸ la Confédération Nationale du Crédit Mutuel (CNCM) ;

▸ la Caisse Centrale de Crédit Coopératif (CCCC) ;

▸ la Chambre syndicale des Sociétés Anonymes de Crédit Immobilier (SACI).

Certains organes centraux siègent à double titre à l'AFECEI soit directement, soit indirectement par leur appartenance à la FBF. L'AFECEI a pour principales missions de représenter les intérêts collectifs des établissements de crédit et entreprises d'investissement, mais aussi l'information de ses adhérents et du public.

➢ ➔ ➔ En matière d'information au public, les sites de la FBF
www.lesclesdelabanque.com ou www.fbf.fr et
de l'ASF www.asf-france.fr sont les meilleurs exemples.

3. Les autorités de contrôle, de réglementation et de consultation

L'ensemble des établissements de crédit et entreprises d'investissement est soumis aux mêmes autorités de réglementation et de contrôle. Il existe aussi des institutions consultatives dont le rôle a été revu par la loi de sécurité financière du 1er août 2003.

Le Comité des Établissements de Crédit et des Entreprises d'Investissement (CECEI)

Le CECEI est chargé de prendre les décisions ou d'accorder les autorisations ou dérogations individuelles applicables aux établissements de crédit et entreprises d'investissement, à l'exception de celles relevant de la Commission bancaire.

La Commission bancaire

Appelée aussi « gendarme de la banque », elle est chargée de contrôler le respect par les établissements de crédit des dispositions législatives et réglementaires qui leurs sont applicables, et de sanctionner les manquements constatés. Elle examine aussi les conditions de leur exploitation et veille à la qualité de leur situation financière. Elle veille enfin au respect des règles de bonne conduite de la profession.

Le Comité Consultatif de la Législation et de la Réglementation Financière (CCLRF)

Premier des organismes consultatifs, le CCLRF est saisi pour avis par le ministre chargé de l'Économie de tout projet de loi ou d'ordonnance et de toute proposition de règlement ou directive communautaire avant qu'ils ne soient définitivement adoptés. Il ne peut être passé outre un avis défavorable qu'après que le ministre de l'Économie a demandé une seconde délibération de ce même Comité.

Le Comité Consultatif du Secteur Financier (CCSF)

Second organisme consultatif, le CCSF est chargé d'étudier les questions liées aux relations entre, d'une part, les établissements de crédit et entreprises d'investissement et, d'autre part, leurs clientèles respectives, et ainsi de proposer toutes mesures appropriées sous forme d'avis ou de recommandations. Il peut s'autosaisir ou être saisi par le ministre de l'Économie ou les organisations représentatives des professionnels ou des consommateurs.

L'Autorité des Marchés Financiers (AMF)

C'est l'organisme public indépendant qui réglemente et contrôle les marchés financiers en France. Créée par la loi de sécurité financière du 1er août 2003, l'AMF est issue de la fusion de la Commission des Opérations de Bourse (COB), du Conseil des Marchés Financiers (CMF) et du Conseil de Discipline de la Gestion Financière (CDGF). Ses principales missions sont de veiller :

▸ à la protection de l'épargne investie en produits financiers ;

▸ à l'information des investisseurs ;

▸ au bon fonctionnement des marchés.

Le Fonds de Garantie des Dépôts (FGD)

Les établissements de crédit adhèrent à un FDG qui a pour objet d'indemniser les déposants en cas d'indisponibilité de leurs dépôts ou autres fonds remboursables. Ce fonds gère trois mécanismes de garantie :

▸ la garantie des dépôts bancaires à concurrence de 70 000 € ;

▸ la garantie des titres à concurrence de 70 000 € ;

▸ la garantie des cautions (pour 90 % du coût qui aurait été supporté par la banque défaillante avec une franchise de 3 000 €).

Il doit indemniser les créances admises au titre de la garantie dans un délai de deux mois (qui peut être prorogé trois fois) à compter de la demande formulée par la Commission bancaire.

Chapitre 2

Ouverture et fonctionnement du compte bancaire

1. L'entrée en relation

Pour un particulier, lors de l'ouverture de compte, le conseiller clientèle qui procède à la réception du client devra prendre toutes les précautions utiles et nécessaires afin de vérifier que le client qui est en face de lui ne cherche pas à usurper son identité. Il devra alors mener un certain nombre de vérifications.

1.1 La vérification de la pièce d'identité

Pour justifier de son identité, le client doit remettre lors de l'ouverture d'un compte une pièce officielle d'identité. Pour éviter toute controverse, les pièces d'identité retenues lors de l'ouverture du compte sont :

- la carte nationale d'identité ;
- le passeport ;
- la carte de séjour pour les étrangers.

Il appartient à l'employé de banque ouvrant le compte, d'effectuer une photocopie (qu'il devra conserver) de la pièce d'identité (*recto verso*, le cas échéant) afin de justifier que la vérification de l'identité a bien été effectuée dès l'ouverture de compte.

La loi du 23 décembre 1985 a permis d'adjoindre au patronyme un nom d'usage qui, en aucun cas, ne se substitue au patronyme. La nature juridique du nom d'usage exclut toute mention à l'état civil et sur le livret de famille. Il peut seulement être inscrit, à la suite du patronyme, sur les documents administratifs.

1.2 La vérification de l'adresse

Afin de justifier de son adresse, le client doit remettre un justificatif prouvant sans équivoque possible sa dernière adresse (justificatif de moins de trois mois).

Dans la pratique, on demandera l'original de la quittance France Télécom ou EDF-GDF et on conservera, dans le dossier client, une copie de ce document. De plus, la banque procédera à l'envoi d'un courrier d'accueil permettant de vérifier valablement l'adresse du client.

1.3 La vérification de la capacité civile

La vérification de la capacité civile s'effectue en deux temps. Il est possible effectivement de se trouver soit devant un incapable mineur, soit devant un incapable majeur.

Les mineurs

Par défaut, ils sont incapables (sauf en cas d'émancipation) et ne peuvent donc ouvrir, seuls, un compte et doivent être accompagnés de leur représentant légal (leurs parents dans la plupart des cas). On notera toutefois l'exception du livret jeune dont le décret de création permet à un mineur d'ouvrir seul ce type de compte.

Les incapables majeurs

La personne qui effectue l'ouverture de compte va devoir dans un premier temps procéder à la vérification de la capacité civile. Ici réside toute l'ambiguïté de cette vérification. Il n'est pas aisé de « deviner » si le client majeur est incapable ou non. En cas de doute, le seul moyen de vérifier sa capacité est de demander un extrait d'acte de naissance à la mairie du lieu de naissance du client. Cet extrait qui précise le régime d'incapacité (sauvegarde de justice, curatelle ou tutelle) indiquera la conduite à tenir en matière d'ouverture de compte.

1.4 La vérification de la nationalité

La vérification de la nationalité permettra aussi de déterminer la majorité du client et sa capacité civile. Celle-ci diffère, en effet, selon le pays de naissance (exemple : la majorité aux États-Unis diffère selon les États !).

Il conviendra aussi de vérifier si la femme mariée étrangère peut contracter seule. Certains pays font perdre à la femme, dès qu'elle se marie, la possibilité d'ouvrir seule un compte (ce qui était le cas en France avant la réforme de 1966 !).

1.5 La vérification de capacité bancaire

On appelle capacité bancaire l'aptitude d'un client à détenir ou non un chéquier. La vérification de cette aptitude est relativement simple puisqu'il suffit de consulter le Fichier Central des Chèques (FCC) géré par la Banque de France.

Ainsi, la banque pourra prendre connaissance, dès l'ouverture, d'éventuels incidents sur les comptes gérés par les confrères.

À noter

Le fait d'être interdit bancaire n'interdit pas une ouverture de compte. La décision reste attachée au gestionnaire de compte ou à sa hiérarchie.

Tableau 2.1 – Synthèse

Cadre	Documents à recueillir à l'ouverture du compte	Utilité en matière de maîtrise des risques
Obligatoires	Pièce d'identité officielle avec photographie en cours de validité	Responsabilité de la banque vis-à-vis des tiers
	Justificatif de domicile (de moins de 3 mois)	Responsabilité de la banque vis-à-vis des tiers Un envoi d'une lettre d'accueil permettra de vérifier la fiabilité de l'adresse (NPAI)*
	Acte de naissance (si majeur protégé)… à compléter le cas échéant du jugement du tribunal sur la protection du majeur	L'acte de naissance comporte la mention de curatelle ou tutelle par exemple

…/…

Facultatifs mais indispensables	Fiches de salaires (3 dernières)	Permettent l'analyse : – de l'employeur – du niveau de revenus – de l'ancienneté dans l'emploi – de la présence de saisies – du type de contrat de travail…
	Relevés de compte de l'ancienne banque (3 derniers mois)	Favorisent la découverte : – des charges – des revenus domiciliés – les frais bancaires éventuels – le fonctionnement global du compte du client…
	Avis d'imposition	Permet d'évaluer les ressources globales du foyer, sa composition (nombre de parts), la justification du domicile fiscal
	Livret de famille	Aide précieuse à la découverte : – des enfants – du régime matrimonial

(*) : **N**'habite **P**as à l'**A**dresse **I**ndiquée.

2. La convention de compte des particuliers

La convention de compte des particuliers (art. L. 312-1-1 code monétaire et financier) reprend les engagements de la banque et du client, et notamment : autorisation et moyens de paiement mis en place et leur réglementation, conditions de révision de l'équipement du client, information sur la tarification et les conditions de leur réexamen, et possibilité offerte au client de clore le compte sans frais en cas de « modification substantielle de ses conditions de compte », possibilité qui lui est offerte de s'opposer au traitement commercial des données recueillies, information sur les possibilités de médiation.

Jusqu'au 31 décembre 2009, les établissements de crédit et les services financiers de La Poste sont tenus d'informer, au moins une fois par an, les clients n'ayant pas de convention de compte de dépôt de la possibilité d'en signer une.

2.1 Les conditions tarifaires

Les établissements bancaires sont tenus de porter à la connaissance de leur clientèle et du public les conditions tarifaires des services proposés. Ainsi, la convention de compte doit reprendre ces conditions tarifaires qui peuvent être consultées librement à l'agence.

En cas de modification, la banque est tenue d'en informer au préalable son client (trois mois avant). À défaut, il peut exiger le remboursement du trop perçu au vu des relevés bancaires, à condition de réagir rapidement (en général dans le mois qui suit la réception du relevé, délai mentionné dans la convention de compte).

➔ ➔ ➔ Voir le paragraphe sur la tarification bancaire.

2.2 Les conditions d'utilisation

Le titulaire du compte doit approvisionner celui-ci en fonction de ses dépenses et des autorisations de découvert éventuellement consenties. La banque n'a aucune obligation d'accorder un découvert, qui est d'ailleurs facturé selon le tarif déterminé dans la convention.

2.3 Les engagements réciproques

La convention de compte doit déterminer les engagements réciproques de l'établissement et du client. Le client doit, entre autres, vérifier les relevés de compte (dont la périodicité est fixée dans la convention) et les conserver pendant dix ans.

De son côté, la banque doit tenir exactement le compte et ne peut disposer des sommes sans l'accord du client (matérialisé par un chèque, un ordre de virement), ni prélever de frais non prévus au contrat. Le banquier doit donc vérifier la régularité des opérations avant d'exécuter un ordre et détecter les anomalies éventuelles.

Sauf dérogation légale, la banque doit également respecter le secret bancaire et ne rien divulguer aux tiers de la situation du compte et des informations détenues sur le client.

2.4 La loi MURCEF (Mesures URgentes de Réformes à Caractère Économique et Financier)

L'industrialisation du service bancaire a contribué à « déshumaniser » dans une certaine mesure la relation bancaire. Le rôle croissant du marketing, des automates bancaires, les mesures de sécurité (sas d'accès, disparition du service de caisse) et l'accélération de la rotation des chargés de clientèle ont souvent été perçus par les clients comme un recul du conseil et de l'accompagnement personnalisé. C'est particulièrement vrai pour les clients n'appartenant pas aux catégories les plus favorisées.

Ces pratiques ont conduit au début des années 2000 à une crise de confiance qui s'est développée dans l'opinion à l'égard « des banques » : une détérioration des relations entre les banques et les associations de consommateurs, une insistance médiatique disproportionnée, et unique en Europe, sur le surendettement des particuliers, une volonté répétée du Parlement, toutes tendances politiques confondues, de mettre à la charge du secteur bancaire de nouvelles obligations législatives pour mieux « protéger » les clients...

C'est ainsi qu'à l'initiative du ministre de l'Économie, des Finances et de l'Industrie, et dans le cadre du nouveau CCSF, une concertation est intervenue en octobre 2004, qui a établi les nouvelles fondations de la relation banques-clients. Un plan d'action destiné à rendre « la banque plus facile pour tous » et comprenant quinze mesures concrètes a été adopté d'un commun accord entre les pouvoirs publics, les établissements de crédit et presque toutes les associations de consommateurs.

> ➔ ➔ ➔ L'ensemble des mesures adoptées sont consultables sur le site :
> www.fbf.fr

3. Les différents types de comptes de particuliers et professionnel

3.1 Les comptes de particuliers

Le compte monotitulaire

Ouvert à un seul titulaire, il ne peut fonctionner que sous la seule signature de ce dernier. Toutefois, un mandataire peut être désigné afin de permettre une utilisation totale ou partielle du compte et de ses moyens de paiements selon les limites rédigées dans le mandat.

> ➔ ➔ ➔ Voir le paragraphe sur le mandat.

Seul le mandant est responsable des opérations initiées par son mandataire (exemple : chèque sans provision).

Le compte joint

Tableau 2.2 – Avantages et inconvénients du compte joint

Avantages	– Existence d'une solidarité active – Le compte n'est pas bloqué au décès d'un des titulaires – Possibilité de nommer un responsable de compte afin qu'un seul des cotitulaires soit fiché en cas d'interdiction bancaire
Inconvénients	– Solidarité passive sur l'intégralité de la dette du compte – Le retrait d'un des cotitulaires ne peut se faire que par désolidarisation – Les deux cotitulaires sont fichés en cas d'incident de paiement provoqué par l'un d'eux (sauf si un responsable a été nommé)

Rappel sur les notions de solidarité

La solidarité active implique que chacun des titulaires d'une créance commune est investi à l'égard du débiteur commun du pouvoir de disposer seul de la créance. Ainsi, chaque cotitulaire peut faire fonctionner le compte sous sa seule signature.

La solidarité passive : les titulaires répondent solidairement du solde débiteur du compte. Ainsi, chaque opération, même initiée par un des cotitulaires sous sa seule signature, engage tous les autres titulaires : le banquier peut réclamer à chaque cotitulaire la totalité du solde débiteur du compte, quel que soit l'initiateur des opérations.

En cas de décès d'un cotitulaire

Au décès d'un des deux cotitulaires, le compte n'est pas bloqué (par exception au principe de blocage des comptes du défunt). Le cotitulaire d'un compte joint peut par conséquent continuer à le faire fonctionner, et notamment à effectuer des retraits, sous sa seule signature et sans formalité.

Mais les droits du cotitulaire du compte ont leurs limites :

▸ tout d'abord, le contenu du compte joint au jour du décès est présumé n'appartenir que pour moitié au cotitulaire non décédé. L'autre moitié est la propriété de la succession. Si le cotitulaire a retiré davantage que la part qui lui revient, les héritiers pourront lui demander de rembourser les sommes correspondantes.

▸ ensuite, tout héritier du défunt (ou le notaire au nom d'un ou de plusieurs héritiers) peut demander le blocage du compte.

Dénonciation de convention de compte joint

Lorsque des clients cotitulaires d'un compte joint ne s'entendent plus et que l'un d'eux souhaite se désolidariser du compte joint, la banque doit :

▸ à réception de la demande de désolidarisation, supprimer la solidarité active du compte et ainsi le transformer en compte indivis (sans le clôturer) ;

▸ notifier à l'autre titulaire de la transformation ;

▸ proposer la clôture du compte indivis qui présentera des difficultés de fonctionnement et obtenir la signature de l'ensemble des cotitulaires pour procéder à la clôture du compte.

Le compte de titres

Le contrat de dépôt de titres est un contrat par lequel le déposant (client) confie à la banque le soin de conserver les titres déposés et de les restituer en nature (article 1915 du Code civil).

L'AMF fixe à la fois les conditions d'exercice des fonctions de teneur de compte et les règles de bonne conduite que les prestataires de services d'investissement sont tenus de respecter à tout moment.

Obligations du déposant

▸ Payer les droits de garde selon la tarification contractuellement établie (montant libre).

▸ Respecter les clauses de conditions de dépôt de l'établissement bancaire (se reporter à la convention de compte titres).

Obligations du dépositaire (la banque)

▸ Assurer la conservation matérielle des titres.

▸ Surveiller le portefeuille de valeurs mobilières de son client et assurer le suivi administratif.

▸ Exécuter les instructions de son client.

La gestion de portefeuille et la transmission d'ordres de Bourse

➔ ➔ ➔   Voir le chapitre sur la Bourse.

Les comptes en indivision

Le principe de l'indivision est un principe de détention d'un compte à plusieurs personnes liées ou non de sang, permettant de posséder un compte commun entre plusieurs titulaires. Seule une solidarité passive existe entre les titulaires. Le fonctionnement de ce type de compte est soumis à l'accord préalable de l'ensemble des cotitulaires.

Pour des raisons de commodité, il est régulièrement mis en place un mandat de procuration afin de faciliter le fonctionnement de ce compte par un des cotitulaires, par exemple.

3.2 Le compte professionnel

Le compte courant

Le compte courant est une convention par laquelle deux personnes s'engagent réciproquement sur le fonctionnement d'un compte caractérisé par des opérations s'imputant tant au crédit qu'au débit du compte et s'incorporant dans un solde pouvant varier au profit de l'un ou de l'autre.

Les effets

L'effet novatoire

La passation en compte des écritures vaut paiement. Ainsi, le paiement est réalisé par la fusion successive des créances en un solde provisoire (les créances perdent leur individualité). Les sûretés attachées aux créances, quelles que soient leur nature et leur origine, disparaissent.

L'effet de garantie

La convention de compte courant entraîne l'affectation au compte, dès leur naissance, de toutes les créances réciproques des parties. Les créances certaines qui s'inscrivent en différé au compte courant servent de garantie au paiement du solde ultérieur du compte.

Indivisibilité des articles du compte

Les créances et les dettes se transforment automatiquement en articles de crédit et de débit dès leur entrée dans le compte courant (chacune des parties ou les tiers ne peuvent extraire une créance du compte).

Contre-passation des effets de commerce

Elle est la possibilité pour le banquier qui avait crédité le compte d'un client lors de l'escompte d'un effet de commerce, de passer l'écriture en sens inverse si l'effet revient impayé à l'échéance.

Unité et pluralité de compte

Chaque compte est indépendant des autres, fonctionne et doit être liquidé séparément. Un solde débiteur sur un compte ne peut être compensé par le solde créditeur d'un autre. Une convention indique la plupart du temps cette unicité des comptes détenus par un seul et même client.

Tableau 2.3 – Éléments à recueillir lors de l'ouverture du compte

	Éléments juridiques	Éléments complémentaires	Gestion des risques
Pour les personnes physiques (entrepreneurs individuels, professions libérales…)	– Pièce d'identité en cours de validité – Justificatif de domicile – Extrait KBIS (original de moins de 3 mois) – Carte professionnelle ou diplôme (selon profession) – Inscription registre des métiers (pour les artisans)	Signature d'une convention de compte courant	– Interroger des fichiers FCC et FICP (sur l'ensemble des personnes habilitées à faire fonctionner le compte) – Remettre les conditions générales de fonctionnement – Envoi d'un courrier pour vérifier l'adresse du client
Pour les personnes morales (sociétés, associations…)	– Extrait KBIS (original de moins de 3 mois) – Pièce d'identité en cours de validité du dirigeant – Statuts originaux – PV de l'assemblée générale nommant le dirigeant (s'il n'apparaît pas dans les statuts) – Extrait de journal d'annonces légales	– Signature d'une convention de compte courant – Signature de procurations éventuelles	

4. Le droit au compte

4.1 La notion de droit au compte

L'ouverture de compte est une nécessité liée aux conditions de vie, à l'automatisation de nombreuses procédures de règlement (prestations sociales, allocations familiales).

Le droit au refus d'ouverture de compte reste un principe de liberté du commerce, de la liberté de ne pas contracter et dont la banque n'a pas à justifier sa motivation… Elle dit souvent qu'elle « n'a pas convenance à entrer en relation ».

Limites au refus : abus de droit, motivations discriminatoire, diffamatoire… motivations punies sévèrement par la loi ! Le droit au compte trouve ses origines dans la loi bancaire « article 58 » réformé depuis le 29 juillet 1998 dans le cadre de la loi de lutte contre les exclusions.

Aujourd'hui, l'article L. 312-1 du code monétaire et financier définit précisément le cadre d'application :

Article L. 312-1 du code monétaire et financier
« Toute personne physique ou morale domiciliée en France, dépourvue d'un compte de dépôt, a droit à l'ouverture d'un tel compte dans l'établissement de crédit de son choix ou auprès des services financiers de La Poste ou du Trésor public.
L'ouverture d'un tel compte intervient après remise auprès de l'établissement de crédit d'une déclaration sur l'honneur attestant le fait que le demandeur ne dispose d'aucun compte. En cas de refus de la part de l'établissement choisi, la personne peut saisir la Banque de France afin qu'elle lui désigne soit un établissement de crédit, soit les services financiers de La Poste, soit ceux du Trésor public.
Les établissements de crédit, les services financiers de La Poste ou du Trésor public ne pourront limiter les services liés à l'ouverture d'un compte de dépôt aux services bancaires de base que dans les conditions définies par décret.
En outre, l'organisme désigné par la Banque de France, limitant l'utilisation du compte de dépôt aux services bancaires de base, exécute sa mission dans des conditions tarifaires fixées par décret. »

Toute décision de clôture de compte à l'initiative de l'établissement de crédit désigné par la Banque de France doit faire l'objet d'une notification écrite et motivée adressée au client et à la Banque de France pour information. Un délai minimal de 45 jours doit être consenti obligatoirement au titulaire du compte dans ce cas. Ces dispositions s'appliquent aux interdits bancaires.

4.2 L'instauration d'un Service Bancaire de Base (SBB)

Depuis le 28 avril 2006, afin de faciliter les démarches des demandeurs, toute personne physique dépourvue de compte de dépôt a la faculté de donner mandat à l'établissement qui lui refuse l'ouverture d'un tel compte de transmettre à la Banque de France sa demande d'exercice du droit au compte, accompagnée d'une lettre de refus d'ouverture de compte. La Banque de France dispose alors d'un jour ouvré pour traiter cette demande et désigner un établissement.

Les établissements désignés peuvent limiter les services liés à l'ouverture du compte de dépôt aux SBB. Ceux-ci sont énumérés par l'article D. 312-5 du code monétaire et financier :

Article D. 312-5 du code monétaire et financier : contenu du SBB
Services fournis gratuitement :
- l'ouverture, la tenue et la clôture du compte ;
- un changement d'adresse par an ;
- la délivrance à la demande de relevés d'identité bancaire ;
- la domiciliation de virements bancaires ;
- l'envoi mensuel d'un relevé des opérations effectuées sur le compte ;
- la réalisation des opérations de caisse ;
- l'encaissement de chèques et de virements bancaires ;
- les dépôts et retraits d'espèces au guichet de l'organisme teneur de compte ;
- les paiements par prélèvement, titre interbancaire de paiement ou virement bancaire ;
- des moyens de consultation à distance du solde du compte ;
- une carte de paiement dont chaque utilisation est autorisée par l'établissement de crédit qui l'a émise ;
- deux formules de chèques de banque par mois ou moyens de paiement équivalents offrant les mêmes services.

5. Les différents fichiers à consulter

5.1 Le Fichier des Comptes Bancaires et Assimilés (FICOBA)

Fondement juridique

Premier alinéa de l'article 1649 A du Code général des impôts créant l'obligation fiscale de déclarer à la Direction Générale des Impôts (DGI) l'ouverture et la clôture des comptes de toute nature.

Objet

Recenser les comptes de toute nature (bancaires, postaux, d'épargne…).

Fournir aux personnes habilitées des informations sur les comptes détenus par une personne ou une société.

Contenu

Le FICOBA contient des informations provenant des déclarations fiscales incombant aux organismes qui gèrent des comptes (établissements bancaires et financiers, centres de chèques postaux, sociétés de Bourse...).

Les déclarations d'ouverture, de clôture ou de modification de comptes comportent les renseignements suivants :

▸ nom et adresse de l'établissement qui gère le compte ;

▸ numéro, nature, type et caractéristique du compte ;

▸ date et nature de l'opération déclarée (ouverture, clôture, modification) ;

▸ nom, prénom, date et lieu de naissance, adresse du titulaire du compte, plus le numéro SIRET (Système d'Identification du Répertoire des ÉTablissements des entrepreneurs individuels).

Pour les personnes morales, sont enregistrés le nom, la forme juridique, le numéro SIRET et l'adresse.

Le fichier ne fournit aucune information sur les opérations effectuées sur le compte.

Conservation des informations

Les données de FICOBA sont conservées trois ans révolus après l'enregistrement de la clôture du compte pour les comptes dont le titulaire est une personne physique, et dix ans révolus après l'enregistrement de la clôture du compte pour les comptes dont le titulaire est une personne morale.

Consultation

Les informations de FICOBA ne peuvent être communiquées qu'aux personnes ou organismes habilités par la loi dans le cadre de leurs missions, et dans la limite des dérogations à la règle du secret professionnel imposé à l'administration fiscale. Les principaux d'entre eux sont :

▸ les agents de la DGI ;

▸ les agents de la direction de la comptabilité publique chargés du recouvrement des amendes, des condamnations pécuniaires et des créances des établissements de soins et des collectivités locales ;

▸ les agents de la direction générale des douanes et des droits indirects ;

▸ les agents de la direction générale de la concurrence, de la consommation et de la répression des fraudes ;

▸ les autorités judiciaires et les officiers de police judiciaire ;

▸ la Banque de France pour informer les établissements bancaires et assimilés des interdictions et des levées d'interdiction d'émettre des chèques ;

▸ les huissiers de justice chargés par le créancier de former une demande de paiement direct d'une pension alimentaire ;

▸ les organismes et services chargés de la gestion d'un régime obligatoire de Sécurité sociale, la direction générale de la comptabilité publique et les institutions de retraite complémentaire pour le recouvrement des cotisations et contributions sociales ;

▸ les organismes débiteurs de prestations familiales chargés de poursuivre le recouvrement des créances alimentaires impayées.

Chiffres clés

Le FICOBA enregistre en 2006 plus de 80 millions de personnes physiques, c'est-à-dire toutes les personnes, françaises ou non, qui ont un compte bancaire ou assimilé en France.

Ce fichier traite chaque année 100 millions de déclarations de comptes.

5.2 *Le Fichier national des Incidents de remboursement des Crédits aux Particuliers (FICP)*

Sources juridiques

Loi 89-1010 du 31 décembre 1989 intégrée au code de la consommation (art. L. 333-4 et L. 333-5).

Règlement modifié du comité de la réglementation bancaire n° 90-05.

Objet

Le FICP permet d'informer les banques et organismes de crédit, à l'occasion exclusivement des demandes de crédit présentées par les particuliers, sur les personnes qui rencontrent des difficultés dans le remboursement d'un crédit qu'elles ont contracté, y compris lorsque ce crédit est constitué par un découvert. Afin d'éviter le surendettement, le crédit demandé sera le plus souvent refusé.

Contenu

Sont enregistrés le nom, le prénom, la date et le lieu de naissance du débiteur, la nature de l'incident de paiement, le nom de l'organisme ayant procédé à l'inscription et les informations relatives aux procédures de règlement de surendettement.

Champ d'application

Les crédits concernés

▸ Les concours accordés pour l'acquisition, la construction, l'aménagement ou l'entretien d'un immeuble.

▸ Les prêts personnels et crédits permanents.

▸ Les découverts de toute nature.

▸ Les financements d'achats à tempérament.

▸ Les locations avec option d'achat ou location-vente.

Les incidents de paiement « caractérisés »

Pour un crédit comportant des échéances échelonnées, les défauts de paiement atteignant un montant au moins égal :

▸ pour les crédits remboursables mensuellement, au double de la dernière échéance due (au lieu de trois échéances) ;

▸ dans les autres cas, à l'équivalent d'une échéance, lorsque le montant demeure impayé pendant plus de 60 jours (au lieu de 90 jours).

Pour un crédit ne comportant pas d'échéance échelonnée : le défaut de paiement des sommes exigibles plus de 60 jours après la date de mise en demeure du débiteur d'avoir à régulariser sa situation, dès lors que le montant des sommes impayées est au moins égal à 500 €.

Pour tous les types de crédit :

▸ les défauts de paiement pour lesquels la banque engage une procédure judiciaire ou prononce la déchéance du terme après mise en demeure du débiteur restée sans effet ;

▸ les établissements de crédit ne peuvent pas inscrire les retards de paiement pour un montant inférieur à 150 € pour lesquels la déchéance du terme n'a pas été prononcée.

Les situations de surendettement

▸ Les dossiers en cours d'instruction dès la saisine de la Commission de surendettement par le débiteur, et non plus seulement à compter de la décision de recevabilité du dossier par la commission ou par le juge.

▸ Les décisions de recevabilité par le juge en cas de recours.

▸ Les plans conventionnels de redressement.

▸ Les recommandations de la commission homologuées par le juge.

▸ Les mesures prises par le juge, dans le cadre des mesures recommandées.

▸ Les procédures de rétablissement personnel.

Rôle

Le FICP recense les incidents dits « caractérisés », qui répondent aux critères précisés par l'article 3 du règlement précité, et se traduisent par le constat d'impayés enregistrés au titre du remboursement d'un même crédit. Les incidents portent sur tous les types de crédit, y compris les découverts non régularisés, quelle que soit leur qualification ou la technique utilisée. Ils sont enregistrés dans le fichier pour une durée de cinq ans. Le paiement intégral des sommes dues auprès de l'établissement de crédit déclarant entraîne la radiation de l'incident.

Intervenants

Les organismes de crédit, les établissements bancaires créanciers et les services financiers de La Poste, ainsi que la Commission de surendettement de la Banque de France pour les personnes qui font l'objet d'une procédure de surendettement.

Conservation des informations

Les informations sont supprimées du FICP dès la régularisation de la dette ou, à défaut, à l'expiration d'un délai de cinq ans. En cas de procédure de surendettement, elles le sont à l'expiration d'un délai de dix ans ou dès règlement intégral des dettes auprès de tous les créanciers figurant au plan ou au jugement.

Accès aux informations

Auprès de n'importe quel comptoir de la Banque de France, en présentant une pièce d'identité. Il n'est pas remis de copie de l'enregistrement à la personne fichée. Cette règle a pour objet de protéger les personnes inscrites au FICP en évitant que puisse se développer la pratique des « certificats de solvabilité ».

Chiffres clés

Tableau 2.4 – Contenu du FICP
(situation au 31 décembre 2006)

Nombre de personnes	Nombre d'incidents	Nombre de mesures	Nombre de dossiers en cours d'instruction (dépôt, recevable, réexamen)
2 301 133	2 935 347	767 442	151 341

Source : www.banque-france.fr

Figure 2.1 – Répartition des incidents recensés au FICP
(fin décembre 2006)

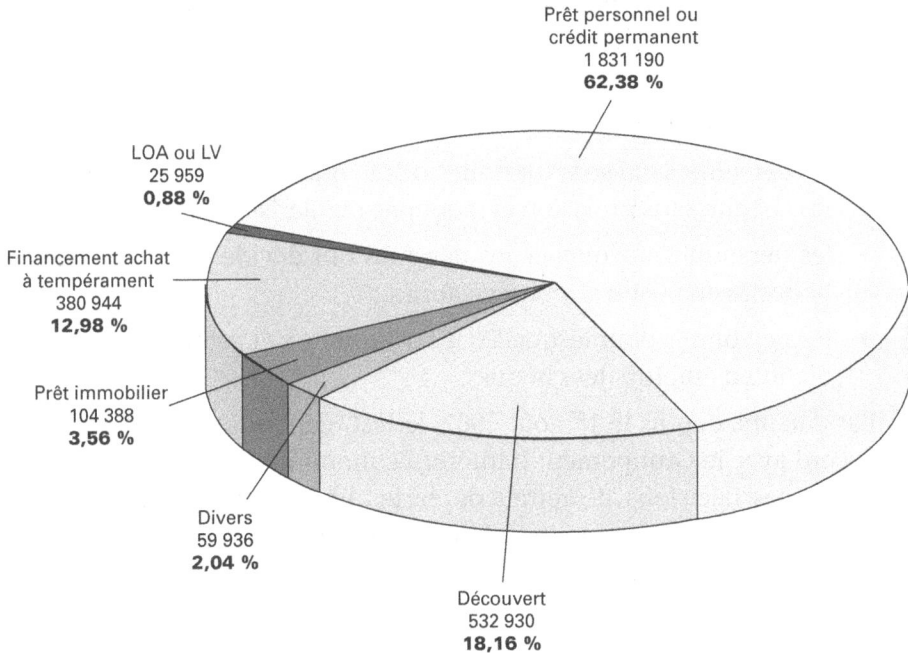

Prêt personnel ou crédit permanent
1 831 190
62,38 %

LOA ou LV
25 959
0,88 %

Financement achat à tempérament
380 944
12,98 %

Prêt immobilier
104 388
3,56 %

Divers
59 936
2,04 %

Découvert
532 930
18,16 %

Source : www.banque-france.fr

5.3 Le Fichier Central des Chèques (FCC)

Source juridique

Le FCC a été créé en 1955 en réponse au souci des pouvoirs publics et de la profession bancaire de faciliter l'usage du chèque en renforçant la sécurité de ce moyen de paiement. Les dispositions législatives relatives au chèque, et plus particulièrement aux incidents de paiement, sont désormais intégrées dans le code monétaire et financier (articles L. 131-1 et suivants).

Étendue territoriale

Depuis 1995, le FCC couvre la totalité du territoire national. En effet, les interdictions bancaires et judiciaires ainsi que les décisions de retrait de carte bancaire en provenance des départements d'outre-mer, des collectivités d'outre-mer et des collectivités territoriales à statut particulier sont désormais intégrées dans ce fichier.

Objet

La Banque de France assure la centralisation des incidents de paiement sur chèques émis sans provision, des interdictions bancaires d'émettre des chèques qui frappent systématiquement les titulaires de comptes à l'origine de ces incidents et des interdictions d'émettre des chèques prononcées par les tribunaux (dites « interdictions judiciaires »).

Le FCC enregistre :

▸ les personnes qui sont interdites de chéquier parce qu'elles ont émis un chèque sans provision et n'ont pas régularisé leur situation ;

▸ les personnes auxquelles les banques ont décidé de retirer la carte bancaire en raison d'un usage abusif ;

▸ les personnes pour lesquelles les tribunaux ont prononcé une interdiction d'émettre des chèques.

Par ailleurs, depuis le 1er août 1987, le FCC centralise, aux termes d'un accord avec le Groupement d'Intérêt Économique (GIE) Carte Bancaire « CB », les décisions de retrait de cartes bancaires pour usage abusif prises par les établissements adhérant à ce groupement.

Consultation

Par les banques : elles sont obligées de le faire avant de délivrer un chéquier à un client. Elles peuvent aussi le consulter librement avant d'accorder un crédit ou de délivrer une carte bancaire et surtout lors de l'ouverture d'un compte.

Par toute personne qui veut savoir si elle est enregistrée et vérifier les informations qui la concernent. C'est le droit d'accès individuel.

Information

La Banque de France informe sélectivement les établissements teneurs de comptes des interdictions judiciaires ou bancaires éventuellement prononcées à l'encontre de leurs clients par des confrères. À cette fin, la Banque de France a été autorisée à interroger le FICOBA, géré par la DGI, afin d'identifier l'ensemble des comptes détenus par un interdit de chèque ; elle informe également de la même manière les établissements des régularisations opérées par leurs clients sur leurs autres comptes.

Régularisation

Le titulaire du compte peut régulariser sa situation à tout moment pendant la durée de l'interdiction et être de cette façon radié immédiatement du FCC.

À défaut, l'interdiction d'émettre des chèques s'applique pendant cinq ans depuis mai 2001, contre dix ans auparavant. Cette réduction a entraîné la suppression dans le fichier de plus d'un million de personnes.

Dans le cadre des inscriptions pour usage abusif de cartes bancaires, le délai d'inscription est de deux ans.

Chiffres clés

1 837 115 inscrits au FCC au 31 décembre 2006 dont 377 interdits judiciaires.

665 191 personnes ayant fait l'objet d'un retrait de carte bancaire pour usage abusif.

→ → → Source : www.banque-france.fr

5.4 Le Fichier National des Chèques Irréguliers (FNCI)

Source juridique

L'article L. 131-86 du code monétaire et financier (issu de la loi du 30 décembre 1991 relative à la sécurité des chèques et des cartes de paiement) confie à la Banque de France le soin d'informer toute personne sur la régularité de l'émission des chèques qu'elle est susceptible d'accepter pour le paiement d'un bien ou d'un service.

Objet

Le FNCI centralise les coordonnées bancaires :

▸ de tous les comptes ouverts au nom d'une personne frappée par une interdiction d'émettre des chèques ;

▸ des oppositions pour perte ou vol de chèques ;

▸ des comptes clos ;

▸ des faux chèques.

Consultation

Ces informations lui sont transmises par les établissements bancaires en application des dispositions des articles L. 131-84, R. 131-32 et 42 du code monétaire et financier.

Conformément aux dispositions de l'article 4 de l'arrêté du 24 juillet 1992, la Banque de France a confié, à l'issue d'une procédure d'appel d'offres européen, à la société Mantis la gestion de la base de consultation du FNCI et la promotion du service auprès des utilisateurs. Le service d'accès au FNCI, diffusé sous l'appellation RESIST jusqu'au 31 décembre 2006, prend le nom de Vérifiance-FNCI-Banque de France à compter du 1er janvier 2007.

La consultation s'effectue sur la base de la lecture de la ligne magnétique située au bas du chèque dite « ligne CMC7 ». Une information sous forme de couleur est communiquée au commerçant :

▸ vert : aucune information dans le FNCI ;

▸ rouge : chèque irrégulier (interdiction d'émettre des chèques, compte clos, opposition pour perte ou vol, faux chèques) ;

▸ orange : compte faisant l'objet d'une opposition pour perte ou vol (sans indication des numéros de chèque) ou d'une déclaration au Centre national d'appel des chèques perdus ou volés ;

▸ blanc : lecture du chèque impossible.

Chiffres clés

46 648 abonnés à la consultation au 31 décembre 2006.

175 064 297 consultations effectuées au 31 décembre 2006.

Tableau 2.5 – Informations contenues dans le FNCI
(en unités)

Année	Comptes en interdiction bancaire ou judiciaire	Compte clos	Oppositions sur chèques perdus ou volés	Total
2006	5 278 628	13 844 964	9 444 038	28 567 630

Source : www.banque-france.fr

6. Le mandat de procuration

La procuration, contrairement au compte joint, est un mandat. Elle met en relation un mandant (le titulaire du compte) et un mandataire.

Le mandat de procuration permet au mandataire d'effectuer, en lieu et place du mandant, toutes les opérations préalablement autorisées par le mandant.

Seul le mandant est responsable du fonctionnement du compte. Il en va ainsi notamment en cas de chèque sans provision. Lorsque le mandataire tire des chèques sans provision, ce n'est pas lui qui deviendra interdit bancaire mais le titulaire du compte.

Qui peut-être mandataire ?

Toute personne, même incapable, peut être mandataire. Reste à mettre en garde le mandant de sa responsabilité en nommant un mandataire incapable, un mineur par exemple.

Étendue de la procuration

Il existe deux types de procuration :

▸ la procuration générale : elle donne, sans limitation, les pouvoirs les plus étendus au mandataire ;

▸ la procuration spéciale : elle permet de restreindre à certaines opérations déterminées au préalable, les pouvoirs du mandataire. Elle peut de cette façon définir les opérations autorisées (versements, retraits, chéquiers, virements…).

Il est possible aussi de définir la durée de la procuration dans le temps (1 mois, 6 mois, etc.). Enfin, le mandat de procuration peut définir des montants maximaux par opération effectuée par le mandataire.

Formalités

Il existe dans chaque établissement un formulaire type qui reprend les caractéristiques du mandat de procuration. En tout état de cause, ce document devra revêtir la signature du mandant précédée de la mention « bon pour pouvoir » et celle du mandataire précédée de la mention « bon pour acceptation ».

En cas de décès

La procuration s'éteint avec le décès du mandant. Les mandataires doivent être avertis par courrier que leur pouvoir est révoqué de suite.

Dans certains cas (rares), il est possible de prévoir dans le mandat que la procuration poursuivra ses effets après le décès du titulaire : on parle alors de procuration *post mortem*. À la limite du droit civil, ce type de procuration est à prohiber car elle entraîne un grand nombre de contestations de la part d'héritiers.

D'autres cas peuvent mettre fin à une procuration :

▸ la révocation du mandataire par le mandant ;

▸ la volonté du mandataire.

7. La tarification bancaire

Les tarifs des banques sont publiés dans les agences (dépliants, affiches), sur Internet et dans les conventions de compte (en ce qui concerne les comptes de dépôts).

Thème de nombreuses négociations et contestations des consommateurs depuis des décennies, la tarification bancaire a fait l'objet de quantité de débats au sein des organes de tutelles de la profession, des associations de consommateurs et du pouvoir politique. La réglementation de certains tarifs, jugés alors exorbitants ou inadaptés dans certaines situations, est aujourd'hui en pleine mutation. Le Comité consultatif du secteur financier, créé en 2004, œuvre depuis à une meilleure transparence de la tarification et veille à une meilleure acceptation de la part du consommateur.

Tableau 2.6 – Gamme de tarification

Catégorie	Types de frais	Réglementation associée
Le fonctionnement du compte	– Frais de gestion (parfois une facturation sur comptes figés) – Frais d'information (exemple caution)	– Tarification libre – Rémunération du compte de dépôt autorisée par la Commission européenne depuis le 16 mars 2005 – Les frais de clôture des comptes à vue et des livrets sont interdits depuis le 1er janvier 2005 (dispositions MURCEF) – Un relevé de frais annuel est adressé au client au moins une fois par an
Les services pratiques	– Conventions de services (packages…) – Protection (personnes, biens) – Télématique (banque à distance) – Opérations juridiques et recouvrement (saisie-arrêt, ATD, mise en CTX) – Succession (traitement de dossier) – Location de coffres (abonnements, tarification selon volumes, durées…) – Fourniture de chéquiers (conservation, envoi, destruction…)	Article L. 312-1-2 du CMF : « Est interdite la vente ou offre de vente de produits ou de prestations de services groupés, sauf lorsque les produits ou prestations de services inclus dans l'offre groupée peuvent être achetés individuellement, ou lorsqu'ils sont indissociables »
Les moyens de paiement	– Les espèces (monnaie fiduciaire) – Les chèques (monnaie scripturale) – Les virements et prélèvements (virements internes, externes, gestion des autorisations prélèvements) – Les cartes (cartes domestiques, réseau Visa, Eurocard, cartes haut de gamme, facturation des retraits extérieurs - CIP)	Dans le cadre des dispositions MURCEF, une diffusion des moyens de paiement alternatifs est proposée aux clients dépourvus de chéquier, comprenant une carte de paiement à autorisation systématique pour un prix réduit
Les crédits et assurances	– Les crédits de trésorerie (loi sur l'usure, indexation) – Les crédits personnels et immobiliers (loi sur l'usure, frais de dossiers…) – Les assurances (aux personnes, aux biens)	Tarification libre des frais annexes des contrats de prêts

…/…

Les opérations sur titre	– Les opérations de Bourse (forfait + pourcentage) – Les frais de gestion de mandats de portefeuille – La conservation des titres (droits de garde) – Les opérations sur or (impôt spécifique)	Tarification libre
Les opérations internationales	– Les opérations de change (billets, traveller's chèques, achat vente) – Les chèques internationaux (attention aux chèques mutés !) – Les virements étrangers (distinction entre EEE et hors EEE)	Frais de virement dans l'Union européenne[1] (< 50 000 €) identiques aux frais de virement domestique depuis le 1er juillet 2003
Les dates de valeur	– Indexation sur calendaire, jours ouvrés et ouvrable	– Valeur jour pour les dépôts et retraits d'espèces – Dates de valeur libre pour les autres opérations
Les taux	– Indices (Euribor, taux de base bancaire 6,60…) – Épargne (épargne libre, réglementée, produits administrés…) – Prêts personnels (loi sur l'usure, incidence de la durée et des garanties) – Prêts immobiliers (*idem* prêt perso) – Prêts autres	– Taux des prêts libres mais soumis à la réglementation des taux d'usure – Taux des placements libres ou réglementés (voir chapitre sur les produits d'épargne)
Les incidents de fonctionnement du compte	– Rejet de chèque – Rejet de prélèvement – Saisies sur compte	– Frais de rejet de chèques ≤ 50 € plafonnés à 30 € – Frais de rejet de chèques > 50 € plafonnés à 50 € (*JO* du 16 novembre 2007 – entrée en vigueur le 16 mai 2008) – Forfaitisation des frais de rejet de chèques (une seule facturation comprenant les frais de dossier, de rejet, de la lettre d'injonction, du blocage de provision) – Plafonnement des frais de rejet de prélèvements à la fois au montant du prélèvement et au maximum à 20 € (une seule facturation si refus répété d'un même prélèvement). (*JO* du 16 novembre 2007 – entrée en vigueur le 16 mai 2008)

[1] Les 27 pays de l'Union européenne sont : l'Allemagne, l'Autriche, la Belgique, la Bulgarie, Chypre, le Danemark, l'Espagne, l'Estonie, la Finlande, la France, la Grèce, la Hongrie, l'Irlande, l'Italie, la Lettonie, la Lituanie, le Luxembourg, Malte, les Pays-Bas, la Pologne, le Portugal, la République tchèque, le Royaume-Uni, la Roumanie, la Slovaquie, la Slovénie et la Suède.

Les prix des services bancaires en France sont dans la moyenne européenne, pour une qualité reconnue (voir schéma ci-après). Par ailleurs, selon l'Insee, la part des services financiers dans « le panier de la ménagère » ne représente que 0,6 % en 2006.

Les actions de progrès dans la relation banque-client font l'objet d'engagements collectifs forts. Il revient aussi à chaque banque de définir son offre de services, en fonction de son organisation et des besoins de sa clientèle : c'est ce cadre, à la fois professionnel et concurrentiel, qui a prouvé la meilleure garantie d'efficacité, de transparence et de service à chaque client.

Figure 2.2 – Services bancaires : comparatif mondial des prix (Prix moyens pondérés des services bancaires de base pour un utilisateur actif, en euros, en 2007)

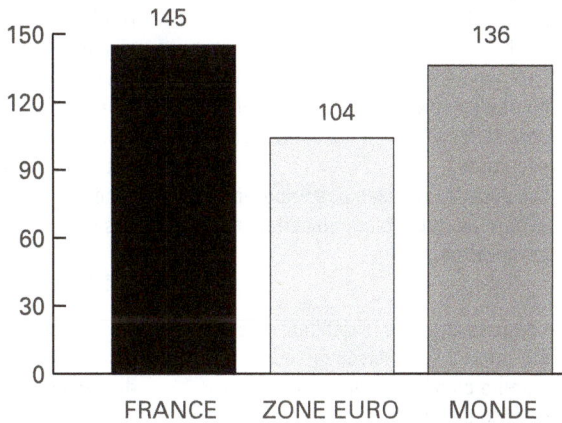

8. Les saisies sur compte

8.1 La saisie-attribution et l'Avis à Tiers Détenteur (ATD)

Tableau 2.7 – Saisie-attribution et Avis à Tiers Détenteur

	Saisie-attribution	Avis à Tiers Détenteur
Comptes concernés (ne vise que les créances de sommes d'argent)	– Compte chèques – Comptes joints, collectifs, indivision, nue-propriété – Compte courant de l'entreprise – CSL, LDD, LEP, PEL, CEL, CAT, PEP – PEA pour la partie financière uniquement – Bons de caisse et d'épargne – CDN	
Portée de la saisie	La signification est valable pour l'ensemble des agences du réseau ; ainsi, tous les comptes sont bloqués	
Disponibilité	Dès signification : – L'acte d'huissier rend indisponible la totalité des sommes d'argent appartenant au débiteur pendant les 15 jours ouvrables suivants ou 1 mois de date à date si des effets de commerce ont été escomptés – Les sommes remises postérieurement échappent totalement aux effets de la saisie-attribution	– La réception de l'avis à tiers détenteur rend indisponible le solde à concurrence du montant saisi – L'accusé de réception de l'ATD, complété de la nature et du solde, au jour de la saisie, des comptes du débiteur, doit être envoyé sans délai au receveur – Les sommes remises postérieurement échappent totalement aux effets de l'ATD
Débits imputables sur les montants indisponibles	– Chèques émis par le débiteur s'ils ont été remis à l'encaissement sur le compte du bénéficiaire avant la saisie (la date de compensation est dans la plupart des cas retenue) – Chèques crédités au compte du client avant la saisie et revenus impayés – Les retraits par billetterie effectués antérieurement à la saisie – Les paiements par carte si le commerçant a été crédité avant la saisie – Les effets de commerce escomptés avant saisie et revenus impayés dans le délai d'un mois qui suit la saisie-attribution	– L'établissement bancaire dispose d'un délai de 15 jours (1 mois en cas d'effet de commerce) pour procéder à la contre-passation des opérations de crédit-débit réalisées avant l'avis à tiers détenteur – Les opérations retenues sont les mêmes que pour la saisie-attribution

.../...

Information au créancier saisissant	À l'issue de 15 jours ouvrables (ou 1 mois s'il y a un encours d'escompte) : si la somme saisie attribuée a diminué par suite de l'imputation d'opérations antérieures, le banquier doit sous 8 jours communiquer le relevé des opérations par lettre R + AR à l'huissier du créancier saisissant	Si le solde déclaré au jour de la réception de l'avis vient à augmenter à l'issue des opérations de contre-passation, c'est ce dernier qu'il convient de prendre en considération pour apprécier la somme devant revenir au receveur
Saisie inopérante si :	compte débiteur ou nul	
Cessation du blocage	– À l'issue du délai de 15 jours ouvrables, créditer le compte du client du montant bloqué et excédant le montant saisi – Paiement dans les délais à l'huissier (minimum 15 jours maximum 1 mois) sauf si présentation d'une mainlevée judiciaire ou une mainlevée de l'huissier	Paiement dans un délai de 2 mois à l'administration fiscale sauf si présentation d'une mainlevée du Trésor public
Créances insaisissables	Il appartient au client désirant bénéficier des mesures de protection relatives à l'insaisissabilité des créances de justifier du caractère de ces créances et du montant de la quotité insaisissable	
Information du saisi	L'établissement bancaire doit, à réception de la saisie, informer son client de cette dernière par courrier	
Cas des comptes joints	– La saisie-attribution signifiée à l'un des titulaires ne vise que le montant du solde lui appartenant, mais dans l'ignorance du montant de sa part, la totalité des sommes figurant au compte doit être bloquée – Quelle que soit la nature du compte, le conjoint commun en biens du débiteur saisi peut demander la libre disposition de ses propres salaires s'ils sont versés au compte	Si l'avis porte sur un compte joint, il appartient à l'établissement bancaire d'informer les cotitulaires de la saisie effectuée par le Trésor
RMI bancaire	– Si le compte de dépôt a fait l'objet d'une saisie ou d'un ATD, le client peut demander à bénéficier du solde bancaire insaisissable, à condition que son compte soit créditeur. Dans ce cas, une somme au maximum égale au Revenu Minimum d'Insertion (RMI) (soit 470,91 € pour une personne seule au 01/01/08) est laissée à sa disposition, la saisie ne portant que sur le reste de son avoir – Cette somme, à caractère alimentaire, sera immédiatement débloquée par la banque, permettant ainsi d'assurer les paiements de la vie courante – Pour pouvoir bénéficier de cette protection, il doit en faire la demande à sa banque en lui adressant une lettre recommandée dès la réception de l'avis de saisie ou d'ATD et dans un délai maximal de 15 jours suivant la saisie. Si le client possède plusieurs comptes, il ne peut bénéficier du solde bancaire insaisissable que pour un seul compte – Si un formulaire de demande de solde bancaire insaisissable est joint à l'acte de saisie ou s'il est fourni par la banque, il doit utiliser ce formulaire	

8.2 Les autres formes de saisies

L'opposition administrative

L'opposition administrative sert à recouvrer les amendes pénales et condamnations pécuniaires prononcées pour une contravention de police. Cette opposition est notifiée en même temps au redevable et au tiers détenteur.

Le montant des frais bancaires afférents à une opposition administrative perçus par les banques, ne peut pas dépasser 10 % du montant dû au Trésor public depuis le 1er janvier 2007 (articles 147 et 148 de la loi de finances rectificative pour 2006).

La saisie conservatoire

Tout créancier peut pratiquer une mesure conservatoire pour assurer la sauvegarde de ses droits. La saisie conservatoire vise simplement à la mise sous main de justice de certains biens. Elle garantit au créancier la conservation du bien pendant cette période, tout en lui laissant la possibilité de transformer cette procédure en saisie-exécution dans l'hypothèse où le débiteur ne s'acquitterait pas de ses obligations. La saisie peut porter à la fois sur des biens corporels ou incorporels.

9. Les incapacités

Une personne mineure ou majeure protégée est une personne dite « incapable » car elle ne peut accomplir seule tout ou partie des actes de la vie courante.

9.1 Les majeurs

Figure 2.3 – Les différents types d'actes pouvant être accomplis par un majeur

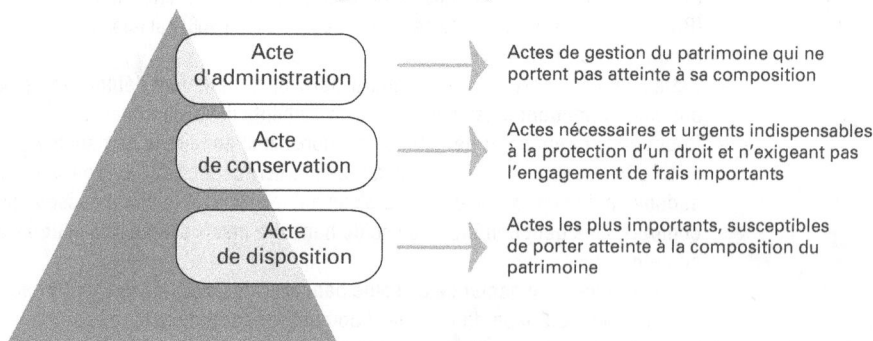

Acte d'administration — Actes de gestion du patrimoine qui ne portent pas atteinte à sa composition

Acte de conservation — Actes nécessaires et urgents indispensables à la protection d'un droit et n'exigeant pas l'engagement de frais importants

Acte de disposition — Actes les plus importants, susceptibles de porter atteinte à la composition du patrimoine

9.2 Les mineurs

Incapacité générale d'exercice

Aucun des actes réalisés par le mineur n'est valable juridiquement ! Il est représenté.

L'un de ses représentants réalise les actes à sa place (actes les moins graves), l'accord de ses deux représentants légaux s'impose parfois (actes les plus graves).

Tableau 2.8 – Les régimes juridiques du majeur et sa représentation

Administration légale pure et simple	Régime juridique le plus fréquent	Autorité parentale répartie entre les deux parents vivants et non déchus de leurs droits
Administration légale sous contrôle judiciaire	Régime juridique lié à l'absence d'un parent	Autorité parentale au parent restant, l'autre étant décédé ou déchu de ses droits
Tutelle	Régime juridique de l'orphelin	Autorité parentale au tuteur ; absence de parents, parents décédés ou déchus de leurs droits

L'ouverture d'un compte chèques à un mineur

Dès lors que le mineur a une maturité suffisante (en général 16 ans), les établissements de crédit acceptent d'ouvrir des comptes pouvant fonctionner sous leur seule signature. Ces comptes sont ouverts avec l'accord du représentant légal.

L'article 450 du Code civil admet qu'un mineur peut accomplir seul les actes admis par l'usage, et de cette façon justifie le recours par le mineur à la monnaie scripturale pour faire face aux besoins de la vie courante. En pratique, ce compte ne peut fonctionner que des dépôts et retraits d'espèces et ne doit jamais être débiteur.

Article 450 du Code civil (extrait)
« Le tuteur prendra soin de la personne du mineur et le représentera dans tous les actes civils, sauf les cas dans lesquels la loi ou l'usage autorise les mineurs à agir eux-mêmes.
Il administrera ses biens en bon père de famille et répondra des dommages et intérêts qui pourraient résulter d'une mauvaise gestion. »

Qui en aura la responsabilité ?

Les représentants légaux sont responsables du mineur non émancipé.

Un mineur peut-il commettre seul des actes de disposition ?

Non, ces actes nécessitent l'intervention conjointe des deux parents qui devront, en cas de désaccord, obtenir l'autorisation du juge des tutelles.

Certains actes spécifiques pourront faire l'objet d'un accord du juge des tutelles (emprunt, renonciation à un héritage, vente d'immeubles...).

Tableau 2.9 – Synthèse

Qu'est-ce que la tutelle ?	Dans certaines circonstances, lorsque l'autorité parentale ne peut plus s'exercer, les enfants mineurs peuvent être placés sous tutelle légale Un tuteur est nommé, en remplacement des parents, qui doit prendre soin de la personne du mineur et assurer la gestion et la conservation de son patrimoine éventuel
Un enfant mineur est placé sous le régime de la tutelle	– Si ses deux parents sont décédés – S'ils sont l'objet tous les deux d'un retrait de l'autorité parentale – Si, étant enfant naturel, ni le père ni la mère ne l'ont volontairement reconnu
Un mineur peut également être mis en tutelle en cas de circonstances graves	– Soit à la demande des parents – Soit à la demande du ministère public (procureur de la République au tribunal de grande instance) – Le juge des tutelles peut également se saisir d'office
La tutelle est mise en place et contrôlée par le juge des tutelles (tribunal d'instance)	Il constitue un conseil de famille de quatre à six membres (parents ou personnes proches du mineur) qu'il préside
Choix du tuteur	Le tuteur peut avoir été désigné par le dernier parent vivant, par testament ou déclaration devant notaire : – En l'absence de testament, la tutelle est confiée à l'ascendant (généralement un grand-parent) le plus proche. Si plusieurs ascendants sont candidats, le choix est effectué par le conseil de famille – En absence d'ascendant, le choix du tuteur est effectué par le conseil de famille (un membre de la famille ou un proche en règle générale) – Si personne ne peut assurer la tutelle, elle est confiée au service de l'aide sociale à l'enfance Choix du subrogé tuteur : le conseil de famille doit nommer un subrogé tuteur, parmi ses membres. Il est chargé de surveiller la gestion du tuteur et représenter le mineur si ses intérêts sont en opposition avec ceux du tuteur .../...

Droits du mineur	Le mineur capable de discernement est entendu par le juge des tutelles avant la réunion du conseil de famille. Le conseil de famille est réuni : – de plein droit à la demande du mineur de 16 ans révolus – à la demande de l'enfant de moins de 16 ans, capable de discernement, sauf avis contraire du juge De même, le mineur âgé de plus de 16 ans participe au conseil de famille à titre consultatif, s'il a demandé sa convocation. S'il a moins de 16 ans et s'il est capable de discernement, il peut y participer si le juge n'estime pas sa présence contraire à son intérêt
Rôle du tuteur	– Il assure l'entretien du mineur et le représente pour la plupart des actes de la vie civile – Il peut agir seul pour les actes d'administration courante : travaux de réparation ou d'entretien, vente de meubles ordinaires, acceptation de legs ou de dons sans charge, acceptation de succession sous bénéfice d'inventaire…
Actes soumis à autorisation	Le tuteur doit obtenir l'accord du conseil de famille et du subrogé tuteur pour les actes graves mettant en cause le patrimoine du mineur : – Vente d'immeubles ou fonds de commerce – Vente de valeurs mobilières ou de meubles précieux – Emprunts – Renonciation à une succession – Partage amiable d'une succession…

9.3 Les majeurs protégés

Les cas dans lesquels un majeur est protégé

Altération des facultés personnelles mettant le majeur dans l'incapacité de pourvoir seul à ses intérêts. L'altération peut être :

▸ soit mentale, par suite de maladie, d'infirmité ou d'affaiblissement dû à l'âge ;

▸ soit corporelle, dans la mesure où elle empêche l'expression de la volonté.

Prodigalité, intempérance ou oisiveté du majeur l'exposant à tomber dans le besoin ou compromettant l'exécution de ses obligations familiales.

La sauvegarde de la justice

La sauvegarde de la justice est une mesure de protection immédiate, souple et généralement de courte durée. Le majeur conserve l'exercice de ses droits, mais les actes qu'il a passés et les engagements qu'il a contractés peuvent être annulés pour simple lésion ou réduits en cas d'excès, sans qu'il soit nécessaire de prouver l'existence d'un trouble mental au moment de l'acte.

La déclaration de mise sous sauvegarde est limitée dans le temps. Elle cesse automatiquement de produire ses effets après deux mois. Des renouvellements sont possibles si l'état du majeur l'exige. Chaque renouvellement se périme par six mois. Cependant, lorsqu'une procédure de mise sous curatelle ou tutelle est en cours, la décision de mise sous sauvegarde de justice se poursuit pendant toute la durée de l'instance.

La curatelle

Il s'agit d'une mesure intermédiaire. Plus protectrice que la sauvegarde de justice, elle est moins contraignante que la tutelle. Peut être placé sous un régime de curatelle, le majeur qui se trouve dans une des situations psychiques ou physiques prévues pour une mesure de sauvegarde et qui, sans être hors d'état d'agir lui-même, a besoin d'être conseillé ou contrôlé dans les actes de la vie civile.

Il en est de même du majeur qui, par sa prodigalité, son intempérance ou son oisiveté, s'expose à tomber dans le besoin ou compromet l'exécution de ses obligations familiales. Le majeur ne peut, sans l'assistance de son curateur, faire aucun acte qui, sous le régime de la tutelle des majeurs, nécessiterait une autorisation du conseil de famille. Si le majeur fait seul un de ces actes, soit lui-même, soit le curateur peut en demander l'annulation.

La tutelle

La tutelle est ouverte quand un majeur a besoin d'être représenté d'une manière continue dans les actes de la vie civile. En principe, le tuteur peut faire seul les actes conservatoires et les actes d'administration (les actes de gestion courante), mais il doit obtenir l'autorisation du conseil de famille ou du juge des tutelles pour passer des actes de disposition (les actes qui engagent le patrimoine du majeur).

Qui peut les demander ?

Le majeur concerné lui-même, son conjoint si la communauté de vie n'a pas cessé entre eux, ses ascendants, ses descendants, ses frères et sœurs et le procureur de la République. Les autres parents, les alliés, les amis, de même que le médecin traitant et le directeur de l'établissement peuvent seulement donner au juge avis de la cause qui justifierait l'ouverture de la mesure de protection. Le juge peut se saisir d'office au vu de cet avis, mais il s'agit d'une simple faculté.

Qui peut exercer les mesures ?

▸ La proche famille.

▸ Des gérants privés choisis par le juge.

▸ L'État qui les délègue au secteur associatif.

9.4 La réforme de la protection juridique des majeurs

1,3 % de la population française majeure (700 000 personnes environ) fait l'objet actuellement d'une mesure de protection juridique. La loi réforme en profondeur le régime des majeurs protégés (loi du 5 mars 2007, publiée au *JO* du 7 mars 2007). À l'exception de certaines mesures, son entrée en vigueur est programmée pour le 1er janvier 2009.

Les grands axes

Principes

Une mesure de protection n'est envisageable que si elle est nécessaire compte tenu des circonstances particulières et des besoins de l'intéressé. À ce titre, l'ouverture d'une curatelle pour prodigalité, intempérance ou oisiveté est supprimée.

La mesure de protection juridique ne doit être prononcée qu'à défaut de dispositifs plus souples pouvant être mis en place (représentation de la personne à protéger par son conjoint dans le cadre des règles des régimes matrimoniaux ou si un mandat de protection future a été signé). La mesure de protection doit être proportionnelle au degré d'incapacité de la personne concernée, mais aussi aux circonstances particulières et aux besoins de la personne.

Protection des biens et de la personne

Le majeur concerné est, sauf cas particulier, entendu lors de l'ouverture d'une procédure.

Protection ciblée

La loi distingue les mesures de protection juridique (portant atteinte à la capacité civile de la personne protégée) et les mesures dites

« d'accompagnement social » (permettant d'aider le majeur à la gestion de certaines de ses ressources).

Évolutions des régimes de protection

▸ La sauvegarde de justice : sa durée ne peut pas excéder un an renouvelable une fois.

▸ La curatelle : peut être ouverte, en principe, pour une durée maximale de cinq ans.

▸ La tutelle : durées identiques à celles des curatelles.

Le mandat de protection future

Une personne capable ne faisant pas l'objet d'une mesure de tutelle peut charger une ou plusieurs personnes, par un même mandat, de la représenter pour le cas où elle ne pourrait plus pourvoir seule à ses intérêts en raison d'une altération de ses facultés personnelles. Cette représentation peut également, sous certaines conditions, être mise en place dans le cadre de la représentation des parents d'enfants handicapés.

10. La clôture de compte

La clôture du compte est un acte aussi important que l'acte d'ouverture. Deux cas de figure peuvent se présenter.

10.1 Clôture du fait de la banque

Un établissement bancaire peut clôturer un compte à n'importe quel moment. Il n'a pas d'explication à donner pour justifier de sa décision. Les cas les plus fréquents d'une clôture par la banque sont :

▸ la non-rentabilité du compte ;

▸ des incidents fréquents ;

▸ un changement de politique commerciale.

En tout état de cause, la banque doit laisser un préavis de 30 à 45 jours à son client. Ce préavis a d'ailleurs été codifié dans la charte des services bancaires de base et reconnu par l'ensemble des établissements bancaires. Le délai est de 60 jours dans le cadre des comptes professionnels (cas de la rupture de crédit).

10.2 Clôture du fait du client

Comme pour la banque, le client n'a pas à justifier son choix s'il souhaite clôturer son compte. Il s'expose à des frais de clôture codifiés dans les conditions générales de fonctionnement. Le banquier essaiera toutefois de connaître les raisons du client qui l'ont poussé à clôturer son compte. Un bon entretien commercial suffit souvent à faire revenir le client sur sa décision.

Le compte peut aussi être clôturé d'office en cas de décès du titulaire, sauf s'il avait été ouvert en compte collectif.

10.3 Opérations à mener

Figure 2.4 – Cas de figure lors de la clôture d'un compte

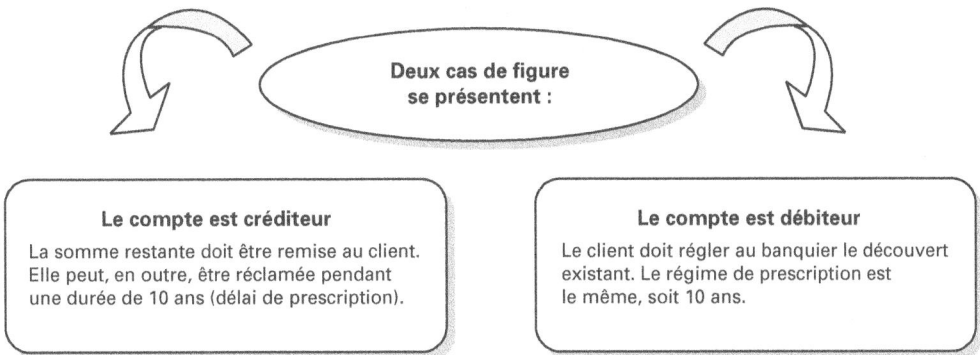

Deux cas de figure se présentent :

Le compte est créditeur
La somme restante doit être remise au client. Elle peut, en outre, être réclamée pendant une durée de 10 ans (délai de prescription).

Le compte est débiteur
Le client doit régler au banquier le découvert existant. Le régime de prescription est le même, soit 10 ans.

Tableau 2.10 – Clôture de compte

Moyens de paiement	La banque devra veiller à se faire restituer tous les moyens de paiement (chéquier, carte…) dont dispose le client
Écritures	Un pointage devra être réalisé entre les chèques émis et les chèques débités sur le compte du client. Si le client souhaite clôturer son compte, alors que tous les chèques ne sont pas débités, il s'expose à un rejet en cas de présentation de l'un d'entre eux après la clôture
Prélèvements	La banque devra veiller aussi à faire annuler toutes les autorisations de prélèvement ainsi que les virements permanents
Mandataires	La banque devra informer tous les éventuels mandataires de la clôture du compte, et par là même, de la résiliation des procurations
Services attachés au compte	Il devra être procédé à la résiliation de tous les services rattachés au compte (assurance, service télématique, convention de compte…)

.../...

Crédits	La banque devra veiller à ce que tous les crédits en cours soient remboursés. Les éventuelles facilités de caisse et autorisations de découvert devront être supprimées
Surveillance particulière	Une provision pour « intérêts débiteurs » devra être calculée si le client utilisait son compte en position débitrice Pour information, un rejet de chèque pour motif « compte clôturé » a les mêmes conséquences qu'un chèque refusé pour motif « sans provision ». Ainsi, le FCC géré par la Banque de France sera alimenté de tous les chèques refusés pour motif « compte clôturé ». Le client, quant à lui, sera interdit bancaire pendant 5 ans

10.4 Décès du client

La banque doit clôturer le compte du client dès qu'elle est informée du décès de celui-ci. Elle peut aussi procéder au blocage du compte. Ce dernier entraîne l'ouverture d'un dossier de succession. La clôture ne devient effective qu'une fois la succession réglée.

En cas de compte joint, le décès n'entraîne pas le blocage du compte. Le survivant peut continuer de l'utiliser, sauf opposition d'un héritier.

10.5 Gratuité

Les banques se sont engagées à mettre en place toute une série de mesures destinées aux particuliers. La première d'entre elles est la gratuité des clôtures de compte.

Depuis le 1er janvier 2005, la clôture des comptes chèques ou comptes de dépôts n'est plus facturée. Il en va de même pour les comptes d'épargne : livrets A, livrets B, livrets Bleu, LDD, LEP…

En revanche, les frais de transfert subsistent en ce qui concerne les Plans et Comptes d'Épargne Logement (CEL, PEL) les Plans d'Épargne en Actions (PEA), les Plans d'Épargne Populaire (PEP) bancaires et les comptes titres.

En cas de litige avec sa banque lors de la clôture, le client peut contacter son service relations clientèle au siège de la banque puis, si nécessaire, transmettre le dossier au médiateur.

10.6 Prescription

Loi du 3 janvier 1977 article 2
« Les établissements de crédit dépositaires de sommes et valeurs sont autorisés à clôturer les comptes qu'ils tiennent lorsque les dépôts et avoirs inscrits à ces comptes n'ont fait l'objet, de la part des ayants droit, d'aucune opération ou réclamation depuis 10 années. »

10.7 Notification

La clôture d'un compte doit être notifiée à l'administration fiscale. Elle doit également être déclarée à la Banque de France si des chèques avaient été délivrés sur le compte.

Chapitre 3

La gestion des moyens de paiement

1. Les différents moyens de paiement

1.1 Les types de chèques

Le chèque barré

C'est le chèque le plus répandu et qui est délivré au client sans demande particulière de sa part. Deux traits sont tracés sur le recto du chèque. Seul un établissement de crédit ou assimilé peut l'encaisser directement, à moins que l'émetteur et le bénéficiaire soient clients de la même banque.

Le bénéficiaire d'un chèque barré doit l'endosser avant de le remettre à sa banque.

Le chèque barré interdit tout paiement en espèces, il faut ainsi attendre que les fonds soient encaissés pour disposer des sommes correspondantes.

Le chèque non barré

Ce type de chèque permet le paiement en espèces. Il est donc utilisé par les entreprises qui souhaitent que les bénéficiaires de leurs chèques puissent être réglés en espèces, sans être obligés de transiter par un compte bancaire.

Pour disposer de ce genre de chéquier, il faut effectuer une demande spécifique de chéquier. De plus, un droit de timbre de 1,50 € par chèque non barré est à régler.

L'avantage (voire l'inconvénient) de ce type de chèque est qu'il peut être transmis à n'importe quel tiers. C'est d'ailleurs pourquoi l'administration fiscale exige que l'identité et le numéro de chèque de celui qui demande un chéquier non barré lui soient communiqués.

Le chèque de banque

C'est un chèque établi à la demande du client ou dans certains cas particuliers. L'utilité de ce chèque est de pouvoir régler des montants importants en toute quiétude.

La banque se substitue au client en émettant en ses lieu et place un chèque au nom du bénéficiaire choisi par ce dernier. Elle va commencer par interroger le compte du client tireur, pour savoir s'il y a provision, puis le débiter de la somme souhaitée au profit de son compte « chèque de banque ». Reste alors au banquier à établir un chèque grâce au chéquier de ce compte.

L'avantage réside dans le fait que le bénéficiaire du chèque est assuré d'être payé, sous réserve toutefois de respecter le délai de validité du chèque (un an et huit jours).

Le chèque de banque est toujours facturé aux clients selon les conditions reprises dans le catalogue des frais mis à la disposition des clients (de 10 à 15 € selon les établissements).

Le chèque certifié

Moins utilisé que le chèque de banque, il présente, lui aussi, une garantie de paiement mais d'une durée moins importante.

Par la certification, la banque atteste l'existence de la provision. Elle va d'ailleurs bloquer la somme correspondante pendant le délai de présentation du chèque qui est de huit jours à compter de la date d'émission.

Dans les faits, la banque se contente d'apposer sur le chèque de son client un tampon plus la signature autorisée de l'un de ses fondés de pouvoir. Dans le même temps, elle débite son client de la somme inscrite sur le chéquier. Au-delà du délai de huit jours, si le chèque ne s'est pas présenté, elle recrédite le compte de son client et le chèque certifié redevient un chèque « normal ».

Là encore, le catalogue de frais prévoit le coût d'une commission prélevée au client pour chèque certifié.

Le chèque visé

Bien que ce procédé soit tombé en désuétude, il est encore en vigueur dans certains établissements.

Un chèque visé est tout simplement un chèque dont la provision est garantie le jour de son émission. Par son visa, la banque ne s'engage pas, elle informe seulement le bénéficiaire que la provision existait le jour du tirage du chèque.

Le chèque de voyage

Il s'agit ici plutôt d'un « frère jumeau » du chèque classique. Effectivement, le chèque de voyage est émis au nom du client en coupure numérotée et montant prédéterminé. Il offre au souscripteur de ce type de moyen de paiement une garantie spécifique en cas de perte ou de vol.

Le client peut, en effet, faire opposition à un ou des chèques de banque en cas de perte ou de vol. Il se voit, dans ce cas, intégralement remboursé des sommes en jeu.

1.2 Les mentions obligatoires

Certaines mentions sont obligatoires sur le chèque :

- ▸ le mot « chèque » ;
- ▸ l'ordre exprès de payer une somme (en chiffres et en lettres) ;
- ▸ le nom et l'adresse du titulaire du compte ;
- ▸ l'adresse et le numéro de téléphone de l'agence où est ouvert le compte ;
- ▸ la date et le lieu d'émission ;
- ▸ la signature du titulaire du compte.

À noter

Le nom du bénéficiaire n'est pas obligatoire. Dans le cas d'absence de bénéficiaire, le chèque est réputé au porteur (n'importe qui peut en devenir le bénéficiaire en inscrivant son propre nom !).

1.3 Les délais de prescription

Délai de présentation

Il est de huit jours. Autrement dit, un chèque doit être déposé dans les huit jours suivant son émission. Ce délai est porté à 20 jours pour un chèque émis en Europe ou dans les DOM-TOM et tirable en France métropolitaine et à 70 jours pour un chèque émis dans le reste du monde et tirable en France métropolitaine.

En fait, ce délai de présentation n'a plus sa raison d'être aujourd'hui avec la loi Sapin et le traitement des chèques impayés (certificat de non-paiement).

Délai de validité

La validité d'un chèque est de un an et huit jours à compter de la date d'émission de ce dernier. Cette prescription n'a pas pour principe d'éteindre la dette entre le créancier et son débiteur ; ce dernier devra simplement remettre un nouveau chèque en règlement de sa créance.

Délai spécial de 30 jours

Tout particulier dispose d'un délai de 30 jours après l'émission du chèque pour réclamer des dommages et intérêts en raison du préjudice suite à un refus de chèque.

C'est ce même délai qui s'applique à la banque pour refuser ou non un chèque de moins de 15 € lorsqu'il est sans provision.

1.4 La carte bancaire

Les paiements par carte bancaire ont « détrôné » les chèques depuis deux ans. L'utilisation de ce dernier représente, malgré tout, une part importante des transactions.

Les enjeux

La stratégie de conquête des établissements de crédit s'appuie sur une dynamique de positionnement en concurrence avec les autres moyens de paiement, et d'un élargissement de la sphère d'utilisation.

La carte doit pouvoir être acceptée dans des secteurs d'activités ou des créneaux de marché qu'elle n'a pas ou mal pénétrés pour des raisons historiques (santé, taxis…) ou réglementaires (jeux, administrations…).

La carte devient un support d'identification par des applications multiples grâce à la puce électronique qu'elle contient (paiements à distance, réservations...).

Le porte-monnaie électronique – Moneo

Cette fonctionnalité particulière de paiement avec une carte bancaire a été développée pour permettre de limiter les paiements en espèces et moderniser le système de règlement des petits montants chez les commerçants.

L'ensemble des cartes bancaires bénéficie ainsi de cette fonction, dont l'activation est facultative. Les paiements par porte-monnaie sont limités à de petites sommes.

L'utilisation est conditionnée à la fois à l'appropriation des consommateurs, mais surtout et davantage par les commerçants qui restent, à ce jour, peu motivés et peu convaincus par le processus.

Pour être utilisé, Moneo doit d'abord être chargé en monnaie électronique sur une borne en agences bancaires ou bureaux de poste. Ensuite, lors des achats, c'est l'argent contenu dans le porte-monnaie électronique qui est débité et non le compte bancaire.

▸ Les paiements sont possibles de 0,01 € à 30 €.

▸ Les chargements du porte-monnaie sont au maximum de 100 €.

▸ Le rechargement est également possible à hauteur de 30 € chez les commerçants.

La carte de retrait

Elle peut uniquement servir à des retraits d'argent dans les distributeurs de billets ou au guichet des établissements émetteurs ou affiliés.

Son étendue d'utilisation peut se faire en France et/ou à l'étranger.

Souvent gratuite pour les mineurs de plus de 12 ans, la facturation se limite souvent à moins de 20 € à l'année.

La carte de paiement

On distingue les cartes nationales et internationales : la carte nationale est limitée au territoire français alors que la carte internationale permet une utilisation mondiale, grâce aux réseaux distributeurs tels que Visa ou Eurocard.

Le débit des achats peut être immédiat ou différé : les règlements effectués avec la carte de paiement sont soit débités du compte bancaire du titulaire au fur et à mesure (débit immédiat), ou alors regroupés mensuellement (débit différé) à une date prédéfinie dans le contrat carte bancaire qui peut varier selon l'établissement de crédit.

Pour limiter les risques liés à l'utilisation abusive de la carte et afin de permettre l'accès aux moyens de paiement alternatifs pour les clients exclus du système bancaire (interdit bancaire par exemple), la carte à interrogation systématique permet de recueillir un accord préalable avant toute acceptation de paiement.

La carte prestige

La carte haut de gamme a les mêmes fonctions qu'une carte de paiement classique mais dispose de plafonds de retraits et de paiements plus importants. Elle bénéficie également de garanties étendues pour le porteur et à l'étranger, comme l'assurance décès, la garantie retard d'avion, vol/perte de bagages, annulation de voyage, l'assurance hospitalisation et une responsabilité civile renforcée à l'étranger.

On distingue, entre autres, les cartes Premier, Gold, Infinite, Platinum et Centurion.

La carte de crédit

Souvent associée à la carte de paiement, cette fonctionnalité permet à son utilisateur d'utiliser une réserve d'argent et ainsi d'échelonner, de fractionner le règlement en plusieurs prélèvements.

Elles sont dites accréditives lorsqu'elles sont destinées à être utilisées dans un groupe de magasins ou chez une enseigne regroupant plusieurs commerçants affiliés. Le crédit accordé lors de la mise à disposition de la carte est généralement d'un coût élevé.

La carte cadeau

Cette nouvelle carte, bénéficiant d'un packaging spécifique (visuel personnalisable, coloré), est une carte prépayée et nominative.

Dans sa conception, elle peut être rechargeable mais n'a pas été, pour le moment, prévue en ce sens.

Le titulaire peut consulter ses dépenses et son solde *via* un site Internet ou un serveur vocal interactif, virer le solde au-delà de la période d'utilisation, enregistrer une opposition en cas de perte, se faire rééditer son code confidentiel...

La carte « comarquée » (cobranding)

Les enseignes commerciales peuvent, depuis octobre 2007, apposer leur logo sur une carte de paiement Visa ou Mastercard à côté du nom de la banque émettrice.

La France a rejoint la plupart des pays européens et les États-Unis pour lesquels cette pratique est déjà répandue depuis plusieurs années.

Ces cartes permettent d'accéder aux fonctionnalités classiques d'une carte (retrait, paiement...) et, en plus, de bénéficier d'avantages et de services spécifiques à l'univers de l'entreprise commerciale (facilités de paiement, points de fidélité, avantages tarifaires...).

Le titulaire d'une telle carte n'est pas contraint de changer d'établissement bancaire lorsqu'il souscrit ce type de carte auprès d'un établissement commercial (grands magasins, hypermarchés, compagnie aérienne, constructeur automobile...).

1.5 Les autorisations de prélèvements

Le prélèvement automatique

Il est émis par un créancier. Contrairement au virement ou autres moyens de paiement, c'est davantage un mode de recouvrement.

Pour être valable, le client aura précédemment signé une autorisation permettant à la banque (le mandataire) de payer les demandes de prélèvements sur le compte de son client.

Les organismes ou sociétés émettrices de prélèvements doivent obtenir un numéro d'agrément appelé « numéro national d'émetteur » attribué par la Banque de France à l'issue de l'étude d'un dossier préalablement déposé dans ses services.

Le Titre Interbancaire de Paiement (TIP)

Le TIP est à la fois un mode de paiement par prélèvement mais également une formule de règlement qui s'apparente à un virement.

Le créancier adresse à son débiteur un ordre de virement signé donnant accord de prélèvement et permettant de cette façon d'agir comme pour la procédure de prélèvement. L'acceptation du créancier n'a de validité que pour ce prélèvement et pour la somme indiquée sur le TIP.

Le débiteur peut également payer directement le créancier en se présentant dans un bureau de poste et régler de cette façon le montant de sa facture en espèces.

1.6 Le virement

Il permet le transfert de fonds d'un compte d'un donneur d'ordre à un autre compte.

Rôle de la banque

Mandataire dans l'opération, la banque agit « sur ordre ». La banque doit détenir les instructions par écrit et disposer des références précises du destinataire des fonds pour éviter tout risque d'erreur. Le Relevé d'Identité Bancaire (RIB) du destinataire ou son *International Bank Account Number* (IBAN) pour les virements étrangers constituent des références uniformes reconnues par l'ensemble des établissements financiers.

La banque doit agir avec diligence : les virements doivent être traités sur-le-champ, un retard pouvant porter préjudice à l'émetteur et/ou au bénéficiaire. La banque a le devoir de rendre compte et donc d'informer son client de la bonne exécution de ses instructions.

Les différents types de virements

Le virement occasionnel domestique

Le virement occasionnel domestique est un ordre qui permet un transfert unique de fonds d'un compte de donneur d'ordre à un autre compte.

Il est gratuit lorsque les comptes de l'émetteur et du bénéficiaire sont dans le même établissement bancaire, mais souvent payant lorsque le bénéficiaire possède son compte dans un établissement concurrent. De plus en plus d'établissements financiers proposent la gratuité de ces virements lorsqu'ils sont saisis *via* une connexion Internet.

Le virement permanent

Le virement permanent permet d'effectuer automatiquement le virement d'une somme déterminée à une date fixe (généralement mensuelle) d'un compte de donneur d'ordre à un bénéficiaire ; souvent utilisé pour l'alimentation des comptes épargne ou le paiement d'un loyer mensuel, par exemple.

Il est gratuit si les comptes du donneur d'ordre et du bénéficiaire sont dans le même établissement bancaire et souvent payant dans le cas contraire.

Le virement international

Dans le cadre de la nouvelle norme SEPA (*Single Euro Payments Area* – espace unique de paiements en euros), le client peut désormais transférer ses avoirs vers n'importe quel pays de la zone SEPA (31 pays au total) avec la même sécurisation et en utilisant les mêmes normes.

➜ ➜ ➜ Voir le paragraphe sur la nouvelle norme SEPA.

1.7 Les effets de commerce (lettre de change, billet à ordre)

Lorsqu'un commerçant accorde un délai de paiement à l'un de ses clients, il est souhaitable que cet accord soit matérialisé par un document commercial (autre qu'une simple reconnaissance de dette écrite) : un effet de commerce s'impose.

Les effets de commerce sont partagés en deux catégories d'instruments : les lettres de change ou traites, les billets à ordre.

La lettre de change

Définition

La lettre de change est un écrit par lequel une personne (le tireur = le créancier) donne à une autre personne (le tiré = le débiteur) l'ordre de payer une certaine somme à une troisième personne (le bénéficiaire) à une certaine échéance (le bénéficiaire peut être le tireur lui-même ou bien une tierce personne).

La lettre de change est généralement établie par le tireur lui-même ; il transmet éventuellement ce document à son client débiteur (le tiré) s'il souhaite que cet effet de commerce soit accepté ou avalisé, ou bien il le remet directement à sa banque pour encaissement ou escompte. La banque peut se charger elle-même de faire accepter ce document au tiré.

Les mentions obligatoires

Pour être valable, la lettre de change doit comporter obligatoirement un certain nombre d'indications :

▸ l'expression « lettre de change » dans le corps du titre ;

▸ l'ordre de payer une certaine somme (en chiffres, deux fois) ;

© Groupe Eyrolles

- le nom de celui qui doit payer le montant de la lettre de change (le tiré) ;
- l'échéance prévue pour le paiement ;
- le lieu de paiement, c'est-à-dire « la domiciliation » (compte bancaire ou postal dont le tiré est titulaire) ;
- le nom du bénéficiaire (qui peut être différent du nom du tireur à l'initiative de qui a été émise la lettre de change) ;
- la date et le lieu de création ;
- la signature du tireur (manuscrite ou sous forme de cachet).

L'échéance d'une lettre de change

Si aucune échéance n'est précisée, la lettre de change est considérée comme payable « à vue », c'est-à-dire dès sa présentation à l'encaissement. Plusieurs formes sont acceptées pour préciser une échéance de paiement :

- une date précise ;
- un certain délai de date (30 jours, par exemple : le délai court à partir de la date de création de la lettre de change) ;
- un certain délai de vue (30 jours après acceptation, par exemple).

L'acceptation d'une lettre de change

Accepter une lettre de change (matérialisation par la signature manuscrite du tiré) correspond à l'engagement formel du tiré de payer une certaine somme à son échéance. Lorsque l'échéance se présente sous la forme d'un certain délai de vue, la signature d'acceptation doit être précédée de la date de cette acceptation.

L'aval d'une lettre de change

Afin de se prémunir contre le risque de défaillance du tiré, le tireur peut solliciter la garantie supplémentaire d'une tierce personne (l'avaliseur ou l'avaliste), formulée sur la lettre de change elle-même ou sur un acte séparé et adjoint.

Cette tierce personne devient solidaire du tiré et s'engage à payer la somme due à l'échéance si le tiré ne peut pas payer (ou refuse de payer).

L'endossement d'une lettre de change

Le bénéficiaire d'une lettre de change peut désigner un autre bénéficiaire pour le paiement de la somme due.

Le billet à ordre

Définition

Le billet à ordre est un écrit par lequel une personne (le souscripteur = le débiteur) s'engage à payer une certaine somme à l'ordre d'une autre personne (le bénéficiaire = le créancier) à une certaine échéance.

Le billet à ordre est généralement émis par le souscripteur : ceci est un inconvénient pour le bénéficiaire qui ne peut pas mobiliser sa créance tant que le souscripteur n'a pas pris l'initiative d'émettre le billet.

À la différence de la lettre de change, le billet à ordre n'est pas obligatoirement un acte de commerce : il peut par conséquent être utilisé entre particuliers, entre non-commerçants (cas relativement peu fréquent) et entre toute personne physique ou morale et un créancier banquier.

Les mentions obligatoires

Pour être valable, le billet à ordre doit comporter obligatoirement un certain nombre d'indications :

▸ l'expression « billet à ordre » dans le corps du titre ;

▸ l'ordre de payer une certaine somme (en chiffres, deux fois) ;

▸ le nom de celui qui doit payer le montant du billet à ordre (le souscripteur) ;

▸ l'échéance prévue pour le paiement ;

▸ le lieu de paiement, c'est-à-dire « la domiciliation » (compte bancaire ou postal dont le souscripteur est titulaire) ;

▸ le nom du bénéficiaire ;

▸ la date et le lieu de création du billet à ordre ;

▸ la signature du souscripteur (manuscrite ou sous forme de cachet).

Quelques informations complémentaires

Les remarques et précisions consacrées à la lettre de change et concernant l'échéance et l'aval possible sont également valables pour le billet à ordre.

Le billet à ordre étant émis à l'initiative du souscripteur (ou sur sa demande), il n'y a pas lieu de procéder à une acceptation, puisque la signature du souscripteur vaut engagement formel.

Le billet à ordre est très rarement endossé en faveur d'une tierce personne. Il est presque toujours un acte bilatéral (deux personnes sont mises en cause) qui peut toutefois faire intervenir une troisième personne (l'avaliste).

La Lettre de Change-Relevé (LCR) et le Billet à Ordre-Relevé (BOR)

Des formules « modernes » de paiement ont été imaginées par les banques pour pallier la lourdeur du traitement administratif des lettres de change et des billets à ordre (manipulation, conservation et/ou transmission des documents… entraînant des frais de gestion importants) : la LCR et le BOR, totalement ou partiellement dématérialisés, ainsi nommés car le seul document papier peut être un relevé d'opérations.

La LCR et le BOR reprennent toutes les informations obligatoires des lettres de change et des billets à ordre classiques : ils peuvent être créés ou non sur support papier, mais ne sont transférés que sur support magnétique (disquettes, bandes magnétiques, télétransmission) aux banques qui se chargent de leur encaissement.

Le débiteur ne reçoit plus, après paiement, la lettre de change ou le billet à ordre portant la mention « acquitté » ou toute autre formule attestant du paiement (donc du débit en compte) : seul l'extrait bancaire fourni périodiquement donne preuve qu'il a réglé sa dette en bonne et due forme et à l'échéance prévue.

L'avantage de cette « non-circulation de documents sur papier » est de réduire les coûts de gestion des établissements bancaires (coûts répercutés sur leurs clients).

Il existe toutefois un inconvénient : dans le cas où une LCR ou un BOR auraient été directement créés sur support magnétique, il n'y a pas de possibilité de faire établir immédiatement un protêt en cas de non-paiement. Il faut créer au préalable le support papier de la LCR ou du BOR en question, avant de demander à un huissier d'intervenir.

Protêt

Acte authentique émis par un huissier de justice constatant le non-paiement d'un effet de commerce à son échéance. Le protêt fait l'objet d'une inscription au greffe du tribunal de commerce et peut entraîner la procédure relative à une cessation des paiements.

1.8 Le paiement sans contact

Le télépaiement

C'est un système en fort développement qui permet de payer avec sa carte bancaire en utilisant les moyens de communication à distance.

À l'origine le télépaiement était utilisé pour des ventes à distance par catalogue (*La Redoute, 3 Suisses...*). Le client communiquait les numéros d'identification de sa carte bancaire par téléphone ou minitel pour effectuer le paiement. Aujourd'hui, le télépaiement utilise la technologie Internet tout en bénéficiant du cryptage des informations afin de garantir un maximum de sécurité.

Le téléphone portable

Le paiement par SMS *(Short Message Service)* a été développé dans certains réseaux bancaires (Caisse d'Épargne en France). Il permet à tout détenteur d'un compte dans l'établissement concerné de déclencher des virements à distance vers n'importe quel destinataire à partir de son numéro de téléphone mobile. À terme, le service sera généralisé à tout titulaire de compte bancaire, quelle que soit sa banque d'appartenance.

D'autres banques testent également un téléphone portable capable, grâce à un programme spécifique intégré, de payer en composant simplement son code sur le clavier du téléphone à l'approche d'un terminal de commerçant chez qui le client aura effectué un achat.

Cette opération est en test dans cinq groupes bancaires (BNP Paribas, Crédit agricole-LCL, Crédit mutuel-CIC, Caisse d'épargne, Société générale), auprès de quatre opérateurs de téléphonie mobile (Bouygues Télécom, NRJ Mobile, Orange, SFR) et dans deux villes (Strasbourg et Caen) pendant six mois.

La technologie employée est la NFC (*Near Field Communication*) permettant l'interopérabilité du portable et du terminal de paiement du commerçant. La commercialisation à l'ensemble de la population devrait se faire en 2009, une fois la certification internationale obtenue.

1.9 Chiffres clés

**Figure 3.1 – Répartition des paiements en 2006
(estimation des opérations interbancaires)**

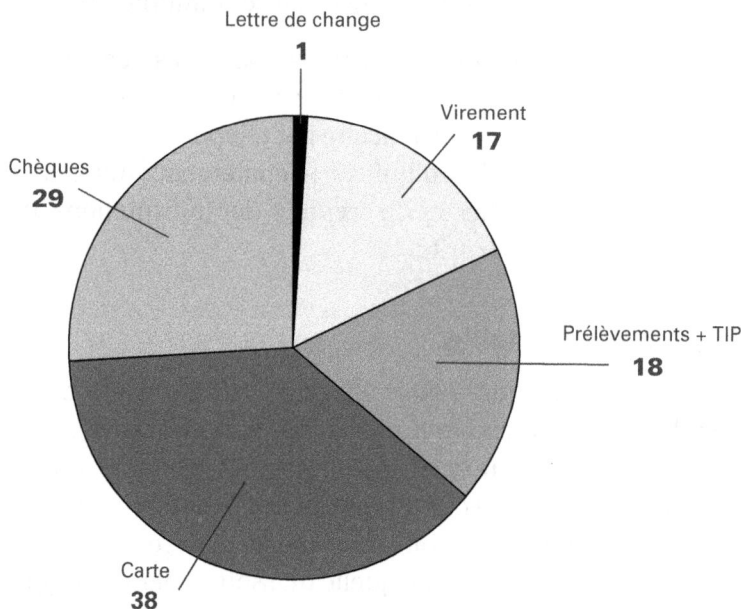

Source : Fédération bancaire française.

2. Les incidents de paiement

2.1 Les incidents de chèque

Qu'est-ce que la provision ?

Elle correspond au montant indiqué sur le chèque dont l'émetteur (tireur) doit disposer sur son compte en banque pour permettre le paiement.

Prévention du chèque sans provision

La délivrance du chéquier

La banque doit vérifier l'absence d'inscription au fichier central des chèques pour déceler une éventuelle inscription pour interdiction bancaire ou judiciaire.

La banque doit procéder aux contrôles préalables du tireur : identité, signature, domicile.

La banque peut refuser la délivrance d'un chéquier et motiver ce refus.

La banque peut à tout moment demander la restitution des formules de chèques antérieurs.

La banque est responsable vis-à-vis des tiers si elle délivre un chéquier à une personne sanctionnée par une interdiction d'émettre des chèques (ce qui entraîne l'obligation de payer tous les chèques, même non provisionnés, et l'expose au paiement d'une amende pénale).

Les obligations de communications pour les banques

Information préalable au rejet auprès du tireur par tout moyen approprié des conséquences d'un rejet, des frais engendrés et du délai de régularisation.

Déclaration de tout incident ou émission en violation d'une interdiction.

Le FNCI

Le FNCI enregistre les oppositions sur chèques pour perte, vol, les coordonnées bancaires des interdits de chéquiers et des comptes clôturés, et les caractéristiques des faux chèques en circulation.

Il est alimenté par les banques, par le Centre national d'appel des chèques perdus ou volés et par les services de police qui ont enregistré une déclaration de perte ou de vol. La consultation est ouverte à toute personne bénéficiaire d'un chèque.

Le FCC

Le FCC centralise les interdictions bancaires, suite au rejet par une banque d'un chèque sans provision, et les interdictions judiciaires décidées par les tribunaux. Sa consultation est limitée aux banques et aux autorités judiciaires.

Recours pour le bénéficiaire d'un chèque impayé

En cas d'existence d'une provision partielle, le porteur a le droit d'exiger le paiement jusqu'à concurrence de la provision.

Le recours contre le tireur est un certificat de non-paiement qui est délivré au bénéficiaire par la banque ayant procédé au rejet (sur demande ou lors d'une deuxième représentation) ; un huissier pourra alors procéder à une saisie.

Les recours cambiaires sont réservés au porteur diligent qui fait dresser protêt du défaut de paiement dans le délai de présentation du chèque (huit jours en France).

Annulation à la Banque de France de la déclaration d'incident de paiement

Sur demande de la banque tirée :

▸ suite à une erreur du tiré ;

▸ si la preuve est apportée que le défaut de provision n'est pas imputable au titulaire, ni à ses mandataires (saisie de la BDF dans les dix jours).

La BDF avise le tiré de l'annulation (et les autres établissements) ; le tiré informe son client.

Figure 3.2 – Procédure de régularisation et d'interdiction d'émettre des chèques

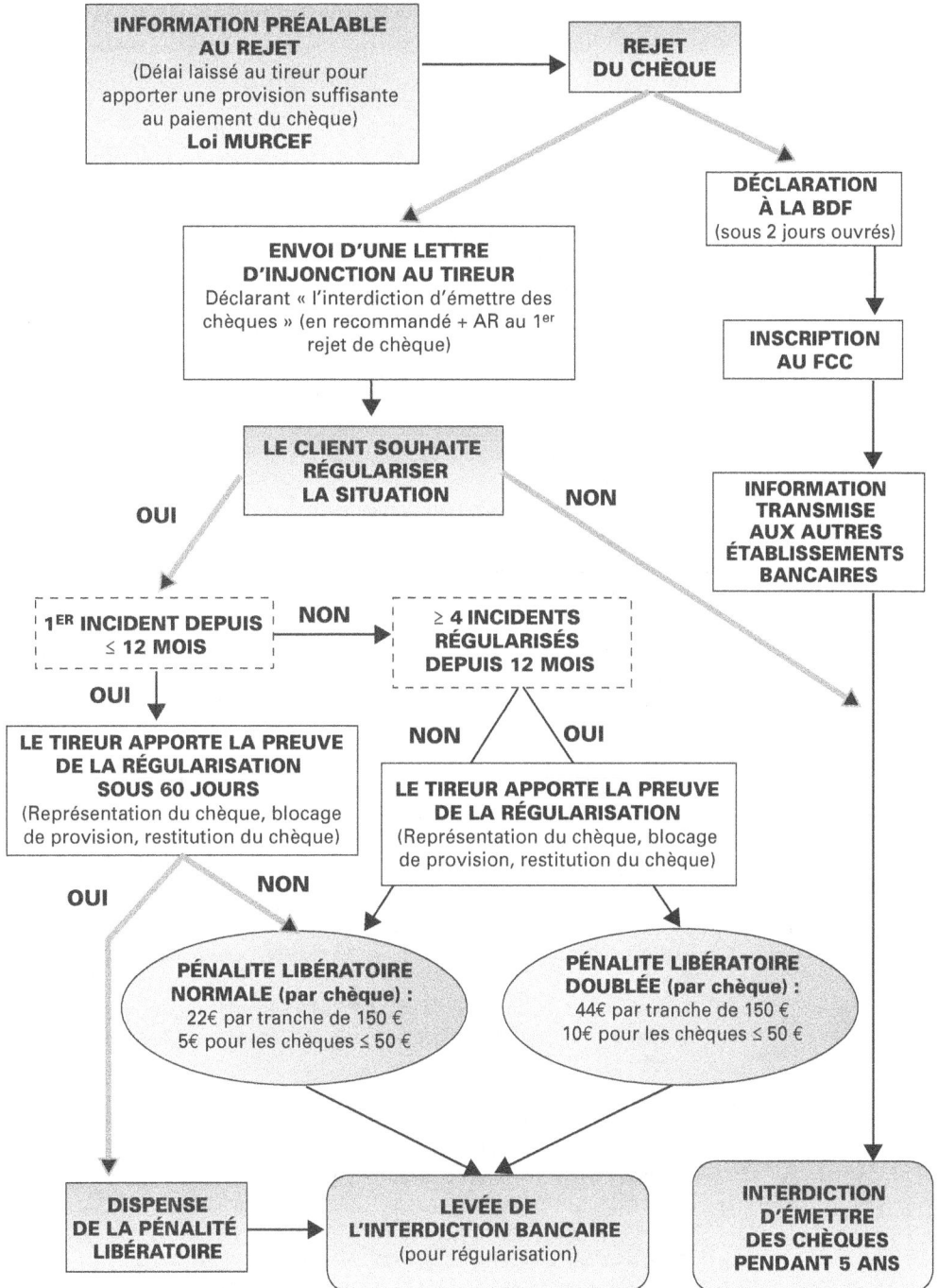

INFORMATION PRÉALABLE AU REJET
(Délai laissé au tireur pour apporter une provision suffisante au paiement du chèque)
Loi MURCEF

REJET DU CHÈQUE

DÉCLARATION À LA BDF
(sous 2 jours ouvrés)

ENVOI D'UNE LETTRE D'INJONCTION AU TIREUR
Déclarant « l'interdiction d'émettre des chèques » (en recommandé + AR au 1er rejet de chèque)

INSCRIPTION AU FCC

LE CLIENT SOUHAITE RÉGULARISER LA SITUATION

OUI NON

INFORMATION TRANSMISE AUX AUTRES ÉTABLISSEMENTS BANCAIRES

1ER INCIDENT DEPUIS ≤ 12 MOIS

NON

≥ 4 INCIDENTS RÉGULARISÉS DEPUIS 12 MOIS

OUI

LE TIREUR APPORTE LA PREUVE DE LA RÉGULARISATION SOUS 60 JOURS
(Représentation du chèque, blocage de provision, restitution du chèque)

NON OUI

LE TIREUR APPORTE LA PREUVE DE LA RÉGULARISATION
(Représentation du chèque, blocage de provision, restitution du chèque)

OUI NON

PÉNALITE LIBÉRATOIRE NORMALE (par chèque) :
22€ par tranche de 150 €
5€ pour les chèques ≤ 50 €

PÉNALITE LIBÉRATOIRE DOUBLÉE (par chèque) :
44€ par tranche de 150 €
10€ pour les chèques ≤ 50 €

DISPENSE DE LA PÉNALITÉ LIBÉRATOIRE

LEVÉE DE L'INTERDICTION BANCAIRE
(pour régularisation)

INTERDICTION D'ÉMETTRE DES CHÈQUES PENDANT 5 ANS

© Groupe Eyrolles

67

2.2 Les incidents de crédits

Le règlement du Comité de la Réglementation Bancaire et Financière (CRBF) du 15 janvier 2004 modifie les conditions d'inscription des incidents de paiement « caractérisés » au FICP et celles relatives aux procédures de traitement des situations de surendettement.

La loi du 18 janvier 2005 de programmation pour la cohésion sociale interdit la facturation des frais d'inscription au FICP.

Tableau 3.1 – Les incidents de crédits et le FICP

Les objectifs du FICP	Recenser les incidents de paiement « caractérisés » liés aux crédits accordés aux personnes physiques pour des besoins non professionnels Ex. : enregistrer les situations de surendettement, les jugements de rétablissement personnel et les jugements de liquidation judiciaire prononcés en Alsace-Moselle
Le champ d'application	**1) Crédits concernés** – **Les concours accordés pour l'acquisition, la construction, l'aménagement, ou l'entretien d'un immeuble** – **Les prêts personnels et crédits permanents** – **Les découverts de toutes natures** – **Les financements d'achats à tempérament** – **Les locations avec option d'achat ou location-vente** **2) Incidents de paiement « caractérisés »** a. Pour un crédit comportant des échéances échelonnées, les défauts de paiement atteignant un montant au moins égal : – pour les crédits remboursables mensuellement, à deux mensualités consécutives dues – dans les autres cas, à l'équivalent d'une échéance, lorsque le montant demeure impayé pendant plus de 60 jours b. Pour un crédit ne comportant pas d'échéance échelonnée : le défaut de paiement des sommes exigibles plus de 60 jours après la date de mise en demeure du débiteur d'avoir à régulariser sa situation dès lors que le montant des sommes impayées est au moins égal à 500 € c. Pour tous les types de crédit : – les défauts de paiement pour lesquels la banque engage une procédure judiciaire ou prononce la déchéance du terme après mise en demeure du débiteur restée sans effet – les établissements de crédit ne peuvent pas inscrire les retards de paiement pour un montant inférieur à 150 € pour lesquels la déchéance du terme n'a pas été prononcée **3) Situations de surendettement** – Les dossiers en cours d'instruction dès la saisine de la commission de surendettement par le débiteur et non plus seulement à compter de la décision de recevabilité du dossier par la commission ou par le juge – Les décisions de recevabilité par le JEX en cas de recours – Les plans conventionnels de redressement – Les recommandations de la commission homologuées par le JEX – Les mesures prises par le JEX, dans le cadre des mesures recommandées – Les procédures de rétablissement personnel

.../...

Les modalités de conservation et de radiation	**1) Modalités de conservation** a. Inscription pour 24 mois : mesures visant à suspendre l'exigibilité des créances autres qu'alimentaires (durée de l'exécution des mesures, qui ne peuvent excéder 2 ans) b. Inscription pour 36 mois : dossiers relatifs aux situations de surendettement en cours d'instruction (prorogation éventuelle par période d'un an décidée par la commission) c. Inscription pour 8 ans : – bénéficiaires de la procédure de rétablissement personnel : 8 ans à compter de la date du jugement – jugements de liquidation judiciaire en Alsace-Moselle : 8 ans à compter de la date du jugement d. Inscription pour 10 ans : – plan conventionnel et recommandations : durée de l'exécution du plan et des recommandations dans la limite de 10 ans – mesures d'effacement partiel des créances autres qu'alimentaires **2) Modalités de radiation** a. Immédiate – dès la date d'enregistrement de la déclaration du paiement intégral des sommes dues – dès que le débiteur a justifié auprès de la BDF du règlement intégral de ses dettes auprès de tous les créanciers figurant au plan ou au jugement : le débiteur remet à cet effet une attestation de paiement émanant de chacun des créanciers concernés – lorsque la banque indique à la BDF que la déclaration initiale était erronée b. Au bout de 5 ans : les informations relatives aux incidents de paiements caractérisés sont radiées à compter de la date d'enregistrement par la BDF de l'incident
L'accès aux informations	– Les établissements de crédit peuvent obtenir communication pour chaque personne recensée, des informations inscrites au FICP – Ces informations sont utilisables exclusivement par les établissements de crédit destinataires et seulement en cas d'opérations se rattachant à l'octroi ou à la gestion d'un crédit – Tout établissement de crédit doit faire connaître à l'emprunteur, lors de l'octroi du concours, que des informations le concernant sont susceptibles, en cas d'incident de paiement d'être inscrites au FICP accessible à l'ensemble des établissements de crédit – Tout client d'un établissement de crédit peut lui demander de lui faire savoir s'il a déclaré des informations le concernant – L'établissement indique oralement à ce client, les informations qu'il a communiquées à la BDF – Les particuliers ont un droit d'accès aux informations les concernant. Ils doivent s'adresser à un guichet de la BDF qui leur communique oralement ces informations – Ils peuvent obtenir la modification des informations les concernant **Il est interdit à la BDF et aux établissements de crédit de leur remettre copie de ces informations, SOUS QUELQUE FORME QUE CE SOIT**

3. Les oppositions

3.1 Les oppositions sur chèque

Les motifs d'opposition sur chèque

Ils sont limités au nombre de quatre :

▸ l'opposition pour vol ;

▸ l'opposition pour perte ;

▸ l'opposition pour redressement ou liquidation judiciaire ;

▸ l'opposition pour utilisation frauduleuse.

Depuis la loi Sapin d'avril 1992, seuls ces quatre motifs d'opposition sont retenus par les juges. Les banques ne doivent pas passer outre ces mesures et accepter d'autres motifs d'opposition. Aussi, en cas d'escroquerie, il n'est pas possible de faire opposition sur le chèque ayant servi au règlement. Si le client fait opposition, le juge peut considérer que ce dernier a volontairement retiré la provision avant paiement.

L'opposition doit être écrite dès que le client a connaissance du problème. Toutefois, pour gagner du temps, le client doit téléphoner à son agence bancaire pour faire enregistrer son opposition le plus rapidement possible.

Toutes les opérations enregistrées avant la date d'opposition sont à la charge du client. La souscription d'une assurance spécifique peut éviter au client, sous certaines franchises, d'avoir à régler les chèques effectués avant opposition.

Opposition pour vol

Le client doit déclarer son opposition à l'appui d'une déclaration de vol effectuée à la police ou à la gendarmerie du lieu de vol. Ce document est obligatoire.

Opposition pour perte

Le client doit déclarer son opposition à l'appui d'une déclaration sur l'honneur comme quoi il a perdu son ou ses chèques ou éventuellement son chéquier.

Opposition pour redressement ou liquidation judiciaire

Dès qu'elle en a connaissance, la banque doit enregistrer d'office une opposition pour redressement ou liquidation judiciaire. Le client n'a pas de démarche particulière à exercer.

Opposition pour utilisation frauduleuse

La notion d'utilisation frauduleuse est assez floue. Elle regroupe, entre autres, la falsification du chèque (changement de somme par exemple), la poursuite d'émission de chèque par un mandataire après suppression de la procuration…

Le client peut faire opposition soit sur un ou des chèques, soit sur son chéquier entier. Il devra indiquer à l'établissement bancaire le ou les numéros de chèques concernés. Si le chèque a été perdu ou volé après avoir été rempli, l'opposition portera aussi sur la somme.

Les effets de l'opposition

Une fois inscrite dans le fichier de la banque, l'opposition doit être transmise à la BDF pour alimenter le FNCI.

La banque n'a pas à se porter juge de la réalité du motif évoqué par le client, puisque c'est le client qui formule l'opposition et en assume les conséquences. Seul son rôle de conseil peut être mis en avant.

Le porteur d'un chèque qui se voit refuser le paiement, suite à une opposition non reconnue par la loi, peut saisir le juge des référés. Ce dernier pourra ordonner à la banque la mainlevée de l'opposition si le motif n'est pas valable.

Les responsabilités du titulaire du compte

Avant l'opposition, les chèques émis sont à la charge du titulaire du compte. Le client peut toutefois saisir la justice et mettre en cause la responsabilité du commerçant qui a accepté un chèque sans vérifier l'identité de l'émetteur.

Après l'opposition, le client dégage en principe sa responsabilité et ne supporte normalement pas les chèques opposés. Toutefois, la banque peut démontrer l'éventuelle négligence ou faute de son client. Ainsi a été reconnu fautif un client qui a laissé son chéquier dans sa voiture ; a été reconnu négligent un client n'ayant pas vérifié ses extraits de compte faisant apparaître des chèques volés.

La durée de l'opposition

La date de validité d'un chèque étant d'un an et huit jours, l'opposition restera inscrite toute cette durée. Si le chèque ou le chéquier a été volé avant utilisation par le client, et que donc, il n'y a aucune notion de date sur le chèque, l'opposition devra être renouvelée chaque année.

3.2 Les oppositions sur carte

La carte, pratique d'utilisation, peut engendrer rapidement un certain nombre de problèmes en cas de négligences de l'utilisateur. Les quatre seuls motifs d'opposition reconnus par les contrats carte bleue qui régissent les relations banque-utilisateur sont identiques à ceux des chèques.

Lorsqu'elle attribue une carte, la banque donne un code secret strictement confidentiel à son client. Il ne doit jamais être communiqué. En cas d'oubli par le client, la banque devra procéder à un nouvel envoi de ce dernier par pli confidentiel. Aucun employé de banque ne connaît le code confidentiel de la carte de son client.

En cas de perte ou de vol, le client doit réagir au plus vite pour faire opposition auprès du centre carte bancaire qui va enregistrer l'opposition. Chaque banque dispose de son propre centre d'opposition, toutefois il existe un numéro commun à l'ensemble des établissements, le 08 92 70 57 05, qui oriente le client sur le centre d'opposition compétent.

En général, le client est couvert dès l'instant de son appel, toutefois, il est recommandé de confirmer l'opposition par un écrit (en recommandé avec accusé de réception) auprès de l'agence qui tient le compte. Le centre d'opposition note si la perte ou le vol sont réalisés avec ou sans le code secret du client. Les responsabilités du client ne sont effectivement pas les mêmes selon le premier ou le second cas.

Perte ou vol

Le titulaire d'une carte supporte la perte subie, en cas de perte ou de vol, avant la mise en opposition prévue à l'article L. 132-2, dans la limite d'un plafond qui ne peut dépasser 150 € depuis le 1er janvier 2003. Toutefois, s'il a agi avec une négligence constituant une faute lourde ou si, après la perte ou le vol de ladite carte, il n'a pas effectué la mise en opposition dans les meilleurs délais, compte tenu de ses habitudes d'utilisation de la carte, le plafond prévu à la phrase précédente n'est pas applicable.

Le contrat entre le titulaire de la carte et l'émetteur peut cependant prévoir le délai de mise en opposition au-delà duquel le titulaire de la carte est privé du bénéfice du plafond prévu au présent alinéa. Ce délai ne peut être inférieur à deux jours francs après la perte ou le vol de la carte. La responsabilité du titulaire d'une carte mentionnée à l'article L. 132-1 n'est pas engagée si le paiement contesté a été effectué frauduleusement, à distance, sans utilisation physique de sa carte.

De même, sa responsabilité n'est pas engagée en cas de contrefaçon de sa carte au sens de l'article L. 163-4 et si, au moment de l'opération contestée, il était en possession physique de sa carte.

Dans les cas prévus aux deux alinéas précédents, si le titulaire de la carte conteste par écrit avoir effectué un paiement ou un retrait, les sommes contestées lui sont recréditées sur son compte par l'émetteur de la carte ou restituées, sans frais, au plus tard dans le délai d'un mois à compter de la réception de la contestation.

En cas d'utilisation frauduleuse d'une carte mentionnée à l'article L. 132-1, l'émetteur de la carte rembourse à son titulaire la totalité des frais bancaires qu'il a supportés.

Cour de cassation, arrêt du 2 octobre 2007

« En cas de perte ou vol d'une carte bancaire, il appartient à l'émetteur de la carte qui se prévaut d'une faute lourde de son titulaire [...] d'en rapporter la preuve ; que la circonstance que la carte ait été utilisée par un tiers avec composition du code confidentiel est, à elle seule, insusceptible de constituer la preuve d'une telle faute. »

Le délai légal pendant lequel le titulaire d'une carte de paiement ou de retrait a la possibilité de déposer une réclamation est fixé à 70 jours à compter de la date de l'opération contestée. Il peut être prolongé contractuellement, sans pouvoir dépasser 120 jours à compter de l'opération contestée.

L'assurance carte

C'est une assurance proposée de manière facultative par les établissements de crédit. Elle couvre, entre autres, les opérations frauduleuses effectuées avec la carte bancaire. Il existe toutefois certains plafonds, selon les banques, en matière de remboursement à leurs clients.

➔ ➔ ➔ Voir code monétaire et financier : article L. 132-2.

4. Les Terminaux de Paiement Électroniques (TPE)

Afin de faciliter le règlement des achats de leurs clients et s'assurer une sécurité du paiement, les commerçants s'équipent (achat ou location) d'un TPE auprès de leur intermédiaire financier ou directement auprès d'un revendeur.

Neuf Français sur dix possèdent aujourd'hui une carte de paiement et 75 % des porteurs l'utilisent au moins une fois par semaine. Ainsi, depuis 2003, les règlements par carte ont-ils dépassé en valeur celui des paiements par chèque.

Bien que l'utilisation des chèques soit encore très soutenue en France (26 % des paiements en 2006), la carte est aujourd'hui beaucoup plus plébiscitée (38 % des transactions).

4.1 Les fonctions d'un TPE

La fraude et les impayés sur chèques ont raison d'un équipement de plus en plus soutenu des professionnels du commerce. Le règlement par carte permet :

- ▶ de garantir la sécurité de l'encaissement ;
- ▶ d'améliorer la trésorerie du professionnel ;
- ▶ d'encaisser automatiquement et rapidement les règlements sur le compte bancaire ;
- ▶ d'apporter à la clientèle une plus grande satisfaction ;
- ▶ de répondre à une attente forte de la clientèle.

4.2 Le contrat TPE

Dans le cadre des différentes offres des professionnels, le contrat TPE permet de proposer des services spécifiques pour offrir des solutions complémentaires à l'offre initiale :

- ▶ paiement par carte en plusieurs fois (échelonnement du règlement en trois ou quatre prélèvements) ;
- ▶ paiement par Internet (voir chapitre vente à distance) ;
- ▶ porte-monnaie électronique : des paiements jusqu'à 30 € avec sa carte grâce à Moneo, évitant de cette façon la détention de monnaie (prévention contre le vol, perte…) ;
- ▶ lecteur éditeur de chèque : offre un remplissage automatique du chèque et son contrôle auprès du FNCI (un abonnement à RESIST est nécessaire).

➜➜➜ Voir le chapitre sur l'ouverture et le fonctionnement du compte bancaire.

▸ portable fixe ou mobile : facilite les paiements de proximité (solution fixe) ou permet une liaison radio (solution mobile) afin de faciliter les encaissements selon le type de commerce (ambulant, sédentaire, restauration…) ;

▸ équipements spécifiques santé : des solutions capables de traiter à la fois les paiements d'honoraires et la télétransmission des feuilles de soins (en cabinet ou à domicile).

5. La vente à distance

5.1 Les enjeux

La vente à distance fait appel à différents canaux de distribution qu'utilisent les banques dans le cadre de leur activité, et fait l'objet ces dernières années d'une grande révolution technologique, grâce notamment au e-commerce (commerce électronique) et au paiement sans contact.

Le multi-canal se révèle être un type d'organisation incontournable dans la stratégie commerciale et financière des établissements de crédit. Associés au CRM (*Customer Relationship Management* – gestion de la relation client) visant à améliorer l'approche globale du client, les canaux de vente à distance sont aujourd'hui de réels atouts complémentaires au développement des ventes et, par conséquent, du PNB des banques.

Figure 3.3 – Stratégie de développement multi-canal des banques

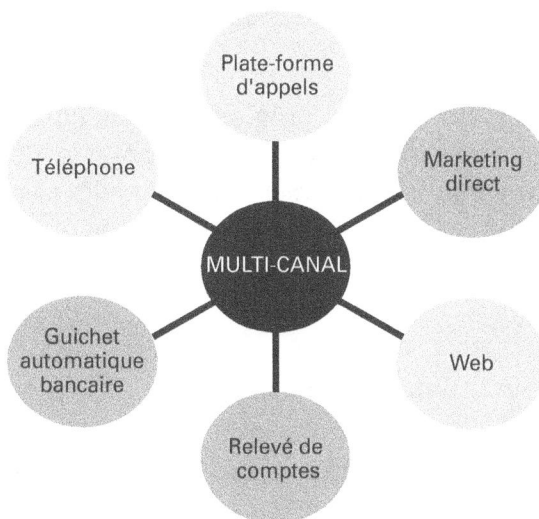

Le paiement à distance trouve son évolution technologique au travers d'Internet, des plates-formes d'appels et du « call back ».

5.2 Internet

Plus de dix millions de Français visitent chaque mois au moins un site de banque ou de société de crédit. Internet est devenu un canal de communication et de relation client stratégique. Le phénomène d'achat en ligne a véritablement explosé ces dernières années et a obligé les banques à réagir très rapidement. Les produits et services proposés sur Internet sont de natures très diverses, on peut ainsi souscrire :

▸ un livret ;

▸ une carte bancaire ;

▸ une assurance ;

▸ un crédit personnel ou permanent ;

▸ un crédit immobilier ;

▸ une valeur mobilière (action, Sicav, FCP) ;

▸ une assurance-vie.

Tarification

L'offre proposée sur le Web peut être différente par rapport à l'offre proposée en agence en termes de tarification. L'utilisateur devra également être abonné (gratuitement ou en payant un abonnement) pour utiliser le site Internet dans le cadre de la gestion de son compte (consultation, opposition, virement…).

Services extra bancaires

De plus en plus de banques proposent également des services extra bancaires souvent associés à des programmes de fidélité multi-enseignes. On y trouve des offres promotionnelles avec des produits et services de marques (logiciels, cartes téléphoniques prépayées, tirages photos, cinéma, voyages, média, etc.)

Paiement

Le paiement sur le Web s'effectue soit :

▸ par carte bancaire : la sécurité proposée aux clients est souvent celle d'une sécurisation par cryptage des informations fournies et par des codes d'accès ;

> ▶ par e-carte bancaire : le client utilise un simple logiciel fourni par l'établissement bancaire qui génère au moment d'un paiement en ligne un numéro à usage unique de carte bancaire, et permettant de payer en toute sécurité (le client ne communique pas son vrai numéro de carte) ;

> ▶ par virement : des virements bancaires sont parfois acceptés pour les achats extra bancaires notamment.

5.3 Les plates-formes d'appels

Dans la stratégie de développement du multi-canal, les établissements financiers font évoluer considérablement le rôle des centres d'appel afin d'optimiser et d'exploiter davantage le potentiel commercial. Les canaux téléphoniques et Internet sont aujourd'hui de réels canaux de distribution de produits et services bancaires mais restent encore en marge d'utilisation par rapport aux canaux traditionnels (agence…).

L'organisation et la stratégie de développement se différencient dans les établissements par la centralisation ou non des plates-formes dans les régions, voire même leur décentralisation à l'étranger. L'efficacité des plates-formes passe par une maîtrise parfaite, par le personnel, des outils informatiques sophistiqués et par le développement de leurs compétences.

Tout type d'achat peut se réaliser *via* ce canal (ouverture de compte, déblocage de prêt, souscription de services…).

5.4 Dernière innovation : le « call back »

Combinaison des canaux Web et plate-forme, cette fonction permet à l'internaute *via* le Web, de demander à être mis en relation avec un conseiller de l'établissement financier par téléphone. Celui-ci le rappelle alors dans un délai très court.

6. La nouvelle norme SEPA (*Single Euro Payments Area*)

Ce projet a pour ambition de créer une gamme unique de moyens de paiement en euros commune à l'ensemble des pays européens (comprenant : l'Union européenne des 27, l'Islande, le Liechtenstein, la Norvège et la Suisse).

Les agents économiques (particuliers, professionnels, entreprises, administrations…) peuvent effectuer des paiements dans tout l'espace européen plus simplement et en toute sécurité, de la même façon que pour leurs virements domestiques.

Chaque pays migre tour à tour vers ce système, la BDF et la FBF ayant constitué le comité national SEPA qui dirige et organise cette migration en France.

La première gamme de moyens de paiement SEPA se concentre sur les trois instruments les plus largement utilisés en Europe :

▸ le virement ;

▸ le prélèvement ;

▸ le paiement par carte.

Tableau 3.2 – Récapitulatif de la migration des moyens de paiement

Moyens de paiement actuels	Projet SEPA	Période de migration*
Virement « ordinaire »	Remplacé	2008 à 2011
Prélèvement (ordinaire et accéléré)	Remplacé	2010 à 2012
Carte interbancaire CB	Remplacé	2008 à 2010
Carte privative	Au choix de l'émetteur	
Téléchargement	Maintenu dans un premier temps [1]	*suivant résultat de l'étude*
TIP	Maintenu [2]	
Lettre de change/Billet à ordre	Maintenu [2]	
Virement « spécifique »	Non concerné	
Chèque	Non concerné	
Porte monnaie électronique	Non concerné	

Source : www.sepafrance.fr

* La période de migration commence avec la mise à disposition des moyens de paiement européens et s'achève avec l'arrêt des moyens de paiement nationaux correspondants.

(1) Une étude complémentaire sera menée sur la base de la version du prélèvement SEPA destinée à des opérations interentreprises (« B2B »), une fois que les spécifications de celle-ci auront été adoptées par l'EPC.

(2) À moyen terme, des réflexions pourront être menées avec d'autres communautés pour définir une stratégie permettant de conserver les fonctionnalités de ces moyens de paiement tout en les inscrivant dans un cadre plus européen.

6.1 Le virement SEPA

Le virement est un ordre de paiement initié par le donneur d'ordre : celui-ci envoie une instruction de paiement à sa banque, qui transfère les fonds à la banque du bénéficiaire.

Le virement SEPA est utilisable pour les transactions libellées en euros, entre deux comptes tenus par des établissements financiers localisés dans l'espace SEPA.

Le virement SEPA présente les caractéristiques suivantes :

▸ il est exécuté en trois jours ouvrés maximum (ce délai sera réduit à un jour à partir de 2012 conformément aux dispositions de la directive sur les services de paiement en cours de transposition) ;

▸ le compte du bénéficiaire est crédité du montant total de la transaction (les banques restent libres d'appliquer la tarification de leur choix, mais les intermédiaires ne peuvent pas prélever de frais supplémentaires) ;

▸ un champ de 140 caractères est à la disposition de la clientèle pour un libellé transmis au bénéficiaire sans altération ;

▸ il utilise l'IBAN – *International Bank Account Number* – (identifiant international du compte) et le BIC – *Bank Identifier Code* – (identifiant international de l'établissement financier) pour l'identification du compte du bénéficiaire.

6.2 Le prélèvement SEPA

C'est un paiement initié par le créancier sur la base d'une autorisation préalable : le mandat donné par le débiteur. Cette autorisation peut être générale s'il s'agit de paiements récurrents, ou unitaire s'il s'agit d'un paiement ponctuel.

Le prélèvement SEPA est utilisable pour des opérations de débit ponctuelles ou récurrentes libellées en euros dans l'espace SEPA.

Le prélèvement SEPA présente les caractéristiques suivantes :

▸ le débiteur doit donner à son créancier une autorisation appelée « mandat ». Ce mandat est conservé par le créancier ;

▸ le créancier ne peut initier de paiement que s'il dispose d'une autorisation du débiteur ;

▸ le créancier émet son ordre de débit au plus tard cinq jours (s'il s'agit d'une première opération ou d'une opération ponctuelle) ou deux jours (pour les opérations récurrentes) avant la date de paiement. À la date prévue, la banque du débiteur transfère les fonds à la banque du créancier ;

▸ un champ de 140 caractères est à la disposition de la clientèle pour pouvoir transmettre un libellé qui parvienne au bénéficiaire sans altération ;

▸ le débiteur est identifié par l'IBAN et le BIC (comme pour le virement SEPA) ;

▸ le débiteur peut demander à sa banque le remboursement d'un prélèvement SEPA déjà effectué. Il dispose pour cela d'un délai de huit semaines après l'opération si le prélèvement a été réalisé sur la base d'un mandat valide, et de 13 mois en cas d'absence de mandat valide. En cas de remboursement, le débiteur n'est cependant pas exonéré de ses éventuelles obligations vis-à-vis du créancier.

6.3 Le paiement par carte SEPA

Les cartes de paiement permettent à un payeur d'émettre un ordre de paiement électronique soit sur des terminaux de paiement ou des automates, soit à distance. Les cartes de paiement sont largement répandues en Europe et permettent, pour la plupart d'entre elles, d'effectuer des transactions à l'étranger.

Le projet SEPA s'appuie notamment sur les systèmes nationaux et internationaux existants de paiement par carte, et a pour objectif de renforcer leur interopérabilité et leur sécurité.

Dans le projet SEPA, les paiements par carte doivent respecter les principes suivants :

▸ les porteurs peuvent réaliser des paiements dans l'ensemble de l'espace SEPA avec leur carte, chez les commerçants qui l'acceptent ;

▸ les commerçants peuvent accepter dans les mêmes conditions les cartes (conformes aux principes SEPA), sans distinction liée à leur pays d'émission. Ils conservent le choix des systèmes de cartes qu'ils acceptent ;

▸ les paiements par cartes utilisent la technologie EMV (*Eurocard Mastercard Visa*) et sont le plus souvent authentifiés par un code PIN (*Personal Identification Number*) ;

▸ le paiement est garanti dans les conditions prévues par le réseau de cartes.

Les cartes de paiement visées par ces principes sont principalement les cartes émises par les banques. Les émetteurs de cartes privatives (par exemple, les cartes de crédit émises par des organismes spécialisés) peuvent également se conformer aux principes SEPA, sur une base volontaire.

➔➔➔ Site de référence : www.sepafrance.fr

Chapitre 4

Les produits d'épargne bancaire et non bancaire

1. Règles générales de fonctionnement des livrets d'épargne

Les livrets d'épargne bancaires sont de deux types :

▸ les livrets défiscalisés : livret A, livret Bleu, livret Jeune, livret d'épargne populaire, livret d'épargne entreprise, livret de développement durable ;

▸ les livrets fiscalisés : livret ordinaire, livret B, livret bancaire.

1.1 Méthode de calcul du taux du livret A (du 1er juillet 2004 au 31 janvier 2008)

C'est la moyenne arithmétique entre :

▸ la moyenne mensuelle de l'EURIBOR (*Euro Interbank Offered Rate* – Taux interbancaire offert en euros) trois mois ;

▸ et la variation, en France, sur douze mois, de l'indice Insee des prix à la consommation de l'ensemble des ménages, majorée de 1/4 de point.

Le résultat est arrondi au 1/4 de point le plus proche.

Arrêté du 29 janvier 2008 modifiant la formule de calcul du taux de rémunération du Livret A

Les pouvoirs publics ont décidé de modifier le calcul mathématique du taux du livret A pour son application au 1er février 2008 du fait de la crise du crédit et de la hausse de l'inflation sur décembre 2007 qui auraient porté la rémunération du livret A à un taux proche de 4 %. Ainsi, le taux qui s'applique au 1er février est limité à 3,5 % pour le livret A. Le Comité consultatif de la législation et de la réglementation financière a publié une évolution de la formule de calcul permettant d'éviter de manière pérenne la prise en compte d'une sur-réaction des taux courts et de mieux assurer la protection du pouvoir d'achat.

Extrait du règlement :

Les taux des premiers livrets des caisses d'épargne, des livrets d'épargne institués au profit des travailleurs manuels et des livrets de développement durable sont égaux, après arrondi au quart de point le plus proche ou à défaut au quart de point supérieur, au chiffre le plus élevé entre :

1. La moyenne arithmétique entre, d'une part, la moitié de la somme de la moyenne mensuelle de l'Euribor 3 mois et de la moyenne mensuelle de l'Eonia, et, d'autre part, l'inflation en France mesurée par la variation sur les douze derniers mois connus de l'indice INSEE des prix à la consommation de l'ensemble des ménages ;

2. L'inflation visée ci avant majorée d'un quart de point

Les données utilisées sont celles relatives au dernier mois pour lequel ces données sont connues.

1.2 Périodicité de la révision

Taux calculé par la BDF, les 15 janvier et 15 juillet de chaque année. En cas de modification, application du nouveau taux le 1er jour de la quinzaine civile (1er ou 16 du mois) suivant la publication au *Journal officiel*.

1.3 Impact du taux du livret A

Le taux du livret A va automatiquement impacter les autres livrets réglementés de la façon suivante :

Tableau 4.1 – Typologie des différents livrets

Type de livret	Mode de calcul de la rémunération	Taux en vigueur au 01/08/07	Taux applicable au 01/02/08
LDD	= Taux du livret A	3 %	3,5 %
LEP	= Taux du livret A + 1 %	4 %	4,25 % [1]
Livret Jeune	= Libre mais taux du livret A minimum	Libre	Libre
CEL	= 2/3 du taux du livret A arrondi au 1/4 de point le plus proche	2 %	2,25 %
Livret Bleu	= Taux du livret A	3 %	3,5 %
LEE	= 3/4 du taux du livret A arrondi au 1/4 de point inférieur	2,25 %	2,25 %

[1] : Non-application de la règle de calcul exceptionnellement au 1er février 2008.

1.4 La règle des quinzaines

Les livrets sont rémunérés en application de la règle des quinzaines (Art. R. 221-5 du code monétaire et financier).

Tableau 4.2 – La règle des quinzaines

Opérations	Dates de valeur	
	Du 1er au 15	Du 16 au 31
Versements (les intérêts sont comptabilisés sur le livret à compter de cette date)	16	1er du mois suivant
Retraits (le retrait entraîne une non-rémunération du livret pendant la période considérée)	31 du mois précédent	15

1.5 Le calcul et le versement des intérêts

Les intérêts sont calculés au 31 décembre de chaque année et inscrits en compte à cette date. Les intérêts dus sont calculés selon la méthode des intérêts anticipés et des intérêts rétrogrades :

▸ intérêts anticipés = intérêts dus au titulaire selon le nombre de quinzaines qui séparent le versement et le 31 décembre de l'année en cours ;

▸ intérêts rétrogrades = intérêts déduits des intérêts anticipés correspondant aux retraits effectués non productifs d'intérêts entre la date du retrait et le 31 décembre de l'année en cours.

EXEMPLE

Date d'opération	Opérations effectuées sur le livret	Intérêts anticipés au 31/12/07	Intérêts rétrogrades au 31/12/07
30/08/07	Dépôt 1 000 €	10 € (1000 x 8/24 x 3 %)	
01/10/07	Retrait 500 €		3,75 € (500 x 6/24 x 3 %)
Total intérêt acquis au 31/12/07	Intérêts anticipés – Intérêts rétrogrades = 10 € – 3,75 € = 6,25 €		

Dans le cadre d'une clôture de compte, les intérêts sont calculés et versés à cet instant.

1.6 Capitalisation des intérêts

Au 31 décembre de chaque année, les intérêts acquis s'ajoutent au capital et cette nouvelle somme devient elle-même productive d'intérêts (Art. R. 221-5 du code monétaire et financier).

Cette capitalisation peut porter le montant des livrets plafonnés au-delà du maximum autorisé pour les dépôts.

2. Les produits d'épargne bancaire

2.1 Livret A/Livret Bleu

Caractéristiques

Livret d'épargne défiscalisé de la Caisse d'épargne, de La Poste ou du Crédit mutuel

Création

16 avril 1904, code des Caisses d'épargne articles 5, 6, 8 et 10

Souscripteur

Tout particulier majeur ou mineur (+ personnes morales)

Forme

Les versements portent intérêt à compter du 1er jour de la quinzaine qui suit le jour du dépôt. Les intérêts sur les retraits cessent de courir à la fin de la quinzaine qui précède le jour du remboursement. Les intérêts courus à la fin de chaque année civile s'ajoutent au capital et deviennent eux-mêmes productifs d'intérêts

Durée

Illimitée

Versement initial

Aucun versement dans les Caisses d'épargne ne peut être inférieur à 1,50 €. Toutefois, les versements faits pour le compte d'enfants d'âge scolaire possédant un livret par le personnel enseignant ou assimilé sont acceptés à partir de 1 €

Versement minimal annuel

Libre, plafond 15 300 €. Ce plafond ne peut être dépassé que par la capitalisation des intérêts

Taux de l'épargne

3,5 % depuis le 1er février 2008

Retraits

Possibles

Fiscalité

Net d'impôts
Remarque : le livret bleu est soumis à un prélèvement libératoire portant sur le tiers des intérêts perçus (CGI, Art. 125 A). Le Crédit mutuel prend, en principe, en charge ce prélèvement, permettant ainsi à ses clients de bénéficier d'une rémunération nette d'impôt identique à celle du livret A
En contrepartie, le Crédit mutuel affecte 2/3 de la collecte des livrets Bleu à des financements d'intérêt général

.../...

Divers

- Cumul possible avec le compte sur livret ou le livret B
- Si le livret est sans mouvement plus de 30 ans, il est clôturé d'office
- Identique au livret Bleu du Crédit mutuel et au Livret Jaune de La Poste
- Particularités pour le livret Bleu : minimum 1,50 €, compte joint possible dans certains Crédits mutuels
- Cumul du livret A et du livret Bleu interdit depuis le 1er septembre 1979
- Prélèvements et domiciliations courantes (EDF, FT…) possibles sur le livret A et pas sur le livret bleu
- Depuis le 1er juillet 2004, la règle de fixation des taux des livrets réglementés est la suivante : la BDF détermine le 15 janvier et le 15 juillet de chaque année le taux d'intérêt du livret A. Ce taux est égal à la moyenne arithmétique entre :
  - la moyenne mensuelle du taux Euribor 3 mois (c'est le taux interbancaire offert entre les banques représentatives de la zone euro pour la rémunération des dépôts)
  - et le taux d'inflation (indice Insee des prix à la consommation hors tabac des 12 derniers mois) majorée de 1/4 de point et arrondie au 1/4 de point le plus proche
- Plafond porté à 76 500 € pour certaines personnes morales (sociétés mutualistes, institutions de coopérations ou de bienfaisance, syndicats professionnels, comités d'entreprise, caisses de Crédit agricole, sociétés savantes reconnues d'utilité publique, sociétés de sport reconnues d'utilité publique ou agréées…)
- Prescription : à compter du 1er janvier de l'année suivant la dernière utilisation du livret par son titulaire, commence à courir le délai de 30 ans au-delà duquel la banque clôture d'office le livret. (2/5 des fonds restent ainsi la propriété de la banque, le surplus étant versé au Fonds national de solidarité et d'action mutualiste). (Art L. 221-5 du code monétaire et financier)

2.2 Compte sur livret (CSL)

Caractéristiques

Livret bancaire ordinaire, non réglementé

Création

8 mai 1969

Souscripteur

Tout particulier majeur ou mineur + associations 1901, le nombre qu'ils souhaitent

Nombre

Libre, le nombre de détention est illimité

Forme

Les versements portent intérêt à compter du 1er jour de la quinzaine qui suit le jour du dépôt. Les intérêts sur les retraits cessent de courir à la fin de la quinzaine qui précède le jour du remboursement. Les intérêts courus à la fin de chaque année civile s'ajoutent au capital et deviennent eux-mêmes productifs d'intérêts

.../...

© Groupe Eyrolles

Durée

Illimitée

Versements

15 € (solde minimum : 15 €)

Versement minimal annuel

Libre, pas de plafond

Taux de l'épargne

Libre (le taux de rémunération n'est plus réglementé depuis le 16 juin 1998), environ 3 % au 1er janvier 2008

Retraits

Possibles à tout moment sans pénalités

Fiscalité

IRPP (Impôt sur le Revenu des Personnes Physiques) +11 % retenu à la source au moment du versement des intérêts ou PFL 16 % + 11 % (PFL – Prélèvement forfaitaire libératoire : 18 % à compter du 1er janvier 2008)

Divers

- Carte de retrait possible
- Ouverture en compte joint possible
- Aucune domiciliation possible
- Pour les associations loi 1901, les intérêts versés sont passibles de l'impôt au taux réduit
- Les opérations traitées au débit ou au crédit de ce compte doivent, en principe, être d'un montant minimum de 15 €

2.3 Livret B

Caractéristiques

Livret complémentaire au livret A des Caisses d'épargne

Souscripteur

Tout particulier majeur ou mineur + personnes morales pour le nombre qu'ils souhaitent

Nombre

Libre, le nombre de détention est illimité

Forme

Les versements portent intérêt à compter du 1er jour de la quinzaine qui suit le jour du dépôt. Les intérêts sur les retraits cessent de courir à la fin de la quinzaine qui précède le jour du remboursement. Les intérêts courus à la fin de chaque année civile s'ajoutent au capital et deviennent eux-mêmes productifs d'intérêts

Durée

Illimitée

Versements

1,50 € à l'ouverture

Versement minimal annuel

Libre, pas de plafond

Taux de l'épargne

Libre (depuis 1998), 3,5 % au 1er février 2008

Retraits

Possibles à tout moment sans pénalités

Fiscalité

IRPP +11 % retenu à la source au moment du versement des intérêts ou PFL 16 % + 11 % (PFL : 18 % à compter du 1er janvier 2008)

Divers

- Ouverture en compte joint impossible
- Aucune domiciliation possible
- Pour les associations loi 1901, les intérêts versés sont passibles de l'impôt au taux réduit
- Les opérations traitées au débit ou au crédit de ce compte doivent en principe être d'un montant minimal de 15 €

2.4 Livret de développement durable (LDD)

Caractéristiques

Livret d'épargne à vocation (depuis le 1er janvier 2007)

Création

30 septembre 1983 pour une durée indéterminée (anciennement CODEVI)

Souscripteur

Contribuable ayant son domicile en France métropolitaine ou les DOM (un seul LDD par personne)

Forme

Les versements portent intérêt à compter du 1er jour de la quinzaine qui suit le jour du dépôt. Les intérêts sur les retraits cessent de courir à la fin de la quinzaine qui précède le jour du remboursement. Les intérêts courus à la fin de chaque année civile s'ajoutent au capital et deviennent eux-mêmes productifs d'intérêts

Durée

Libre

Versements

Libres, pas de minimum (en pratique 15 €)

Montant maximal

6 000 €. La capitalisation des intérêts peut porter le montant des sommes inscrites en compte au-delà de ce plafond

Taux de l'épargne

Égal au taux du livret A soit 3,5 % depuis le 1er février 2008

Retraits

Entière disponibilité des fonds

Fiscalité

Net d'impôt, pas de contributions sociales

Divers

- Clôture possible à tout moment
- Compte joint possible mais dans la limite d'un LDD par foyer fiscal
- Impossibilité de détenir plus de deux LDD par foyer fiscal
- Les fonds collectés sur les LDD sont placés obligatoirement par les établissements de crédit afin de les prêter aux entreprises ou aux collectivités locales à un taux réduit
- Permet aux banques de financer à des conditions préférentielles des projets à caractère écologique ou fondés sur les énergies renouvelables

2.5 Compte épargne codéveloppement (CEC)

Caractéristiques

Compte d'épargne réservé aux personnes ayant la nationalité d'un pays en voie de développement et vivant en France, permettant d'obtenir sous certaines conditions une déduction fiscale

Création

Issu de la loi relative à l'immigration et à l'intégration du 24 juillet 2006. Décret d'application paru au *JO* le 21 février 2007. La Caisse d'épargne est le premier établissement bancaire à être habilité par convention avec l'État

Souscripteur

Toute personne physique disposant d'une carte de séjour permettant l'exercice d'une activité professionnelle et ressortissante d'un pays mentionné dans la liste prévue au II de l'article L. 221-33 du code monétaire et financier[1]

Forme

Mono titulaire – un seul par personne

Durée

De 1 à 6 ans – obligation de justifier annuellement de sa carte de séjour en cours de validité. Clôture du compte au 31 décembre de l'année de la fin de validité de la carte

Versements

Minimum de 50 € à l'ouverture

Montant maximal

50 000 €. Les intérêts générés par les sommes déposées sur le CEC peuvent porter les sommes inscrites au crédit du compte au-delà de ce plafond

Taux de l'épargne

Libre

Retraits

Les sommes placées ne peuvent être débloquées que si l'épargnant justifie d'un investissement dans un pays en voie de développement

Fiscalité

Déduction fiscale 25 % (des sommes épargnées) du revenu net global du foyer et limitée à 20 000 € annuels par personne

.../...

Divers

– Les sommes versées ouvrent droit annuellement à une déduction du revenu net global, sous réserve de justifier de l'utilisation des sommes retirées dans un projet de développement économique dans son pays d'origine, la création, la reprise ou la prise de participation dans des entreprises locales :
  • l'abondement de fonds destinés à des activités de microfinance
  • l'acquisition d'immobilier d'entreprise, d'immobilier commercial ou de logements locatifs
  • le rachat de fonds de commerce
  • le versement à des fonds d'investissement dédiés au développement ou des sociétés financières spécialisées dans le financement à long terme
– Le titulaire du CEC doit, lorsqu'il procède au retrait des sommes en vue de la réalisation de son investissement, remettre à l'établissement de crédit où est ouvert le compte :
  • une attestation sur l'honneur que les sommes retirées servent bien au financement d'un investissement éligible
  • les caractéristiques du projet financé par des retraits du compte, notamment le lieu et l'objet de l'investissement et son plan de financement
  • lorsque le projet consiste en l'achat à un tiers d'un immeuble ou d'un meuble, une promesse de vente, ou sa copie, datée et signée du vendeur
– Transfert possible dans un autre établissement bancaire

(1) Liste des pays (Art. L. 221-33 II du CMF) – *JO* du 27/03/07 : Afghanistan, Afrique du Sud, Algérie, Angola, Bénin, Burkina-Faso, Burundi, Cambodge, Cameroun, Cap-Vert, République centrafricaine, Comores, Congo Brazzaville, République démocratique du Congo, Côte d'Ivoire, Cuba, Djibouti, République dominicaine, Érythrée, Éthiopie, Gabon, Ghana, Gambie, Guinée, Guinée-Bissau, Guinée équatoriale, Haïti, Kenya, Laos, Liban, Madagascar, Mali, Maroc, Mauritanie, Mozambique, Namibie, Niger, Nigeria, Ouganda, Rwanda, São Tomé et Principe, Sénégal, Soudan, Sierra Leone, Suriname, Tanzanie, Tchad, Territoires palestiniens, Togo, Tunisie, Vietnam, Yémen, Zimbabwe.

2.6 Livret Jeune (LJ)

Caractéristiques

Livret d'épargne destiné aux jeunes de 12 à 25 ans

Création

Loi du 12 avril 1996, décret du 2 mai 1996, articles L. 221-24 à 26 du CMF

Souscripteur

– Jeune âgé de 12 à 25 ans inclus qui réside en France à titre habituel et qui ne détient pas déjà un autre livret Jeune
– S'il est mineur le souscripteur doit indiquer le nom et l'adresse de son représentant légal
– Lorsque les souscripteurs sont âgés de moins de 16 ans, l'autorisation de leur représentant légal n'est requise que pour les opérations de retrait. Pour les plus de 16 ans, retraits libres sauf opposition expresse du représentant légal

.../...

Forme

Compte sur livret. Les versements portent intérêt à compter du 1er jour de la quinzaine qui suit le jour du dépôt. Les intérêts sur les retraits cessent de courir à la fin de la quinzaine qui précède le jour du remboursement. Les intérêts courus à la fin de chaque année civile s'ajoutent au capital et deviennent eux-mêmes productifs d'intérêts

Durée

Libre sous réserve de ne pas dépasser le 31 décembre du 25e anniversaire

Versement initial

Minimum de 15 € à l'ouverture de livret. Seul le titulaire est habilité à effectuer des dépôts sur ce livret

Versement minimal annuel

Libre

Montant maximal

1 600 €, toutefois la capitalisation peut porter le montant du compte au-delà de ce plafond

Taux de l'épargne

Libre (art. R. 221-92 du code monétaire et financier), sans pouvoir être inférieur à celui du livret A (3,5 % depuis le 1er février 2008)

Retraits

– Libres. Seul le titulaire peut procéder aux opérations de retrait
– Pour les mineurs de 12 à 16 ans, l'autorisation du représentant légal est nécessaire
– Pour les mineurs de 16 à 18 ans, ils peuvent librement effectuer des retraits, sauf si les représentants légaux s'y opposent

Fiscalité

Net d'impôts

Divers

– Le compte est clôturé d'office au 31 décembre du 25e anniversaire (art. R. 221-79 du code monétaire et financier)
– Seul le titulaire peut procéder aux opérations de retrait
– Avant l'âge de 16 ans, les retraits ne peuvent être effectués par le mineur sans l'accord de son représentant légal
– Une carte de retrait peut être remise, mais pas de chéquier
– Le mineur (+ 12 ans) peut librement procéder à l'ouverture d'un livret Jeune et y faire des dépôts sans l'intervention de son représentant légal

2.7 Livret d'épargne populaire (LEP)

Caractéristiques

Livret d'épargne défiscalisé en faveur des foyers faiblement imposés

Création

27 avril 1982, articles L. 221-13 à L. 221-17 du code monétaire et financier

Souscripteur

Client ayant son domicile en France, contribuable, ne possédant pas d'autre LEP. Tout particulier ayant son domicile fiscal en France peut ouvrir un livret d'épargne populaire et doit justifier :
– qu'il n'est pas imposable
– ou que l'impôt établi à son nom sur l'ensemble de ses revenus n'excède, avant imputation de l'avoir fiscal, du crédit d'impôt et des prélèvements non libératoires, un certain plafond

Pour l'année 2008, ce plafond est fixé à 732 € (impôts sur le revenu de 2007). En conséquence, les personnes redevables en 2007 d'un impôt ainsi défini, inférieur ou égal à ce montant, peuvent obtenir en 2008 :
– soit l'ouverture d'un compte sur livret d'épargne, si elles n'en possèdent pas déjà un
– soit la prolongation de leur compte ouvert antérieurement

Forme

Compte sur livret. Les versements portent intérêt à compter du 1er jour de la quinzaine qui suit le jour du dépôt. Les intérêts sur les retraits cessent de courir à la fin de la quinzaine qui précède le jour du remboursement. Les intérêts courus à la fin de chaque année civile s'ajoutent au capital et deviennent eux-mêmes productifs d'intérêts

Durée

Libre, sous réserve de remplir les conditions d'imposition. Si tel n'était pas le cas, la clôture interviendra au plus tard le 31 décembre de l'année qui suit celle où, pour la dernière fois, il a produit les pièces justificatives établissant son droit

Versement initial

30 €

Versement minimal

Aucun

Versement maximal

7 700 € depuis le 1er août 1999. Le plafond ne peut être dépassé que par la capitalisation des intérêts et de l'éventuel complément de rémunération

Taux de l'épargne

4,25 % depuis le 1er février 2008

Retraits

Libres et dans la totalité des fonds disponibles, sans toutefois pouvoir rendre le compte débiteur .../...

Fiscalité

Net d'impôts (y compris l'éventuel complément de rémunération)

Divers

– Possibilité de détenir deux LEP dans un foyer (un pour le contribuable, un pour son conjoint) (art. 221-16 du code monétaire et financier)
– Formalités d'ouverture : le souscripteur doit présenter son avis d'imposition sur lequel l'établissement financier appose un cachet (coordonnées de l'établissement, date et mention « déclarant » ou « conjoint » selon le cas)
– À défaut d'avis, l'établissement fera remplir une attestation sur l'honneur dont un exemplaire est adressé aux services fiscaux du département
– Un complément de rémunération destiné à maintenir le pouvoir d'achat des dépôts est calculé sur la fraction des dépôts égale au solde minimal enregistré sur le compte au cours des 6 mois civils écoulés. Il n'est tenu compte que des mois entiers consécutifs. Cette fraction est déterminée à la fin de chaque mois
– Clôture : le LEP doit obligatoirement être fermé si le titulaire ne prouve pas d'une année sur l'autre sa qualité d'ayant droit
– En cas de non-production du justificatif fiscal réclamé chaque année par l'établissement financier, celui-ci procède à la clôture d'office du LEP au 31 décembre de la même année

Historique des plafonds d'imposition pour l'ouverture d'un LEP		
Année d'ouverture du LEP ou de demande de prorogation	Année du justificatif fiscal à présenter	Montant maximal d'impôt dû pour bénéficier d'un LEP
2008	2007 (revenus 2006)	732 €
2007	2006 (revenus 2005)	722 €
2006	2005 (revenus 2004)	709 €
2005	2004 (revenus 2003)	696 €
2004	2003 (revenus 2002)	684 €
2003	2002 (revenus 2001)	672 €
2002	2001 (revenus 2000)	660 €

2.8 Livret d'épargne entreprise (LEE)

Caractéristiques

Plan contractuel d'épargne en vue de faciliter le financement de la création ou la reprise d'entreprise, et de bénéficier à l'échéance d'un prêt à taux réduit

Création

9 juillet 1984

Souscripteur

Tout particulier ayant son domicile fiscal en France. Un seul livret par foyer fiscal

Forme

Compte sur livret : les versements portent intérêt à compter du 1er jour de la quinzaine qui suit le jour du dépôt. Les intérêts sur les retraits cessent de courir à la fin de la quinzaine qui précède le jour du remboursement. Les intérêts courus à la fin de chaque année civile s'ajoutent au capital et deviennent eux-mêmes productifs d'intérêts

Dépôt initial

750 €

Versement minimal annuel

540 € (possibilité de verser par trimestre, semestre...)

Plafond

45 800 €, non compris les intérêts capitalisés en fin d'année

Taux de l'épargne

2,25 % depuis le 1er août 2007 (inchangé au 1er février 2008). Depuis le 1er août 2004, il correspond aux 3/4 du taux du livret A arrondi au 1/4 de point inférieur

Durée

2 ans avec possibilité de prorogation à 5 ans par tacite reconduction

Retraits

Indisponibilité des fonds pendant la phase d'épargne. Tout retrait ou défaut au minimum de versement entraîne la clôture du livret :
– si retrait avant 2 ans : perte des droits à prêt et imposition des intérêts
– si retrait après 2 ans : pas de perte des droits

Fiscalité

Net d'impôts, pas de contributions sociales _____ .../...

Conditions d'octroi des prêts

– L'emprunt sollicité permet de financer la création ou la reprise d'entreprise quels que soient le type d'activité et la forme juridique
– L'entreprise en création est considérée comme telle pendant les 3 années qui suivent le début de son existence (5 ans pour les exploitations agricoles)
– L'établissement bancaire n'a pas d'obligation d'accorder le prêt si le projet ne lui semble pas crédible et lui semble risqué, et/ou si les garanties souhaitées sont insuffisantes
– Si renonciation ou refus de prêt, les intérêts servis sont majorés de 30 % ; cette rémunération complémentaire est, par contre, imposable à l'IRPP ou PFL de 27 % (29 % à compter de 2008)

Divers

– Ouverture en compte joint impossible
– Possibilité d'emprunt à 5,75 % (2,25 % + 3,5 %) à taux fixe ou 5,25 % (2,25 % + 3 %) à taux variable
– La durée du prêt est au minimum de 2 ans et au maximum de 15 ans
– Même principe de calcul du montant emprunté (droits à prêt) que le PEL
– La clôture du compte permet de conserver ses droits à emprunter pendant 2 ans
– Cession de droits : possibilité de céder ses droits à un seul bénéficiaire (même si cession partielle) et pour le financement d'un projet unique selon la liste ci-dessous :
  • à des personnes physiques s'engageant à reprendre l'entreprise
  • à des membres de sa famille : conjoint ; ascendants, descendants, oncles, tantes, frères, sœurs, neveux, nièces et ceux du conjoint ; conjoints de ses frères, sœurs et descendants et ceux du conjoint

2.9 Compte à terme (CAT)

Caractéristiques

Contrat de dépôt à terme (dit « compte bloqué ») établi entre une banque et son client ayant pour objet le placement d'un capital sur une durée fixée entre les parties

Souscripteur

Tout particulier ou entreprise, et autant qu'ils le souhaitent

Forme

Support papier. En principe un écrit stipulant :
– le montant bloqué
– la durée du blocage
– le taux de rémunération
– les modalités éventuelles de remboursement anticipé

Durée

Libre, minimum 1 mois

Versements

Libre

.../...

Montant maximal

Libre

Taux de l'épargne

Fixé librement par les établissements bancaires (proche du Taux du Marché Monétaire – TMM)
Les intérêts sont calculés sur la durée du placement et capitalisés si celle-ci est supérieure à 1 an
(la capitalisation peut être, selon l'établissement bancaire, mensuelle, trimestrielle, semestrielle ou
annuelle)

Retraits

Impossible avant 1 mois ou clôture

Fiscalité

IRPP + 11 % ou PFL 16 % + 11 % (PFL : 18 % à compter du 1er janvier 2008)

Divers

- Perte de la totalité des intérêts si clôture avant 1 mois
- Si la clôture intervient ensuite, une pénalité (d'environ -0,50 %) sur le taux peut être prélevée
  éventuellement selon les établissements
- Production d'intérêts au jour le jour calculés sur 365 jours
- Souvent employé dans les montages de PEP à revenus ou PEL à revenus

2.10 Certificat de dépôt négociable (CDN)

Caractéristiques

Titre de créance négociable émis par les banques, destiné à rémunérer la trésorerie à court terme

Création

14 décembre 1985

Souscripteur

Tout particulier ou professionnel, et autant qu'ils le souhaitent

Forme

Compte rémunéré ouvert pour une durée donnée pendant laquelle le client s'engage à laisser la
somme placée contre une rémunération convenue à l'avance

Dépôt initial

150 000 € au minimum

Versement maximal

Libre

Taux de l'épargne

Très proche du TMM (fixé par la Table des Marchés)

.../...

Durée

Minimum 1 jour, maximum 1 an

Retraits

Impossibles, ou négociation sur un marché secondaire

Fiscalité

IRPP + 11 % ou PFL 16 % +11 % (PFL : 18 % à compter du 1er janvier 2008)

Divers

Au-delà de 1 an, le même produit existe sous la dénomination de Bon à Moyen Terme Négociable (BMTN)

2.11 Bon de caisse/Bon d'épargne (BC/BE)

Caractéristiques

Reconnaissance de dette d'un établissement de crédit envers l'un de ses clients matérialisée par la remise d'un titre appelé bon de caisse ou bon d'épargne

Souscripteur

Tout particulier et autant qu'il en souhaite

Forme

Support papier. Bon au porteur. Anonyme ou non

Durée

Minimum 1 mois, maximum 5 ans (en pratique)

Versements

Libre (en général un minimum de 1 000 €)

Montant maximal

Libre

Taux de l'épargne

Fixé librement par l'établissement bancaire (comme le CAT)

Retraits

Impossibles, remboursement intégral du bon

.../...

Fiscalité

- Si anonyme : PFL 60 % sur les intérêts (*) ainsi que 2 % par 1er janvier sur le capital (si le BC est émis pour une durée inférieure à 12 mois, les 2 % sur le capital seront prélevés au *prorata temporis*). Y ajouter 11 % au titre de contributions sociales, soit 71 % au total !
- Si non anonyme : IRPP + 11 % de prélèvements sociaux prélevés à la source, ou PFL de 27 % (16 + 11) – (PFL de 18 % à partir du 1er janvier 2008)
- En cas de déclaration à l'IRPP, un crédit d'impôt de 10 % est retenu sur les intérêts

Divers

- Calcul des intérêts au jour le jour
- L'anonymat n'est possible que s'il est demandé à la souscription depuis le 1er janvier 1998
- Passé l'échéance, pas de rémunération sur la durée excédant cette dernière, quelle que soit la date de remboursement
- Si remboursement anticipé, possibilité selon les établissements de prélever une pénalité de 0,5 % sur les intérêts
- Si moins d'un mois : rémunération interdite
- Possibilité d'opposition

Pour les bons d'épargne : mêmes caractéristiques mais durée de 5 ans fixe. Remboursable à tout moment sans pénalité, passé un délai de 3 mois (avec recalcul d'intérêts progressifs)

(*) Depuis le 1er janvier 1998 quelle que soit la date de souscription du bon, sauf bons antérieurs au 1er janvier 1983.

2.12 Compte d'épargne logement (CEL)

Caractéristiques

Compte d'épargne permettant l'accès à un taux privilégié pour un prêt immobilier

Création

10 juillet 1965

Souscripteur

Tout particulier majeur ou mineur, un seul CEL par personne (sauf héritage)

Forme

Compte sur livret, les versements portent intérêt à compter du 1er jour de la quinzaine qui suit le jour du dépôt. Les intérêts sur les retraits cessent de courir à la fin de la quinzaine qui précède le jour du remboursement. Les intérêts courus à la fin de chaque année civile s'ajoutent au capital et deviennent eux-mêmes productifs d'intérêts

Durée

Illimitée

Versements

300 € à l'ouverture, puis un minimum de 75 € par versement

.../...

Montant maximal

15 300 €. Ce plafond peut être uniquement dépassé par la capitalisation des intérêts

Versement minimal annuel

Libre

Taux de l'épargne

2,25 % depuis le 1er février 2008 + prime égale à 1,125 % versée en cas de prêt dans la limite de 1 144 € (1/2 des intérêts acquis)
Depuis le 1er août 2004, le taux du CEL est égal aux 2/3 du taux de livret A, arrondi au 1/4 de point le plus proche

Retraits

Possibles à concurrence du solde minimal

Fiscalité

Pas d'imposition mais prélèvement, chaque année, à la source des contributions sociales : CRDS à 0,5 % + CSG de 8,2 % + prélèvements sociaux de 2,30 %, soit 11 % sur les intérêts

Divers

- Les opérations de débit et crédit doivent normalement être d'un minimum de 75 €
- Le nantissement de ce produit n'est pas possible (art. R. 315-6 du code de la construction et de l'habitation)
- En cas de clôture, les droits à prêt restent valables 10 ans (30 ans si ouvert auprès d'une Caisse d'épargne)
- Le CEL doit être détenu dans le même établissement que le PEL
- Transfert possible entre établissements bancaires sans perte d'avantages, mais qui peuvent néanmoins donner lieu à facturation

Cédants admis	– Conjoints – Ascendants jusqu'au 4e degré et descendants du bénéficiaire ou de son conjoint – Conjoint des frères, sœurs, ascendants et descendants du bénéficiaire ou de son conjoint – Oncles, tantes, neveux, nièces du bénéficiaire ou de son conjoint
Cédants non admis	– Concubins, époux divorcés – Cousins, cousines

Prêt épargne logement

- Montant maximal du prêt : 23 000 €. Durée de 2 à 15 ans
- Durée minimale de 18 mois d'épargne pour bénéficier d'un prêt (taux 3,5 % hors assurance)
- Une prime de l'État est accordée en fin de période d'épargne lors de la réalisation du prêt. Le montant maximal de cette prime est de 1 144 €. Cette prime est exonérée d'impôt sur le revenu mais est soumise aux prélèvements sociaux au taux de 11 % à partir du 1er janvier 2006

.../...

– Le CEL doit avoir une ancienneté minimale de 18 mois pour prétendre à un prêt sauf si le demandeur du prêt utilise :
  • les droits provenant d'une cession de droits issus d'un compte ouvert depuis 18 mois au moins
  • les droits issus de son propre PEL ou de ceux de son conjoint co-emprunteur
– Un montant minimal de droits est nécessaire pour l'obtention du prêt :

Pour obtenir un prêt destiné à :	Il faut un minimum d'intérêts acquis de :
Acquisition, travaux	75 €
Travaux de réparation ou d'amélioration	37,50 €
Travaux d'économie d'énergie	22,50 €

– Financements exclus :
  • locaux à usage professionnel
  • gîtes ruraux
  • groupements fonciers agricoles
  • achats de valeurs mobilières
  • achats de mobilier ou de fonds de commerce
  • immeubles ne comportant pas de fondations
  • abris antiatomiques, abris de jardins, piscines, cours de tennis
  • frais notariés et droits de succession
  • acquisition d'actions de sociétés immobilières d'investissement
  • parking ou places de stationnement
– Lorsque le prêt épargne logement est garanti par une hypothèque conventionnelle ou un privilège de prêteur de deniers, la taxe de publicité foncière n'est pas due
– Régime de cession de droits à prêt :

Produit détenu par le bénéficiaire de la cession	Produit détenu par le cédant		
	CEL 12 mois minimum	CEL 18 mois	PEL 3 ans minimum
CEL 12 mois minimum	Non	Oui	Non
CEL 18 mois minimum	Oui	Oui	Non
PEL 3 ans minimum	Oui	Oui	Oui

– Utilisation des droits :
  • les droits personnels doivent être utilisés prioritairement aux droits cédés
  • le demandeur de prêt épargne logement doit utiliser chronologiquement ses droits des plus anciens aux plus récents
  • lorsque le demandeur de prêt utilise des droits acquis à des taux différents, le prêt est scindé en autant de fractions, de durée égale au remboursement, qu'il y a de taux différents d'intérêts acquis (minimum de 150 € par prêt)
  • la banque procède généralement à la mise en place d'un prêt unique à un taux moyen
  • la durée de validité de l'attestation de droits à prêts varie en fonction de l'établissement gestionnaire : 30 ans si l'attestation est délivrée par une agence de Caisse d'épargne et 10 ans si elle est établie dans diverses banques et réseaux bancaires

2.13 Plan d'épargne logement (PEL)

Caractéristiques

Plan d'épargne permettant l'accès à un taux privilégié pour un prêt immobilier

Création

29 décembre 1969

Souscripteur

Tout particulier majeur ou mineur, un seul PEL par personne (sauf héritage). Aucune condition de nationalité n'est requise

Forme

Compte sur livret, les versements portent intérêt à compter du 1er jour de la quinzaine qui suit le jour du dépôt. Les intérêts sur les retraits cessent de courir à la fin de la quinzaine qui précède le jour du remboursement

Durée

4 ans (possibilité de prorogation jusqu'à 10 ans), ensuite le compte reste « figé » (plus d'alimentation possible)

Versements

225 € minimum

Montant maximal

61 200 €. Ce plafond peut être uniquement dépassé par la capitalisation des intérêts

Taux de l'épargne

3,50 % depuis le 1er août 2003 (2,5 % d'intérêts bancaires + 1 % de prime plafonnée à 1 525 €), soit 5/7 et 2/7. Pour les PEL ouverts à compter du 12 décembre 2002 (contrairement aux PEL ouverts avant le 11 décembre 2002 inclus), le versement de la prime est lié à la réalisation du prêt

Retraits

Impossible ou fermeture du compte

Fiscalité

Pas d'imposition des intérêts pour les PEL de moins de 12 ans mais contributions sociales : CRDS de 0,5 % + CSG de 8,20 % + 2,30 % de prélèvements sociaux soit 11 % sur les intérêts à la clôture du PEL (le taux de contributions sociales varie selon la date d'entrée en vigueur des différents prélèvements sociaux applicables sur les intérêts de chacune des années après 1996, date de création de la 1re contribution sociale – Contribution pour le remboursement de la dette sociale – CRDS).

Depuis le 1er janvier 2006, deux modifications sont intervenues sur les plans d'épargne logement (PEL) :

– Règlement anticipé des contributions sociales dues sur intérêts capitalisés sur les PEL de plus de 10 ans depuis leur date d'ouverture, ou pour lesquels la date d'échéance[1] est intervenue. Ensuite, les contributions sociales sont dues chaque année.

.../...

– Les intérêts des plans d'épargne logement (PEL) de plus de 12 ans, ou dont le terme est échu pour les plans ouverts avant le 1er avril 1992, sont désormais soumis à l'impôt sur le revenu. Cette mesure s'applique aux intérêts acquis à compter du 1er janvier 2006 (PFL possible au taux de 16 % sur les intérêts pour 2007 et de 18 % à compter de 2008)

RÉCAPITULATIF

Régime fiscal des intérêts inscrits en compte suivant la date d'ouverture du PEL :

	Durée du PEL	Intérêts inscrits en compte jusqu'au 31/12/05	Intérêts inscrits en compte à compter du 01/01/06
PEL ouvert après 01/04/92	PEL de moins de 12 ans au 01/01/06	Exonéré	Exonéré
	PEL de plus de 12 ans au 01/01/06		Imposition annuelle
PEL(1) ouvert avant 01/04/92	PEL non échu au 01/01/06		Exonéré
	PEL échu au 01/01/06		Imposition annuelle

(1) La durée contractuelle maximale de 10 ans ne concerne que les PEL ouverts à compter du 1er avril 1992 (II de l'article R. 315-28 du code de la construction et de l'habitation).

Pour les PEL ouverts avant cette date, leur date d'échéance, qui est prévue dans le contrat initial ou dans un avenant conclu au plus tard le 1er avril 1992, peut être supérieure à 10 ans. Passé ce terme contractuel, le titulaire du plan ne peut plus effectuer de nouveaux versements sur le plan.

Divers

– Calcul de droits à prêt égaux aux intérêts acquis
– Montant maximal du prêt de 92 000 €
– Le PEL doit être détenu dans le même établissement que le CEL
– Taux du prêt PEL : 4,20 % (hors assurance)
– Lorsque le maximum de prime est atteint, la rémunération passe à 2,50 %. Il en va de même au-delà de 10 ans ou en absence de prorogation
– Droits à prêt cessibles aux parents jusqu'au 3e degré (règles identiques à celles du CEL)
– Possibilité de détenir un 2e plan par voie successorale
– Prime d'État :
  • prime majorée : un complément de prime est prévu pour les demandeurs de prêt dont l'objet est le financement de l'acquisition d'un logement à usage personnel. La prime est de 10 % des droits acquis et utilisés sans pouvoir dépasser un plafond de 153 € par personne à charge
  • clôture avant 4 ans des plans ouverts depuis le 1er août 2003 : la prime n'est pas versée en cas de clôture avant 2 ans et réduite de moitié si la clôture intervient entre 2 et 4 ans
– Possibilité de transformer un PEL en CEL : les intérêts du PEL sont alors recalculés au taux du CEL en vigueur au moment de la transformation

.../...

Prêt d'épargne logement

– Le cumul de prêts issus de l'utilisation de droits d'un compte d'épargne logement et d'un plan d'épargne logement ne peut dépasser 92 000 €
– Les règles de cessions de droits sont identiques à celles données dans l'étude précédente sur le CEL
– Les financements exclus sont également repris dans l'étude sur le CEL

2.14 Plan d'épargne populaire (PEP)

Caractéristiques

Produit de placement destiné à la constitution d'une épargne long terme garantie et défiscalisée. Attention, ce produit est fermé à la commercialisation depuis le 25 septembre 2003

Création

Janvier 1990, articles L. 221-18 à 23 du code monétaire et financier

Souscripteur

– Un PEP peut être ouvert dès l'âge de 18 ans, même si le titulaire du compte n'est pas imposable sur le revenu
– Un seul PEP peut être ouvert (2 pour un couple marié)
– Un PEP ne peut être ouvert au nom d'un enfant mineur ou d'un enfant majeur rattaché à son foyer fiscal
– La date d'ouverture du PEP est celle du premier versement

Forme

Les versements portent intérêt à compter du 1er jour de la quinzaine qui suit le jour du dépôt. Les intérêts sur les retraits cessent de courir à la fin de la quinzaine qui précède le jour du remboursement. Les intérêts courus à la fin de chaque année civile s'ajoutent au capital et deviennent eux-mêmes productifs d'intérêts

Durée

Théoriquement de 10 ans mais toute sortie après 8 ans ne subit pas de pénalités. La durée peut être prolongée

Versements

Libres

Versement minimal annuel

Libre

Plafond

92 000 € (hors intérêts et primes)

.../...

Taux de l'épargne

Libre. Taux fixe, taux fixe révisable ou taux variable fixé par les établissements (environ 3 % actuellement)

Retraits

- Tout retrait avant 10 ans entraîne la clôture du PEP. Après 10 ans, tout retrait empêche seulement la possibilité d'opérer de nouveaux versements mais n'entraîne pas la clôture
- Les intérêts ne sont pas imposés en cas de décès, invalidité, fin de droits d'allocations chômage, liquidation judiciaire
- En cas de retrait anticipé, l'établissement bancaire peut percevoir des pénalités

Clôture

Après 8 ans : sortie en capital ou en rente viagère défiscalisée

Fiscalité

- Net d'impôts après 8 ans (sauf prélèvements sociaux de 11 %)
  - si les fonds sont retirés avant 4 ans : IRPP ou PFL de 35 %
  - si les fonds sont retirés avant 8 ans : IRPP ou PFL de 16 %
- RDS de 0,5 % + 8,2 % de CSG + 2,3 % de prélèvements sociaux sur les intérêts chaque année

Divers

- Si le client n'est pas imposable, s'il a ouvert un PEP avant le 22 septembre 1993 et qu'il n'a pas fait de retrait avant 8 ans, il bénéficie d'une prime annuelle de l'État, égale au quart des versements de l'année, sans pouvoir excéder 229 €. Le total des primes est versé à la fin de la 7e année à compter de l'ouverture du plan
- Transferts possibles entre établissements bancaires en conservant la date d'ouverture originale
- Il n'est plus possible d'ouvrir de nouveaux PEP depuis le 25 septembre 2003. Les conditions de fonctionnement des PEP avant cette date ne sont pas modifiées. Les titulaires d'un PEP ouvert avant cette date restent autorisés à effectuer des nouveaux versements dans la limite des plafonds légaux. Ils continuent à bénéficier des avantages fiscaux liés à ce régime (art. 82 de la loi de finances pour 2004)

3. Les produits d'épargne non bancaire

3.1 *Assurance-vie*

Caractéristiques

Produit de placement (à ne pas confondre avec l'assurance-décès qui est un produit de prévoyance permettant de verser, au décès de l'assuré, un capital fixé à la souscription)

Intervenants

- Le souscripteur : souvent appelé l'adhérent, c'est celui qui contracte le placement
- La compagnie d'assurances : reçoit les fonds et garantit la bonne exécution du contrat
- Le distributeur : établissement bancaire par exemple qui propose le (les) contrat(s) du (des) distributeur(s)
- L'assuré : souvent la même personne que le souscripteur, c'est la personne sur laquelle repose le risque (décès)
- Le(s) bénéficiaire(s) : personne(s) qui perçoit (perçoivent) le capital présent au moment du décès (un conjoint, un héritier, un tiers). En l'absence de bénéficiaire, le capital est intégré dans la succession

Forme

- Contrat monosupport en euros. Ce contrat est majoritairement investi dans des produits à taux garanti : obligations du secteur public ou privé. C'est un placement sans risque. Chaque année, les intérêts sont définitivement acquis. On parle d'effet de cliquet
- Contrat multisupport. Ce contrat est investi sur plusieurs supports (ou plusieurs fonds) plus ou moins spéculatifs. On retrouve, en général, un fonds en euros ou un fonds garanti équivalent au contrat monosupport précédent. Les autres fonds proposés sont basés sur des FCP ou des Sicav boursières
- Ces derniers fonds ne sont pas garantis en montant. À chaque versement, un nombre de parts est attribué selon le cours du fonds, la valeur de la part variant à la hausse ou à la baisse. Seul ce nombre de parts acquises est garanti. Ce sont des fonds en unité de compte
- Suivant les contrats, la répartition entre les fonds peut être libre, imposée par l'assureur ou présélectionnée : plusieurs profils sont alors proposés : dynamique, prudent, équilibré…

Durée

8 ans pour l'optimisation fiscale (rien n'empêche de le conserver ensuite)

Versements

Libres. Possibilité d'effectuer des versements automatiques et programmés au souhait du souscripteur

Frais

- Frais de versement. Ce sont les plus connus. L'assureur prend un pourcentage sur chaque versement. Leur taux varie entre 0 et 5 %
- Frais de gestion. Ces frais sont pris, lors de la capitalisation annuelle, sur les intérêts générés par le fonds. Sur les fonds en unité de compte, ils sont intégrés dans la valeur de la part   …/…

Taux de l'épargne

Libre

Retraits

- Le rachat : c'est une faculté offerte au souscripteur d'arrêter partiellement ou totalement son contrat et de récupérer son épargne
- L'avance : certains contrats prévoient la possibilité de récupérer une partie de son épargne (au maximum 90 % de la valeur de rachat). Il s'agit en fait d'un prêt sur le contrat à soi-même où le souscripteur peut, à tout moment, rembourser cette avance, augmentée d'un intérêt qui varie selon le montant et la durée du remboursement
- La réduction : elle permet au souscripteur de cesser de payer ses primes, le contrat initial demeurera en vigueur mais ses effets seront réduits ; le contrat sera « mis en sommeil »

Divers

- Rétractation : le souscripteur dispose de 30 jours pour renoncer éventuellement à son contrat et il sera ainsi remboursé de l'intégralité des sommes versées (frais inclus). Il est nécessaire d'adresser une lettre recommandée avec AR
- Arbitrage : permet de modifier la répartition du capital entre les supports financiers. Le coût peut varier entre 0 et 1 % selon les contrats
- Nantissement : il est possible de nantir un contrat d'assurance-vie au profit de sa banque pour garantir, par exemple, un prêt en lieu et place d'une garantie réelle (hypothèque)
- Contrat en déshérence : recherche possible auprès d'un organisme centralisateur (AGIRA) si l'on est potentiellement bénéficiaire d'un contrat d'assurance-vie
- Transfert FOURGOUS : la loi du 26 juillet 2005 permet la transformation d'un contrat d'assurance-vie en euros en un contrat multisupport sans perte de l'antériorité fiscale
- Clause bénéficiaire : acceptation commune de la clause bénéficiaire par le souscripteur du contrat et le bénéficiaire désigné

Fiscalité

L'impôt sur le revenu lié à un retrait partiel ou total
- Rachat après 8 ans :
  - les contrats souscrits avant le 1er janvier 1983 : les sommes reçues à l'expiration du contrat ne sont pas imposables, sauf pour les sorties en rentes
  - les contrats souscrits à compter du 1er janvier 1983 : les sommes reçues à l'expiration du contrat sont exonérées d'impôt sur le revenu en cas de retrait après 6 ans
  - les contrats souscrits à compter du 1er janvier 1990 : les sommes reçues à l'expiration du contrat sont exonérées d'impôt sur le revenu en cas de retrait après 8 ans
  - les produits attachés aux versements faits du 26 septembre 1997 au 31 décembre 1997 sont exonérés d'impôt sur le revenu en cas de retrait après 8 ans dans la limite de 30 000 € de versement
  - les produits attachés aux versements faits à compter du 1er janvier 1998 sont imposables après application d'un abattement de 4 600 € pour les personnes seules et 9 200 € pour les couples mariés (IR ou PFL de 7,5 %)
  - les contrats DSK ou NSK sont exonérés d'impôt sur le revenu

Lorsque les retraits sont imposables, le contribuable a le choix entre l'application du barème progressif de l'impôt sur le revenu ou le prélèvement libératoire

.../...

En cas d'anonymat, l'imposition est de 60 % quelle que soit la durée du contrat
- Rachat avant 8 ans :
  - en cas de sortie avant 4 ans : 35 %
  - en cas de sortie entre 4 et 8 ans : 15 %
  - en cas de sortie après 8 ans : 7,5 %, après application d'un abattement de 4 600 € pour les personnes seules et 9 200 € pour les couples mariés.

Contributions sociales : prélevées à la source lors de la capitalisation des intérêts pour les contrats en euros et au dénouement du contrat pour ceux en unité de compte (avant abattement)

L'impôt sur le revenu lié au versement d'une rente

Lorsque l'épargne est reversée en fin de contrat par le biais d'une rente viagère, celle-ci est imposée à l'impôt sur le revenu sur une fraction de son montant seulement et en fonction de l'âge du crédit rentier lors de l'entrée en jouissance de la rente :
- < 50 ans : 70 %
- 50 ans à 59 ans : 50 %
- 60 ans à 69 ans : 40 %
- 70 ans et plus : 30 %

Nota : dans tous les cas, il ne faut pas oublier les contributions sociales de 11 % prélevées sur les produits soit au dénouement du contrat pour les contrats en unité de compte (même s'ils comportent un support en euros), soit lors de leur inscription en compte pour les contrats en euros

La réduction d'impôt

Seules ouvrent droit à réduction d'impôt les primes périodiques versées sur un contrat d'une durée d'au moins 6 ans, garantissant un capital vie ou une rente viagère différée, souscrit ou prorogé :
- avant le 20 septembre 1995
- ou entre le 20 septembre 1995 et le 31 décembre 1995, si l'impôt sur le revenu est dû au titre des revenus de 1995 inférieur ou égal à 7 000 F à l'époque
- ou entre le 1er janvier 1996 et le 4 septembre 1996, si l'impôt sur le revenu est dû au titre des revenus de 1996 inférieur ou égal à 7 000 F à l'époque

Plafond de la prime d'épargne : 610 € par an et foyer fiscal (+ 150 € par enfant à charge)

Succession

Date de versement des primes	Date de souscription du contrat		
	Avant le 20/11/91	Depuis le 20/11/91	
Avant le 13/10/98	Exonération	Exonération, si primes versées avant les 70 ans de l'assuré	Droits de succession sur la fraction des primes supérieure à 30 500 €, si primes versées après les 70 ans de l'assuré
Depuis le 13/10/98	Prélèvement de 20 %, quel que soit l'âge de l'assuré lors du versement des primes	Prélèvement de 20 %, si primes versées avant les 70 ans de l'assuré	

.../...

- La règle des 70 ans

On applique un abattement de 30 500 € sur les primes versées après 70 ans pour les bénéficiaires de ces contrats. Au-delà, les sommes sont taxées selon le barème des droits de succession. Cet abattement s'applique par assuré et se calcule sur les primes versées, et non sur les intérêts

- La règle des 152 500 €

Au-delà de 152 500 €, on applique une taxation forfaitaire au taux de 20 %. Cet abattement s'applique par bénéficiaire et se calcule sur les primes et les intérêts

Attention ! Ne sont pas concernés par la règle des 152 500 € et sont exonérés du prélèvement de 20 % :

- les contrats de rente survie garantissant, au décès de l'assuré, le versement d'un capital ou d'une rente viagère à son enfant atteint d'une infirmité qui l'empêche d'avoir une activité professionnelle normale, ou pour un enfant mineur, qui l'empêche d'acquérir une instruction ou une formation professionnelle d'un niveau normal
- les contrats d'assurance de groupe souscrits dans le cadre d'une activité professionnelle, qu'elle soit ou non salariée, y compris ceux souscrits au profit des conjoints collaborateurs dans le cadre d'une activité professionnelle non salariée
- les dénouements de contrats dans le cadre d'une succession entre époux

3.2 Bon de capitalisation (bon de capi)

Caractéristiques

Placement à terme réalisé auprès d'une compagnie d'assurances ne prenant en compte aucun risque

Souscripteur

Tout particulier

Forme

Sous forme de bon au porteur autorisant l'anonymat. Contrats à versements libres ou programmés garantissant à l'échéance un capital constitué des primes versées augmentées d'intérêts capitalisés (diminué des frais de gestion)

Dépôt initial

Libre

Versement minimal annuel

Impossible

Taux de l'épargne

Fondée sur le principe de la capitalisation, la rémunération est scindée en deux éléments : un revenu proprement dit dont le taux est contractuellement garanti pendant la durée du placement, une plus-value obtenue grâce à la participation aux bénéfices de la compagnie émettrice

Durée

Minimum fiscal de 8 ans. Pas de limite maximale

.../...

Retraits

Possibles sous forme de rachat partiel (définitif et assorti de pénalités fiscales) ou sous forme d'avances (prêt consenti par la compagnie à son client qui n'engendre pas de fiscalité)

Fiscalité

Depuis 1983, les intérêts ou produits attachés aux bons de capitalisation sont soumis lors du dénouement du contrat au régime des revenus de capitaux mobiliers
- Régime en vigueur pour les bons souscrits entre le 1er janvier 1983 et le 31 décembre 1989
  - après 6 ans : 7,5 % après abattement de 4 600 € pour une personne seule et 9 200 € pour un couple sur les revenus du contrat à la sortie pour toutes les sommes versées à partir du 1er janvier 1998
  - Régime en vigueur pour les bons souscrits à compter du 1er janvier 1990 ; en cas d'option pour le PFL :
    - avant 4 ans : IRPP ou PFL de 35 %
    - de 4 à 8 ans : IRPP ou PFL de 15 %
    - après 8 ans : 7,5 %, après abattement de 4 600 € pour une personne seule et 9 200 € pour un couple sur les revenus du contrat à la sortie pour toutes les sommes versées à partir du 1er janvier 1998
- Cas d'exonération d'impôt (hors contributions sociales) des produits et intérêts du placement :
  - dénouement du contrat en rente viagère au plus tard à la date d'échéance du contrat (la rente reste quant à elle taxable dans le cadre du régime de taxation des rentes viagères à titre onéreux)
  - en cas de licenciement du bénéficiaire, de la mise à la retraite anticipée, de la fin du contrat de travail à durée indéterminée, de perte involontaire d'emploi et de survenance d'une invalidité de 2e ou 3e catégorie du bénéficiaire ou de son conjoint
  - contrats de type DSK ou NSK (*voir chapitre assurance-vie*)
- En cas d'anonymat : PFL 60 % sur les intérêts ainsi que 2 % par 1er janvier sur le capital (si le contrat est émis pour une durée inférieure à 12 mois, les 2 % sur le capital seront prélevés au *prorata temporis*). Y ajouter 11 % au titre des contributions sociales

Divers

- En cas de perte ou de vol ou de destruction, le client doit avertir la société d'assurances et effectuer une opposition au paiement et ainsi obtenir la délivrance de duplicata
- Un duplicata de bons au porteur délivré par la compagnie d'assurances à la suite d'une procédure régulière d'opposition par ordonnance du juge prévaut sur la possession des titres originaux détenus par un tiers
- Si les bons frappés d'opposition sont présentés dans les 2 ans, la compagnie ne les paie pas et avise le souscripteur qui ne peut revendiquer leur propriété que par voie judiciaire

Attention ! Pas d'avantage particulier en matière successorale

3.3 Plan d'épargne retraite populaire (PERP)

Caractéristiques

Contrat d'épargne destiné à se constituer un capital en prévision d'un versement d'une rente au moment de la retraite et bénéficiant d'avantages fiscaux pendant la phase d'épargne

Création

22 avril 2004 (décret n° 2004-342 du 21 avril 2004 relatif au PERP)

Souscripteur

Tout particulier majeur ou mineur

Forme

Le PERP est un contrat d'assurance, souscrit de façon individuelle et facultative, et accessible à tous. Il permet de constituer un complément de revenu pour la retraite, en effectuant, tout au long de l'activité salariée, des versements réguliers. Cette épargne sera accessible dès l'acquisition des droits à la retraite ou à 60 ans. Quelle que soit la forme du PERP, cette épargne est reversée sous forme de rente viagère, en complément de la retraite

Durée

Aucun

Versements

Aucun

Versement maximal annuel

Aucun

Taux de l'épargne

Libre (en fonction du support)

Retraits

Impossible sauf dans des cas exceptionnels, liés à des accidents de la vie (identiques à ceux des produits d'épargne retraite existants) : invalidité (2e ou 3e catégorie), fin de droits de chômage si salarié ou liquidation judiciaire si non-salarié. En cas de décès, la rente acquise peut être reversée à un bénéficiaire désigné (à défaut, votre conjoint) sous forme d'une rente viagère ou d'une rente éducation

Depuis la loi du 13 juillet 2006 (ENL art. 35), le PERP peut également être utilisé pour constituer un apport à un retraité désireux d'acquérir sa première résidence principale (non-occupation dans les 2 dernières années précédant celle du dénouement du PERP en vue de l'acquisition de la résidence principale). Il est alors possible de demander l'étalement de l'imposition du capital sur l'année de sa perception et les 4 années suivantes

.../...

Fiscalité

Phase épargne

Les cotisations versées par chaque membre du foyer fiscal sur un PERP avant le 31 décembre de l'année sont déductibles des revenus imposables, dans une limite annuelle égale à la différence entre :

- les 10 % des revenus d'activité professionnelle (après abattement de 10 % pour frais professionnels) de l'année précédente, dans la limite de 8 fois le montant annuel du plafond de la sécurité sociale, soit une déduction maximale de 33 276 € pour 2008 (32 184 € pour 2007) et avec un minimum égal à 10 % de ce plafond
- et le montant cumulé des cotisations déductibles des revenus professionnels au titre de l'épargne retraite supplémentaire (non légalement obligatoire) et, le cas échéant, de l'abondement de l'employeur à un plan d'épargne retraite collectif (PERCO)

Sortie du placement

- Cas de la rente : la rente viagère issue d'un PERP est soumise au régime des pensions de retraite (barème progressif de l'impôt sur le revenu après application d'un abattement de 10 %)
- Cas de la sortie anticipée suite à un accident de la vie : les produits sont imposés dans les mêmes conditions que les produits issus du contrat d'assurance-vie
- Cas de la sortie pour acquisition de la résidence principale : le régime applicable est celui des pensions et retraites mais le bénéficiaire peut demander à bénéficier d'un étalement sur 5 ans (régime du report en avant – article 163 *bis* du CGI)

Nota bene : les produits générés par les versements effectués au-delà des plafonds de déduction fiscale sont, quant à eux, soumis à une imposition au régime des rentes viagères à titre onéreux

Divers

Garantie des droits acquis

Dès la souscription à un contrat d'épargne converti en rente, l'épargne garantie à terme par l'assureur ne doit pas être inférieure à un certain montant grâce à une règle de sécurisation progressive de vos droits à l'approche de la retraite

- Ainsi, moins de 2 ans avant la retraite du souscripteur, au moins 90 % de l'épargne accumulée doit être garantie par l'assureur :
  - entre 2 et 5 ans, cette part est au minimum de 80 %
  - entre 5 et 10 ans, elle est au minimum de 65 %
  - entre 10 et 20 ans, elle est au minimum de 40 %
- Le refus de sécurisation progressive des droits doit être signalé par écrit selon une formulation précise

Protection des souscripteurs

- Un comité de surveillance existe également, chargé de veiller à la bonne exécution du contrat par l'organisme d'assurances

Autres caractéristiques

- Pour assurer une meilleure sécurité à l'épargne, les bénéfices nés de la gestion financière du plan sont affectés aux seuls participants du plan, c'est-à-dire sur le compte individuel
- Les actifs du plan sont également protégés en cas de faillite de l'organisme gestionnaire du plan
- Tout transfert de PERP ne peut se faire que sur un autre plan
- Tout plan d'épargne retraite doit prévoir une clause de transfert et en indiquer les modalités

Enfin, en contrepartie de la déduction des cotisations « à l'entrée », les prestations servies au dénouement du plan d'épargne retraite populaire, sous la forme de rentes viagères, sont imposables selon les règles applicables aux pensions, c'est-à-dire après application des abattements habituels de 10 % à compter des revenus 2006

3.4 Plan d'épargne en action (PEA)

Caractéristiques

Enveloppe fiscale d'un portefeuille de valeurs mobilières permettant d'obtenir des avantages fiscaux

Création

Créé en septembre 1992. La date d'ouverture correspond à la date du premier versement en espèces

Souscripteur

Uniquement les contribuables domiciliés fiscalement en France. Un plan ne peut avoir qu'un seul titulaire

Forme

Compte titres (voir liste ci-après) et compte espèces pour la réception des versements en numéraire, du produit des ventes et des dividendes

Durée

8 ans (rien n'empêche de le conserver ensuite). Durée de vie fiscale 5 ans

Versements

Libre sans obligation légale de montant minimal et exclusivement en espèces

Versement maximal annuel

132 000 € en espèces par personne (la valorisation du portefeuille peut dépasser ce plafond)

Taux de l'épargne

Non significatif

Retraits

- Après 8 ans : des retraits partiels n'entraînent pas la clôture du plan (fiscalité nulle, prélèvements sociaux de 11 % à la sortie)
- Entre 5 et 8 ans : tout retrait, même partiel, entraîne la clôture du plan (fiscalité nulle, prélèvements sociaux de 11 % à la sortie)
- Entre 2 et 5 ans : tout retrait met fin au plan et entraîne la taxation des plus-values au taux de 27 % (16 + 11) recouvert avec l'IR si > seuil cession de 20 000 € en 2007 et 25 000 € en 2008 (le PFL passe à 18 % en 2008)
- Avant 2 ans : tout retrait met fin au plan et les plus-values sont imposées au taux forfaitaire de 33,5 % (22,5 + 11) recouvert avec l'IR si > seuil de 20 000 € en 2007 et 25 000 € en 2008

Fiscalité

- Plus-values : pour tout retrait intervenant après 5 ans, les plus-values, dividendes et avoirs fiscaux qui ont été réinvestis sont encaissés en franchise d'impôt (sauf CSG + RDS). Avant 5 ans, la plus-value (on parle alors de gain net) se calcule comme la différence entre la valeur liquidative du PEA et les versements effectués depuis l'ouverture
- Rente viagère : possibilité de sortie en rente viagère défiscalisée au-delà de 8 ans de détention

.../...

Divers

- Valeurs admises dans le PEA :
  - d'actions, bons de souscription ou d'attribution, certificats d'investissement, parts de SARL, titres de sociétés coopératives françaises ou de sociétés ayant leur siège dans un État membre de l'Espace Économique Européen.
  - d'actions de SICAV et de parts de FCP détenant au moins 75 % des mêmes titres
  - de parts de FCP à risques et FCP dans l'innovation
  - de titres de sociétés, soumises à l'IS ou à un impôt équivalent, qui ont leur siège dans un État de l'Espace Économique Européen, y compris les sociétés dont les titres composent l'actif des OPCVM (Organismes de Placement Collectif en Valeurs Mobilières) éligibles

Remarque : depuis le 1er janvier 2004, les sommes versées sur un PEA peuvent être utilisées pour la souscription de parts d'OPCVM européens qui emploient plus de 75 % de leurs actifs en titres et droits éligibles

- La loi interdit expressément l'achat de certains titres dans le cadre du PEA :
  - pour éviter de cumuler des avantages fiscaux : titres de Sofica, titres ou droits démembrés, etc.
  - ou en raison de l'importance de la participation que l'on détient dans une société (+ de 25 %)

Titres non cotés

Les actions, certificats d'investissement de sociétés, de parts de SARL et titres de capital de société coopérative. Pour que l'ensemble de ces titres soit éligible, les conditions suivantes doivent être remplies :

- la société doit être française, soumise à l'impôt sur les sociétés (IS), et le titulaire du plan (ainsi que son conjoint, ses descendants et ses ascendants) ne doit pas détenir (ensemble) plus de 25 % des droits
- l'exonération d'impôt sur le revenu pour ces titres est plafonnée à 10 % du montant de ces placements

- Il est aussi possible de signer auprès d'une compagnie d'assurances un contrat de capitalisation libellé en unités de comptes actions

3.5 Loi Madelin (retraite)

Caractéristiques

Épargne qui permet de se constituer un complément financier de retraite et permettant de bénéficier d'avantages fiscaux

Souscripteur

Professionnels exerçant une activité non salariée (artisans, commerçants, professions libérales, associés et gérants non salariés d'une société de personnes, associés uniques d'EURL – Entreprise Unipersonnelle à Responsabilité Limitée –, gérants non salariés d'une SARL – Société Anonyme à Responsabilité Limitée – ou SELARL – Société d'Exercice Libéral à Responsabilité Limitée –, conjoints collaborateurs non rémunérés, etc.)

.../...

Forme

Contrats à versements libres ou programmés. Il existe deux types de contrats :
– les contrats d'assurance commercialisés par les banques et les compagnies d'assurances
– les contrats des régimes facultatifs de retraite mis en place par les caisses de retraite des non-salariés à leurs adhérents (ARIA pour les artisans, FONLIB pour les professions libérales, MEDICIS pour les industriels et commerçants, CAPIMED pour les médecins, AVOCAPI pour les avocats…)

Conditions d'adhésion

Justifier à la souscription du contrat d'être à jour de ses cotisations aux régimes obligatoires (attestation fournie par la caisse d'assurance-maladie vieillesse)

Versement minimal annuel

Obligation d'un versement minimal annuel (fractionnement possible au mois, au trimestre, au semestre). Les versements permettent d'acquérir des points retraite comme un régime obligatoire

Dépôt maximal

Versement maximal autorisé de 10 fois le montant minimal choisi à la souscription

Rendement de l'épargne

– Le rendement est dépendant du choix des supports (et donc de leurs performances) faits pour l'épargne et la gestion effectuée par la compagnie où le contrat a été souscrit
– Le support d'investissement peut être monétaire, obligataire ou en actions
– La gestion du contrat peut être libre, profilée (prudent, équilibré, dynamique) ou à gestion évolutive (gestion par horizon)

Durée

Pas de durée maximale prévue au contrat. Mais attention, les sommes versées sont bloquées jusqu'à l'âge du départ en retraite

Retraits

Deux cas seulement sont prévus par la loi pour des retraits anticipés (avant l'âge de la retraite) :
– cessation de l'activité non salariée constatée par un jugement de liquidation judiciaire
– survenance d'une invalidité mettant le titulaire dans l'impossibilité d'exercer une activité professionnelle quelconque (classement de 2e ou 3e catégorie de la Sécurité sociale)

Sortie

– L'épargne cumulée est convertie en rente (possibilité d'option pour une rente réversible selon les contrats)
– Son montant tiendra compte de l'âge de l'entrée en jouissance, du taux de conversion et du taux technique utilisé par la compagnie

Fiscalité

– Les cotisations versées sur le contrat sont déductibles des bénéfices (industriels et commerciaux ou non commerciaux) du souscripteur. Elles sont déductibles dans les limites suivantes (loi Fillon du 21 août 2003) :
  • minimum déductible : 10 % du plafond de la Sécurité sociale (pour 2008, le plafond est de 33 276 €, ce qui permet de déduire jusqu'à 3 328 € si le bénéfice du souscripteur du contrat est inférieur au plafond de la Sécu)

…/…

- maximum déductible : le plafond est de 10 % du revenu net imposable, limité à 8 fois le plafond annuel de la Sécurité sociale (PASS) (en 2008, le PASS est de 33 276 €), ce qui représente une limite de déductibilité de 26 620 € (10 % de 8 x 33 276 €)
- auquel s'ajoute 15 % du revenu imposable entre 1 et 8 PASS (entre 33 276 € et 266 208 €), ce qui représente un montant maximal de 34 939 € (15 % de 266 208 € - 33 276 €).
  La déductibilité maximale en 2008 pour la retraite est alors de 61 559 € (34 939 €+26 620 €)
  Il convient de déduire de ce plafond, l'abondement effectué par l'entreprise ou par l'activité libérale ou indépendante, au PERCO. Cet abondement est limité à 4 600 € par an
  Exemple : pour un bénéfice de 150 000 €, la déduction maximale est de 32 508 € : [(10% x 150 000 €) + 15 % x (150 000 € – 33 276 €)]

Remarque : les cotisations versées au cours d'une année N viennent en déduction de l'enveloppe globale de déduction commune aux différents produits d'épargne retraite de l'année N +1, à l'exception de la fraction des cotisations de 15 % évoquée ci-dessus (soit dans l'exemple une déduction maximale de 15 000 € pour N +1)

Divers

- La loi Fillon du 21 août 2003 qui réforme les retraites a défini de nouveaux plafonds de déductibilité qui ne sont plus forfaitaires, mais fonction du revenu net déclaré. Jusqu'en 2008, les deux systèmes (Madelin et Fillon) cohabitent pour les contrats souscrits avant le 20 septembre 2003 : le TNS peut choisir l'un ou l'autre calcul de déductibilité
- Les plafonds de déductibilité diffèrent pour les cotisations faites dans le cadre d'un contrat de prévoyance
- S'il y a interruption dans le versement régulier, les déductions fiscales peuvent être remises en cause. Cependant, c'est l'administration fiscale qui appréciera en fonction de la situation de chaque assuré

3.6 Plan d'épargne entreprise (PEE)

Caractéristiques

Système d'épargne collectif facultatif ouvrant aux salariés d'une entreprise la possibilité de participer, avec l'aide de celle-ci, à la constitution d'un portefeuille de valeurs mobilières dans des conditions fiscales et sociales avantageuses

Souscripteur

Toutes les entreprises, quel que soit leur statut juridique, peuvent mettre en place un PEE (effectif habituel compris entre 1 et 100 salariés)

Conditions de mise en place

- Entreprises sans comité d'entreprise :
  - soit par décision unilatérale (le gestionnaire informe le personnel de son existence)
  - ratification des 2/3 du personnel
  - accord avec un salarié mandaté par une des organisations syndicales représentatives au plan national

.../...

- Entreprises avec comité d'entreprise :
  - accord d'entreprise conclu avec un ou plusieurs délégués syndicaux ou avec le comité d'entreprise
  - décision unilatérale en cas d'échec de la négociation
  - ratification des 2/3 du personnel
  - accord avec un salarié mandaté par une organisation syndicale représentative

Bénéficiaires

Les salariés (un minimum de 3 mois d'ancienneté peut être exigé), les mandataires sociaux, les professionnels libéraux exerçants dans une SCP (Société Civile Professionnelle) ou avec du personnel employé dans le cadre d'une SCM (Société Civile de Moyens)

Dépôts maxima

- Plusieurs sources de revenus peuvent alimenter le PEE : l'intéressement, la participation aux résultats de l'entreprise, les actions gratuites, les avoirs du compte épargne-temps.
- Plafond des versements volontaires : 25 % de la rémunération de l'année précédente ou 25 % du plafond annuel de la Sécurité sociale pour les personnes n'ayant reçu aucune rémunération

Abondement

- Les PEE comportent obligatoirement une aide de l'entreprise qui peut se limiter à la seule prise en charge des frais de gestion du portefeuille
- Les autres abondements de l'employeur sont limités :
  - au triple de la contribution du salarié
  - à 8 % du plafond annuel de la Sécurité sociale (majoration possible de 80 % si acquisition de titres de l'entreprise)

Rendement de l'épargne

Le PEE peut offrir plusieurs formules de placement au choix des adhérents. Portefeuille de valeurs mobilières : FCP, SICAV (Société d'Investissement à Capital Variable), parts de fonds communs de placements d'entreprise, titres émis par l'entreprise, valeurs composées…

Durée

Indisponibilité pendant 5 ans, puis disponibilité totale (remboursement partiel, total ou maintien des placements en cours)

Retraits

Des cas de déblocages anticipés sont prévus sans remise en cause des avantages fiscaux et sociaux du plan :
- Habitation principale : acquisition ou agrandissement
- Modification des conditions de travail : cessation du contrat de travail, invalidité du bénéficiaire ou de son conjoint (marié ou pacsé) ou de son enfant, décès du bénéficiaire ou de son conjoint (marié ou pacsé)
- Modification de la situation familiale : mariage ou PACS (Pacte Civil de Solidarité), naissance ou arrivée au foyer en vue d'une adoption (simple ou plénière) d'un 3e enfant et de chaque enfant suivant, divorce ou séparation ou fin de PACS
- Création ou reprise d'entreprise, installation en vue d'une autre profession non salariée ou acquisition de parts de société coopérative de production (SCOP) par le bénéficiaire, ses enfants, son conjoint ou partenaire lié par un PACS
- Surendettement

…/…

Fiscalité

– Pour le bénéficiaire : exonération d'imposition sur le revenu mais les produits des placements sont soumis aux contributions sociales de 11 %
– Pour l'entreprise : les abondements ne supportent ni charges sociales ni taxe sur les salaires et sont déductibles du bénéfice imposable

Divers

– Modulation des abondements possible selon les bénéfices de l'entreprise et selon l'épargne des salariés (pourcentage des sommes versées)
– Transferts possibles d'un PEE à un autre (avec ou sans rupture du contrat de travail)
– Possibilité aux entreprises disposant d'un PEE de mettre en place un PERCO :
  • plafonds identiques au PEE pour les versements volontaires
  • abondement de l'employeur limité à 16 % du plafond annuel de la Sécurité sociale (cumulable avec le PEE)
  • sortie à l'âge de la retraite en rente viagère (des accords peuvent prévoir des modalités de sortie en capital)
  • la fiscalité appliquée est identique à celle du PEE
– Le PEI (Plan d'épargne interentreprises) et le PEG (Plan d'épargne groupe) sont des variantes du PEE mis en place à un niveau supérieur de l'entreprise (accord de branche, accords d'entreprises ou d'un groupe d'entreprises)

4. Éléments statistiques et de synthèse sur l'épargne

**Figure 4.1 – Répartition de l'épargne sur livrets
(août 2007)**

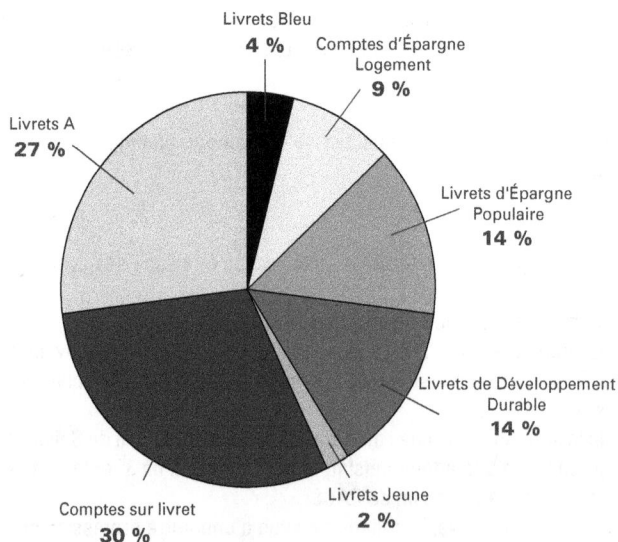

Figure 4.2 – Répartition globale de l'épargne des Français (2005)

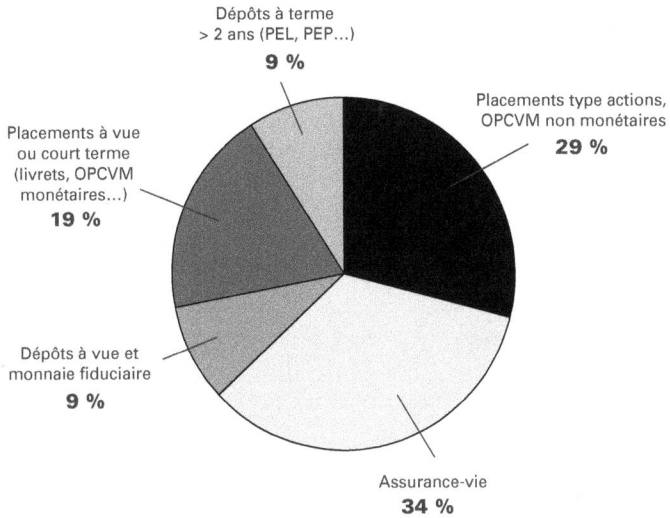

Dépôts à terme
> 2 ans (PEL, PEP...)
9 %

Placements type actions,
OPCVM non monétaires
29 %

Placements à vue
ou court terme
(livrets, OPCVM
monétaires...)
19 %

Dépôts à vue et
monnaie fiduciaire
9 %

Assurance-vie
34 %

Source : Banque de France.

Tableau 4.3 – Récapitulatif des livrets d'épargne et comptes ou contrats rémunérés

| Produit d'épargne | Distributeurs | Bénéficiaires | Dépôts | | Rémunération | | Fiscalité | |
			Mini	Maxi	Taux d'intérêt	Méthode de calcul	IR	Contributions sociales
Compte chèques	Caisse d'épargne Axa banque Banque AGF Barclays Banque privée européenne Boursorama Banque Groupama Banque Monabanq Caixa banque	Toute personne physique	Selon banque		Libre De 0,5 % à 3 %	Au jour le jour	Déclaration ou PFL 18 %	11 %
Livret A	Caisse d'épargne et La Poste	Toute personne physique ou morale	1,50 €	15 300 € (dépassement possible par la capitalisation des intérêts) et 76 000 € pour certaines personnes morales	3,5 % au 01/02/08 (fixé par BDF)	À la quinzaine et capitalisation au 31/12	Exonéré	
Livret Bleu	Crédit mutuel							

.../...

Produit d'épargne	Distributeurs	Bénéficiaires	Dépôts		Rémunération		Fiscalité	
			Mini	Maxi	Taux d'intérêt	Méthode de calcul	IR	Contributions sociales
Livret B ou bancaire	Tout établissement financier	Toute personne physique ou morale	15 €	Illimité mais plafonnement possible selon les établissements pour les « super-livrets »	Non réglementé (environ 3,5 %)	À la quinzaine et capitalisation au 31/12	Déclaration ou PFL 18 %	11 %
LDD	Tout établissement financier	Tout contribuable domicilié en France ou DOM	15 €	6 000 € (dépassement possible par la capitalisation des intérêts)	3,5% Égal à celui du livret A	À la quinzaine et capitalisation au 31/12	Exonéré	
CEL	Tout établissement financier	Toute personne physique	300 € (Versement minimal de 75 €)	15 300 € (dépassement possible par la capitalisation des intérêts)	2,25 % (2/3 du taux de livret A, arrondi au 1/4 de point le plus proche)	À la quinzaine et capitalisation au 31/12	Exonéré	11 %
LEP	Tout établissement financier	Tout contribuable domicilié en France dont impôt avant imputation du crédit d'impôt < 722 €	30 €	7 700 € (dépassement possible par la capitalisation des intérêts)	4,25 %	À la quinzaine et capitalisation au 31/12	Exonéré	

.../...

	Établissement	Titulaire	Minimum	Plafond	Taux	Calcul des intérêts	Fiscalité
Livret Jeune	Tout établissement financier	Jeune âgé de 12 à 25 ans inclus résidant en France	15 €	1 600 € (dépassement possible par la capitalisation des intérêts)	Libre (mais taux du livret A mini) Entre 4 et 5 % selon les banques	À la quinzaine et capitalisation au 31/12	Exonéré
CAT	Tout établissement financier	Toute personne physique ou morale	Libre	Illimité	Libre	Au-delà d'un mois, au jour le jour (basé sur une année de 360 ou 365 jours)	Déclaration ou PFL 18 % — 11 %
LEE	Tout établissement financier (hors Poste)	Toute personne physique	750 €	45 800 € (versement minimal de 540 € annuel)	2,25 % (3/4 du taux du livret A arrondi au 1/4 de point inférieur)	À la quinzaine et capitalisation au 31/12	Exonéré
Bons de caisse ou d'épargne	Tout établissement financier	Toute personne physique	1 000 €	Illimité	Libre	Au-delà d'un mois, au jour le jour (basé sur une année de 360 ou 365 jours) Maxi : 5 ans	Déclaration ou PFL 18 % – Anonymat possible — 11 %

Chapitre 5

La Bourse

1. Généralités

Les Bourses de valeurs ou marchés financiers sont des lieux où s'échangent différentes valeurs mobilières. Une valeur mobilière est un ensemble de titres émis par des personnes morales publiques ou privées, transmissibles par inscription en compte ou tradition, qui confèrent des droits identiques par catégorie et donnent accès, directement ou indirectement, à une quotité du capital de la personne morale émettrice ou à un droit de créance général sur son patrimoine. Tous droits détachés d'une valeur mobilière et négociable sont eux-mêmes assimilés à une valeur mobilière.

Les valeurs mobilières les plus connues sont les actions et les obligations. Il existe une multitude d'autres produits (OCPVM, options, warrants, bons de souscription...) dont nous traiterons les caractéristiques plus loin.

On donne en général deux fonctions essentielles à la Bourse :

▸ permettre aux agents économiques (entreprises, collectivités, État) de trouver des capitaux à grande échelle ;

▸ permettre aux investisseurs de faire fructifier leur épargne par les plus-values potentielles ou encore les dividendes qu'ils pourront recevoir.

Le marché boursier est scindé en deux sous-marchés qui sont respectivement le marché primaire et le marché secondaire. Il s'appréhende au travers de ses deux compartiments (qui existent quelle que soit la place financière et quel que soit le marché de cotation).

1.1 Le marché primaire

Le rôle du marché primaire est d'organiser la rencontre de sociétés cherchant à financer leur développement et des détenteurs de capitaux (on peut faire un parallèle entre le marché primaire et le marché du neuf).

Le rôle du marché primaire est celui du financement de l'économie. Lorsque les entreprises émettent des valeurs mobilières par appel public à l'épargne, elles viennent chercher des moyens de financement :

▸ si elles émettent des actions (introduction en Bourse, augmentation de capital), elles cherchent des capitaux propres ;

▸ si elles émettent des obligations (lancement d'un emprunt obligataire), elles cherchent des capitaux d'emprunt.

Figure 5.1 – Financement direct

Épargnants = Demandeurs de titres = Investisseurs	Financement direct	Entreprises = Offreurs de titres = Émetteurs

1.2 Le marché secondaire

Le marché secondaire tient plutôt le rôle du marché de l'occasion où les différents intervenants peuvent s'échanger les titres. C'est ce marché qui est bien sûr le plus actif, puisqu'il s'échange des milliards d'euros par jour à la Bourse de Paris.

Le marché secondaire est le marché sur lequel les titres antérieurement émis s'échangent plus communément.

La Bourse joue un rôle primordial dans l'économie française, les entreprises y trouvent une partie des capitaux nécessaires à leur expansion tandis que l'État y finance le déficit de ses comptes.

À l'origine, la Bourse était un marché supposé ouvert à quiconque souhaitait vendre ou acheter ; la Bourse de Paris fut certainement érigée dans cet esprit et siégea dans un édifice construit aux frais du public. Mais bientôt, on réalisa que pour homologuer ces contrats, il fallait un organisme officiel. C'est pourquoi les personnes autorisées à exercer en Bourse furent limitées à certaines catégories d'opérateurs, ce sont les sociétés de Bourse qui sont aujourd'hui les intermédiaires obligés pour opérer en Bourse. En effet, un particulier ne peut pas intervenir directement sur le marché, il doit obligatoirement transmettre ses ordres à un intermédiaire financier (société de Bourse, établissement financier, le plus souvent sa banque).

Au contraire des marchés de gré à gré sur lesquels les échanges s'effectuent par accord bilatéral entre un acheteur et un vendeur, la Bourse est un marché réglementé qui organise :

▸ la liquidité, c'est-à-dire la facilité des échanges par la concentration du plus grand nombre possible d'ordres d'achat et de vente ;

▸ l'égalité entre tous les intervenants par la transparence et l'accès instantané au marché ;

▸ la sécurité, par la garantie que les acheteurs seront livrés et les vendeurs payés à date déterminée.

1.3 Les produits négociables à la Bourse de Paris

Les actions

Les actions sont des titres de propriété d'une société ; elles représentent une fraction du capital de l'entreprise. La possession d'une action donne certains droits à son détenteur sur la société émettrice :

▸ à chaque action est attaché un droit de vote qui permet de s'exprimer sur la gestion de l'entreprise lors des assemblées générales ;

▸ en tant que propriétaire d'une part de l'entreprise, l'actionnaire dispose également d'un droit aux bénéfices proportionnellement à sa participation : c'est le dividende ;

▸ si l'entreprise est liquidée, il lui revient une part de l'actif net.

Les obligations

À la différence de l'actionnaire, le porteur d'obligation ne possède pas les droits mentionnés ci-dessus. En effet, il n'est pas propriétaire de l'entreprise mais créancier, car l'obligation matérialise une part d'un emprunt réalisé par l'entreprise. Les entreprises publiques, l'État et les collectivités locales peuvent également émettre des obligations.

Le certificat d'investissement

C'est l'équivalent d'une action sans droit de vote, les droits sont les mêmes que pour une action, excepté le droit sur la gestion.

Le bon de souscription

Ces bons sont généralement détachés des obligations ou actions à droit de souscription d'actions, mais peuvent être distribués ou vendus par une société. Ils donnent le droit de souscrire à une émission d'actions dans une quantité et à un prix déterminés jusqu'à une échéance fixe.

L'option négociable

Cet instrument financier a une origine assez récente en France, puisque c'est en 1987 que le Marché des Options négociables de Paris – MONEP (marché ou se négocient les options) est créé. L'option est un droit d'acheter (option d'achat ou « *call* ») ou de vendre (option de vente ou « *put* ») un support (actions ou indice, ou encore taux d'intérêt sur le MATIF – Marché à terme International de France) à un prix et à une échéance fixés.

Les warrants

Ces produits sont du même type que les options négociables, ce sont des produits dits dérivés. Le fonctionnement est sensiblement similaire car le warrant (ou bon d'option) donne la possibilité d'acheter ou de vendre un actif sous-jacent (action, taux d'intérêt, indice ou panier d'actions) à un prix et à une échéance fixés à l'avance.

Les trackers

Ces instruments financiers, qui sont des produits dérivés, sont semblables aux warrants. La grande différence entre les deux est qu'il n'y a pas d'échéance sur les trackers ; ils se contentent de répliquer l'évolution de la valeur support (un indice par exemple).

Les Organismes de Placement Collectif en Valeurs Mobilières (OPCVM)

Les OPCVM regroupent deux familles de produits : les SICAV et les FCP (des fonds d'investissement).

2. La directive sur les Marchés d'Instruments Financiers (MIF)

La directive européenne sur les Marchés d'Instruments Financiers (directive MIF) est entrée en vigueur depuis le 1er novembre 2007.

Lorsqu'ils fournissent des services d'investissement et des services connexes à des clients, les prestataires de services d'investissement, principalement les banques, agissent d'une manière honnête, loyale et professionnelle, servant au mieux les intérêts des clients.

En vue de fournir le service de conseil en investissement ou celui de gestion de portefeuille pour le compte de tiers, les prestataires de services d'investissement s'enquièrent auprès de leurs clients, notamment leurs clients potentiels, de leurs connaissances et de leur expérience en matière d'investissement, de leur situation financière et de leurs objectifs d'investissement, de manière à pouvoir leur recommander les instruments financiers adéquats ou gérer leur portefeuille de manière adaptée à leur situation. Dans la plupart des cas, l'établissement bancaire fait remplir un questionnaire à son client.

La directive distingue trois catégories de clients :

▸ le client professionnel[1] : il est censé posséder la compétence nécessaire pour prendre ses décisions d'investissement, évaluer les risques qu'il encourt et être en mesure de supporter le risque de toute perte résultant de l'investissement. Les obligations d'information et de conseil de la banque à son égard sont plus allégées que celles pour les particuliers ;

▸ le client de détail : il bénéficie de toutes les règles de protection en termes d'information et de conseil, ainsi que dans le traitement de ses ordres qui doivent être exécutés aux meilleures conditions (notamment de prix) ;

▸ la contrepartie éligible : il s'agit principalement des entreprises d'investissement, établissements de crédit, entreprises d'assurances, OPCVM, sociétés de gestion… pour lesquels les obligations d'information et de conseil ne s'appliquent pas.

1. La MIF distingue :
– les professionnels par nature, qui sont notamment les grandes entreprises réunissant au moins deux des critères suivants : total du bilan de 20 millions d'euros, chiffre d'affaires net de 40 millions d'euros, capitaux propres de 2 millions d'euros ;
– et les clients traités comme des professionnels à leur demande s'ils remplissent au moins deux des critères suivants : le client a effectué en moyenne 10 transactions d'une taille significative par trimestre au cours des 4 trimestres précédents sur le marché concerné, la valeur de son portefeuille d'instruments financiers dépasse les 500 000 e, le client occupe ou a occupé pendant au moins un an, dans le secteur financier, une position professionnelle requérant une connaissance des transactions ou des services envisagés.

Figure 5.2 – Les trois catégories de clients

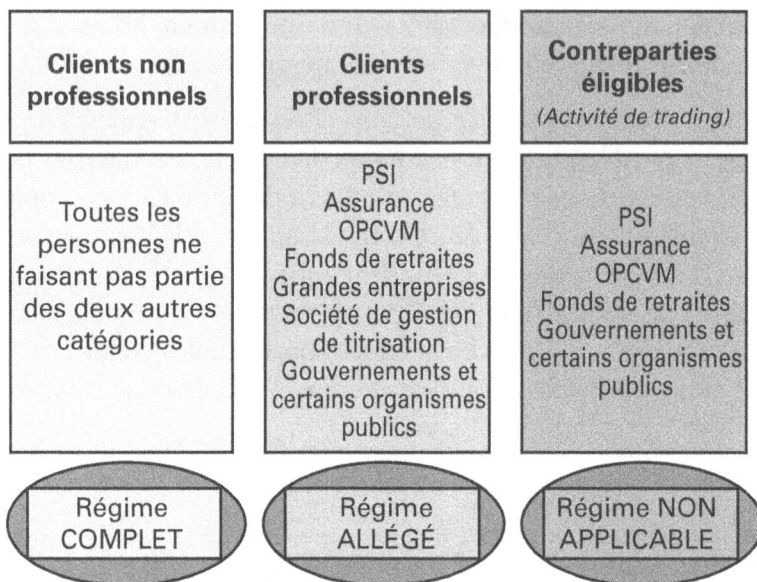

Clients non professionnels	Clients professionnels	Contreparties éligibles *(Activité de trading)*
Toutes les personnes ne faisant pas partie des deux autres catégories	PSI Assurance OPCVM Fonds de retraites Grandes entreprises Société de gestion de titrisation Gouvernements et certains organismes publics	PSI Assurance OPCVM Fonds de retraites Gouvernements et certains organismes publics
Régime COMPLET	Régime ALLÉGÉ	Régime NON APPLICABLE

Source : AMF.

3. Les différents marchés de cotation

Jusqu'en 1988, le monopole était détenu par des agents de change, maintenant ce sont des sociétés de Bourse qui sont le passage obligé de tout investisseur.

Aujourd'hui, c'est Euronext qui est chargée d'organiser les marchés parisiens. Cette dernière a été créée le 22 septembre 2000 suite à la fusion avec les Bourses de Bruxelles, d'Amsterdam et de Paris. Depuis, Euronext s'est agrandie afin d'accueillir la Bourse de Lisbonne et les marchés dérivés anglais (LIFTE).

Depuis mars 2005, la plupart des sociétés font désormais partie d'un seul marché appelé Eurolist. Les valeurs d'Eurolist sont classées par groupe :

▸ compartiment A, les *blue chips* : capitalisation > 1 milliard d'euros ;

▸ compartiment B, les valeurs moyennes : capitalisation comprise entre 150 millions d'euros et 1 milliard d'euros ;

▸ compartiment C, les petites valeurs : capitalisation < 150 millions d'euros.

Il existe aussi deux sous-groupes :

- les sociétés de la zone euro ;
- les sociétés internationales (hors zone euro) cotées à Paris.

Tableau 5.1 – Marchés de cotation à Paris

	Euronext	Alternext		Marché libre
Nature	Réglementé	Non réglementé Régulé		Non réglementé Organisé
Entreprises	*Blue chips* et valeurs moyennes	PME		Petites entreprises
Demandeur de l'admission	Émetteur	Émetteur		Émetteur et/ou actionnaire
Méthode d'introduction	Appel public à l'épargne, augmentation de capital	Appel public à l'épargne	Placement privé (5 M€ auprès d'au moins 5 investisseurs qualifiés)	Appel public à l'épargne ou non
Diffusion minimale de titres	25 % capital ou 5 % capital représentant au moins 5 M€	Pas de pourcentage minimal Au moins 2,5 M€	Pas de diffusion	Pas de minimum
Document à rédiger	Prospectus	Prospectus	Offering circular	Si APE : prospectus Sinon : néant
Visa AMF	Obligatoire	Obligatoire	Non	Obligatoire si APE
Historique des comptes	3 années de comptes certifiés + derniers comptes semestriels si admission + 9 mois après clôture	2 années de comptes + dernier exercice certifié + comptes intermédiaires si admission + 9 mois après clôture		2 ans si l'ancienneté le permet
Normes comptables	IFRS obligatoires	Françaises		Françaises
Décision d'admission	Conseil administration Euronext	Conseil administration Euronext		Droit opposition d'Euronext possible
Information à publier	Comptes annuels et semestriels audités + CA trimestriels publiés au BALO	Comptes annuels audités et semestriels non audités sur site entreprise et Alternext		Informations requises par le droit des sociétés seulement
Franchissements de seuils à déclarer	5 %, 10 %, 20 %, 33 %, 50 %, 66 % du capital et/ou des droits de vote	50 % et 95 % du capital		Aucun

.../...

Garantie de cours si changement de contrôle	Oui	Oui	Possible mais non obligatoire au bénéfice des minoritaires
Cotation	Valeurs à transactions > 2 500 par jour : 9 h 00 – 17 h 30 Autres : fixing à 10 h 30 et 16 h 00	Valeurs à transactions > 2 500 par jour : 9 h 00 – 17 h 30 Autres : fixing à 15 h 30	Fixing à 15 h 00

3.1 La réservation des valeurs

Quel que soit le mode de cotation, des seuils de réservation ont été imposés sur Euronext. Appelée communément « coupe-circuits », la réservation consiste en un arrêt momentané des cotations, dès lors qu'un cours a franchi un certain pourcentage, afin de « calmer » le marché et ses opérateurs.

Il existe deux seuils de réservation :

▸ le seuil de réservation statique consiste à suspendre les cotations lorsque le cours enregistre une variation de +/- 10 % par rapport au cours de référence (cours d'ouverture). Pour les valeurs cotant en continu, une réservation est opérée sur quatre minutes après une période de gel n'excédant pas une minute. Puis la cotation reprend après un fixing, et un nouveau cours de référence est calculé. Les réservations sont sans limite et, après franchissement de deux seuils statiques, Euronext s'autorise la prolongation de la période de réservation en fonction de l'état du carnet d'ordres ;

▸ le seuil de réservation dynamique est calculé par rapport au dernier cours de référence et s'établit à +/- 2 % pour les valeurs les plus liquides, et à +/- 5 % pour les autres valeurs. La durée de réservation est de quatre minutes suivie d'un fixing.

3.2 Le Service à Règlement Différé (SRD)

La norme de fonctionnement d'Euronext est le marché au comptant. Mais Euronext propose, pour certaines valeurs, le service à règlement différé : il permet de négocier à terme. Quelle que soit la date de passation de l'ordre, celui-ci sera dénoué en fin de mois boursier.

Pour être éligible au SRD, une valeur doit disposer d'une capitalisation minimale d'un milliard d'euros et faire l'objet d'échanges quotidiens supérieurs à un million d'euros. Lorsque l'investisseur opte (le choix lui appartient) pour le SRD, il n'est livré et réglé que le dernier jour de Bourse avant la fin du mois calendaire, la date de liquidation étant fixée à cinq jours de Bourse avant la fin du mois. L'intérêt de passer un ordre à règlement différé réside dans la possibilité d'acheter ou de vendre des titres à découvert.

Enfin, s'agissant d'une prestation particulière, les intermédiaires ont toute liberté pour fixer les commissions afférentes, voire de refuser le SRD à leur clientèle ou d'exiger une couverture supérieure à celle requise par les autorités (20 % du montant de l'ordre si le dépôt de couverture est effectué sous forme de liquidités, 25 % sous forme d'obligations et 40 % sous forme d'actions).

Le SRD donne la possibilité à l'investisseur de différer le règlement/livraison de sa transaction à la fin du mois pour des valeurs remplissant des critères de taille et de liquidité.

La date de liquidation intervient cinq jours de Bourse avant la fin du mois calendaire. De même, les adeptes du report noteront que toutes opérations de reports seront à effectuer cinq jours de Bourse avant la fin du mois calendaire avec le nouveau système.

Ainsi, pour différer le règlement d'une valeur éligible au SRD, l'investisseur devra le stipuler explicitement dans l'ordre. Le SRD ressemble au système du « Règlement Mensuel » mais avec une commission en plus. En effet, pour avoir la possibilité de différer son règlement/livraison en fin de mois, il faudra payer une commission supplémentaire librement par l'intermédiaire.

Le SRD n'est pas limité à des valeurs inscrites sur un marché mais peut être utilisé sur une population de valeurs dès lors que celles-ci remplissent des critères de taille et de liquidité.

Pour être éligible au SRD, une valeur doit répondre, en principe, à l'un des deux critères suivants :

▸ 1 milliard d'euros de capitalisation boursière et 1 million d'euros traités quotidiennement pour les valeurs françaises ;

▸ 500 000 euros traités quotidiennement pour les valeurs étrangères.

À tout moment, une valeur peut devenir éligible au SRD dès lors qu'elle remplit les critères requis (avec un délai de quatre semaines). En revanche, le retrait de valeurs ne se fait qu'une seule fois par an, avec une annonce suffisamment en amont du retrait pour permettre aux investisseurs de prendre, le cas échéant, les dispositions nécessaires pour déboucler leurs positions sur les valeurs retirées.

Passage d'un ordre SRD

Les opérations passées en SRD ne sont pas autorisées dans le cadre du PEA.

En ce qui concerne les commissions perçues par les intermédiaires, la tarification est libre.

À l'achat

L'investisseur individuel passe un ordre d'achat de titres avec SRD à son intermédiaire en J. L'intermédiaire transmet l'ordre d'achat au négociateur qui achète les titres au comptant : à J + 3 le négociateur paie le vendeur, et les titres lui sont livrés simultanément.

L'investisseur individuel ne paie et n'est livré que le dernier jour de Bourse du mois. Le négociateur « porte » donc la position de l'investisseur individuel de J (date du transfert de propriété) au dernier jour de Bourse du mois. Ce service donne lieu à une commission.

À la vente

L'investisseur individuel passe un ordre de vente de titres avec SRD à son intermédiaire en J. L'intermédiaire transmet l'ordre de vente au négociateur qui vend les titres sur le marché au comptant : à J +3 le négociateur doit trouver les titres pour les livrer à l'acheteur. Il est simultanément payé par ce dernier.

L'investisseur individuel ne livre les titres et n'est payé que le dernier jour de Bourse du mois. Comme à l'achat, le négociateur « porte » donc la position de l'investisseur individuel de J (date du transfert de propriété) au dernier jour de Bourse du mois. Ce service donne aussi lieu à une commission.

Report

En fin de mois, il peut être demandé la prorogation de la position à la prochaine liquidation, et cela sans limite de durée. Cette opération est appelée « le report ».

La demande de report peut être faite jusqu'au cinquième jour de Bourse avant le dernier jour de Bourse du mois en cours, c'est-à-dire jusqu'au jour (inclus) de la liquidation en cours.

Transparent pour l'investisseur, le report peut être décomposé en une opération de vente et une opération d'achat ; tout se passe comme si l'investisseur vendait ses titres pour aussitôt les racheter, et ce, au cours de compensation (cours de clôture du jour de la liquidation). Une fois vendus fictivement au cours de compensation, les titres sont ensuite rachetés au même cours. De fait, le prix de revient a été modifié et correspond désormais au cours de compensation.

Si le cours de compensation est supérieur au cours d'achat, l'investisseur se verra créditer de la différence sur son compte.

Dans le cas d'un cours de compensation inférieur au cours d'achat, le montant de la moins-value sera prélevé sur le compte de l'investisseur.

À cette plus ou moins-value sera également ajouté le montant des frais de l'opération que facture l'intermédiaire (commission de report et taux du crédit qui continuent à courir).

Couverture

Un autre gros avantage du SRD, c'est la notion de couverture qui permet d'acheter des titres pour une valeur supérieure au montant de ses liquidités, mais cela dans une certaine limite. Chaque actif financier que vous détenez vous apporte une couverture plus en moins forte en fonction de sa nature. Cette limite répond aux règles suivantes :

‣ 20 % de la position en espèces ou en OPCVM monétaires ;

‣ 25 % de la position en obligations ou OPCVM obligations ;

‣ 40 % de la position en actions cotées ou OPCVM actions.

4. Les différents indices boursiers

Les indices boursiers sont fondés sur la moyenne des cours d'un échantillon de valeurs mobilières retenues en fonction de leur représentativité. Ils fournissent alors une tendance générale de l'évolution du marché et facilitent la comparaison entre les différentes places boursières.

Il existe plusieurs indices boursiers, différents selon les places. La Bourse de Paris dispose d'une gamme complète d'indices boursiers qui sont adaptés à chaque segment de la Bourse. Les plus connus sont le CAC 40, le SBF 120 et le SBF 250 et le Midcac. Ils ont été conçus selon une logique d'emboîtement : le SBF 250 comprend les 120 valeurs du SBF 120 qui comprend lui-même les 40 valeurs du CAC 40.

Tableau 5.3 – Les différents indices boursiers

Indice	Descriptif
CAC 40	40 plus fortes capitalisations d'Euronext à Paris
CAC 40 VOLATILITY INDEX	Volatilité des 40 plus fortes capitalisations d'Euronext à Paris
CAC NEXT 20	20 premières capitalisations flottantes après CAC 40
SBF 80	80 plus fortes capitalisations boursières après CAC 40
SBF 120	CAC 40 + SBF 80
CAC MID 100	100 premières capitalisations après CAC 40 et CAC NEXT 20
CAC IT20	20 premières valeurs en taille et volume de CAC IT
SBF 250	CAC 40 + SBF 80 + 130 valeurs suivantes
CAC Small 90	90 capitalisations les plus faibles de SBF 250
CAC Mid & Small 190	CAC Mid 100 + CAC Small 90
CAC IT	Indice large regroupant les sociétés technologiques (nombre de sociétés variables)
CAC Allshares	Indice regroupant toutes les valeurs cotées sur Euronext à Paris dont le taux de rotation annuelle est supérieur à 5 %
L'indice Euronext FAS IAS®	Composé des sociétés du SBF 250 ayant plus de 3 % de capital détenu par plus de 25 % de salariés ou anciens salariés

L'indice CAC 40 est mis à jour toutes les trente secondes pendant la journée. Il donne donc, en continu, une idée de l'évolution du marché. Pour mémoire, le CAC 40 a été défini avec la valeur de 1 000 le 31 décembre 1987 et le 31 décembre 1990 pour les indices SBF 120 et 250. Les principaux indices bousiers à l'étranger sont :

▸ Aux États-Unis :

- le Dow Jones : indice le plus ancien et le plus suivi de la Bourse de New York. Il repose sur 30 valeurs industrielles parmi les plus importantes ;

- le S & P 500 : indice calculé par Standard and Poors sur la base de 500 valeurs les plus importantes des trois marchés de New York (NYSE, Nasdaq et AMEX) ;

- le Nasdaq composite : il mesure toutes les valeurs américaines et étrangères cotées au Nasdaq de New York (cet indice représente aujourd'hui plus de 5 500 valeurs).

> ▸ Au Japon : le Nikkei 225 : indice japonais le plus connu, établi d'après les cours de clôture des 225 valeurs cotées à Tokyo et ayant le plus grand volume de transactions.

> ▸ En Angleterre : le FTST 100 (ou FOOTSIE) : indice de la Bourse de Londres. Créé en 1984, il comprend 100 sociétés représentant un volume de transactions d'environ 70 % du marché londonien.

> ▸ En Allemagne : le DAX 30 : indice des 30 actions les plus importantes de la Bourse de Francfort.

Par ailleurs, plusieurs indices européens ont été créés lors du passage à l'euro des Bourses de la zone euro. Créé le 31 décembre 1998, le plus utilisé est l'Euro Stoxx 50 : il regroupe 50 valeurs parmi les plus significatives cotées sur différentes places boursières de la zone euro.

5. Le fonctionnement de la Bourse

5.1 Le déroulement d'une séance

À Euronext Paris, toutes les actions ne sont pas cotées au même moment. En fonction de leur degré de liquidité (quantité de titres échangés quotidiennement sur une même valeur), elles sont cotées soit en continu, tout au long de la séance, soit au fixing, une à deux fois par jour. Il existe plusieurs groupes de cotations pour distinguer les valeurs, afin de suspendre provisoirement ou de limiter les fluctuations des cours en cas de trop grands écarts sur une valeur dans la même séance.

Préouverture : durant cette période, aucune transaction n'intervient. Les ordres du jour s'ajoutent à ceux qui n'ont pu être effectués durant la séance précédente sur le carnet d'ordres. Un fixing d'ouverture, où sont confrontés les ordres d'achat et de vente, détermine le cours d'ouverture de chaque valeur.

Durée de réservation : période pendant laquelle les ordres peuvent être saisis, mais sans pouvoir donner lieu à cotation.

Tableau 5.4 – Cotation en continu et cotation au fixing

	Cotation en continu	Cotation au fixing
Horaires	Préouverture* de 7 h 15 à 9 h 00 Séance de 9 h 00 à 17 h 30 avec un fixing de clôture à 17 h 35	Préouverture* à 7 h 15 Fixing à 10 h 30 et 16 h 00 Fixing marché libre : 15 h 00
Variations autorisées	1er seuil : ± 10 % par rapport au cours de la veille Seuil suivant : ± 10 % par rapport au cours de réservation avec un maximum de + 21 % et de -19 % Seuil dynamique : ± 2 % par rapport au dernier cours coté	1er seuil : ± 10 % par rapport au cours de clôture de la veille, à 16 ou 15 h 00 selon marché Seuil suivant : ± 10 % par rapport au cours de 10 h 30 (sauf marché libre)
Durée de réservation	4 minutes à chaque seuil	

* les ordres sont accumulés dans le système informatique de la Bourse de Paris qui calcule un cours d'ouverture théorique en fonction de l'offre et de la demande. Aucune transaction n'est réalisée pendant cette période.

5.2 Les différents types de cotation

Cotation en continu

Tout au long de la séance, l'introduction d'un nouvel ordre provoque une nouvelle cotation, dès lors qu'il existe sur la feuille de marché un ou plusieurs ordres de sens contraire, dont le cours d'exécution est compatible avec celui de l'ordre entré. Dans le cas contraire, l'ordre est enregistré et placé à sa limite sur la feuille de marché de la séance.

Cotation au fixing

Les ordres sont centralisés sans qu'aucune transaction n'intervienne. L'ordinateur central va ensuite déterminer le prix auquel s'échangeront le plus grand nombre de titres.

Puis aura lieu la cotation ; durant cette phase, les opérateurs peuvent rentrer des ordres limités au cours coté à 11 h 30 et 16 h 30 qui seront exécutés dès lors qu'il existe une contrepartie en attente à ce même cours.

EXEMPLE DE FIXING

La procédure de fixing est la même à l'ouverture et à la clôture.

61,10

60,95   61,25

Achat			Vente		
cumul	quantité	prix sans limite	prix sans limite	quantité	cumul
	400			400	
600	+200	61,25	60,95	+250	650
850	+250	61,20	61,00	+400	1050
1350	+500	61,15	61,05	+500	1550
2200 =	+850	61,10	61,10	+600	= 2150
3200	1000	61,05	61,15	1250	3400
6200	3000	61,00	61,20	1700	5100

Source : Euronext.

Dans l'exemple ci-dessus, c'est au prix de 61,10 € que le marché s'équilibre et que tous les ordres retenus sont exécutés.

– 2 200 titres demandés : 400 sans limite de prix + 200 à 61,25 €, + 250 à 61,20 €, + 500 à 61,15 €, + 850 à 61,10 € ;

– 2 150 titres offerts : 400 sans limite de prix + 250 à 60,95 €, + 400 à 61,00 €, + 500 à 61,05 €, + 600 à 61,10 € ;

– comme l'offre et la demande ne s'équilibrent pas exactement, l'ordre d'achat limité au cours coté (61,10 €) n'est exécuté qu'à concurrence de 800 titres sur les 850 titres demandés. S'il existe plusieurs ordres d'achat à 61,10 €, ils sont exécutés selon la règle « premier entré, premier servi ».

Sur le graphique ci-dessous, le croisement de la courbe des cumuls à l'achat et à la vente indique le point d'équilibre du marché à 61,10 €.

Cotation des obligations

Les obligations sont toujours cotées en pourcentage de leur nominal.

Supposons qu'une obligation ait un nominal de 1 € comme la plupart des obligations depuis le passage à l'euro. Si elle cote 98,50 %, cela veut dire que son cours est de 0,9850 €.

Les obligations sont cotées en pourcentage de leur montant nominal. Cette cotation permet une comparaison entre les prix de différentes obligations. Pour une comparaison réelle du prix des différentes obligations présentes sur le marché, il est impératif de faire abstraction de la partie écoulée du coupon annuel, qu'on appelle coupon couru (nombre de jours depuis le dernier coupon divisé par 365 X taux nominal).

La cotation des obligations est faite « au pied du coupon ». En d'autres termes, on a déduit du cours de marché de l'obligation l'impact de la date de détachement du coupon.

Le coupon couru est, lui aussi, exprimé en pourcentage du nominal. Le coupon couru est payé par l'investisseur qui achète une obligation en Bourse. Ainsi, cette même obligation de nominal 1 € qui cote 98,50 % et dont le coupon couru représente 3,60 % du nominal sera achetée 1,02 € en Bourse (soit 102,10 % de 1 €).

6. La passation d'un ordre boursier

6.1 La formulation de l'ordre

Lorsqu'il souhaite acheter ou vendre des titres, l'investisseur doit passer un ordre auprès de son intermédiaire (banquier, courtier en ligne).

Cet ordre doit comporter les informations suivantes :

- ▸ le sens de l'opération : achat ou vente ;
- ▸ le nombre de titres ;
- ▸ la nature du titre (action, obligation, etc.) ;
- ▸ le nom de la valeur (confirmation du code ISIN ci-dessous) ;
- ▸ son code ISIN : numéro d'identité de la valeur cotée en Bourse. Il est indispensable car certaines sociétés ont plusieurs titres de natures différentes, différenciées par ce code. Par exemple, le code ISIN de LVMH est FR0000121014 ;
- ▸ le marché : le marché est implicitement donné avec le code ISIN. À chaque code ISIN correspondent un titre et un marché. Ainsi, le marché du code ISIN FR0000130007 d'Alcatel est l'Eurolist d'Euronext ;
- ▸ la limite de validité :
  - • jour : l'ordre n'est valable qu'une seule journée. Si l'ordre est passé avant 17 h 30, l'ordre sera valable jusqu'à 17 h 35 le jour même et pour les valeurs du Premier Marché. Attention aux titres cotés au fixing,
  - • révocation : dans le cas d'un ordre SRD, un ordre à révocation ne sera valable que jusqu'à la date de liquidation. Pour un ordre non-

SRD, révocation signifie jusqu'à la fin du mois civil (le 31 janvier par exemple),

- autre : il est également possible de passer un ordre avec une date précise. Ainsi, un ordre peut être passé jusqu'au 15 janvier, par exemple ;

▸ le prix : pour fixer le prix de vente ou d'achat d'un titre, il est nécessaire de bien connaître l'état de l'offre et de la demande sur les marchés. Pour cela, le carnet d'ordres (disponible sur la fiche cours de chaque valeur sur le Net) permet de visualiser les cinq meilleurs ordres d'achat et de vente en attente ;

▸ le mode d'exécution (type d'ordre) ;

▸ la place boursière : la mondialisation des marchés financiers pousse de très nombreuses sociétés à s'introduire sur des Bourses étrangères. Le code ISIN reprend alors les premières lettres de la place FR pour la France ou US pour les États-Unis, par exemple.

6.2 Le carnet d'ordres

Le carnet d'ordres a une fonction première de recueil des ordres sur un titre. Tous les ordres y sont répertoriés.

Il est le récapitulatif exhaustif des ordres passés sur une valeur. À chaque valeur est associé un carnet d'ordres. Sur celui-ci, les professionnels pourront visualiser la totalité des ordres passés sur la valeur (cours, quantité, intermédiaire financier…). Ce carnet n'a pas de but spéculatif. Les personnes pouvant le consulter ne peuvent agir sur les marchés.

Le carnet d'ordres que peut consulter tout investisseur se compose des cinq meilleures offres et des cinq meilleures demandes du marché sur une valeur. Mais certains ordres n'y figurent pas, tels que les ordres à seuil ou plage de déclenchement.

À gauche, figurent les ordres d'achat, et à droite, les ordres de vente. Les ordres d'achat ayant la limite la plus haute constituent la meilleure demande. À l'inverse, les ordres de vente ayant la limite la plus élevée constituent la meilleure offre.

Tous les ordres sont regroupés par limite identique. Afin de savoir quel sera l'ordre exécuté en priorité, la règle est celle du premier entré premier servi. Tous les ordres passés par les investisseurs sont horodatés précisément, au millième de seconde près.

Prenons, ci-dessous, l'exemple d'un carnet d'ordres sur une valeur fictive. Il est établi avant l'ouverture du titre, par exemple à 8 h 45, ce qui explique la présence des mentions PM (prix du marché) et Ouv (cours d'ouverture).

D'après le carnet d'ordres, on constate qu'il existe 24 ordres portant sur l'achat total de 2 500 titres à l'ouverture ; en contrepartie, seuls cinq ordres portant sur la vente de 1 500 actions.

Avant l'ouverture, les ordres s'accumulent dans le carnet ; seront exécutés en priorité les ordres sans limite (au cours d'ouverture) puis, si c'est possible, les autres ordres.

Le cours d'ouverture sera par conséquent établi en fonction d'un cours d'équilibre, lui-même fonction du volume et du cours. Lors de la séance, seul le prix sera pris en compte. L'acheteur ayant proposé le cours d'achat le plus élevé sera prioritaire sur les ordres acheteurs et, réciproquement pour les vendeurs, celui qui aura proposé le cours de vente le plus bas.

Le prix d'ouverture est calculé de manière à permettre le maximum d'échanges.

Achat			Vente		
Nombre	Quantité	Limite	Limite	Quantité	Nombre
24	2 500	Ouv	Ouv	1 500	5
2	500	PM	59	3 500	16
5	800	55	62	2 300	2
6	1 200	53	65	1 000	8
1	2 300	51	70	1 300	6

Étudions maintenant le carnet d'ordres ci-dessous qui est établi une fois la séance ouverte. Supposons que l'on détienne 50 actions.

À quel cours seront-elles vendues si l'on souhaite les vendre immédiatement ?

Les actions seront vendues à un cours de 57 € correspondant à la meilleure offre d'achat visible sur le carnet d'ordres.

Achat			Vente		
Nombre	Quantité	Limite	Limite	Quantité	Nombre
17	2 500	57	58	1 500	5
2	500	56	59	3 500	16
5	800	55	62	2 300	2
6	1 200	53	65	1 000	8
1	2 300	51	70	1 300	6

Certains types d'ordre n'apparaissent pas sur le carnet d'ordres. Ces derniers peuvent être de grande importance (application) et biaiser la lecture du carnet d'ordres. De plus, les particuliers ne disposent que difficilement d'un carnet d'ordres actualisé en temps réel. Les professionnels des marchés agiront quoi qu'il en soit toujours plus vite que les particuliers.

6.3 Les différents ordres boursiers

L'ordre à cours limité

L'ordre à cours limité est sans doute l'un des ordres les plus simples et les plus utilisés en France. Que l'on soit acheteur ou vendeur, on fixe à travers cet ordre un seuil à ne pas dépasser. Si on est acheteur, on donne un seuil maximal à ne pas dépasser ; si on est vendeur, un prix sous lequel on ne souhaite plus vendre.

Il s'agit de seuil. Cela signifie que même si on passe un ordre d'achat à 17 €, on peut très bien voir l'ordre exécuté à 16,50 €. Tout dépend de l'état du marché à ce moment-là. Il en est de même pour un vendeur. S'il passe un ordre de vente à 28 €, les actions pourront très bien être cédées à un cours de 29 €.

Le fait de se garantir un cours limite risque toutefois, pour les valeurs peu liquides, de fractionner un ordre. Plus on met de conditions à un ordre, moins celui-ci a de chances d'être exécuté rapidement. Mais sur des valeurs à forte liquidité et avec des limites bien placées, un ordre sera exécuté rapidement et sans fractionnement.

Figure 5.3 – Ordre à cours limité

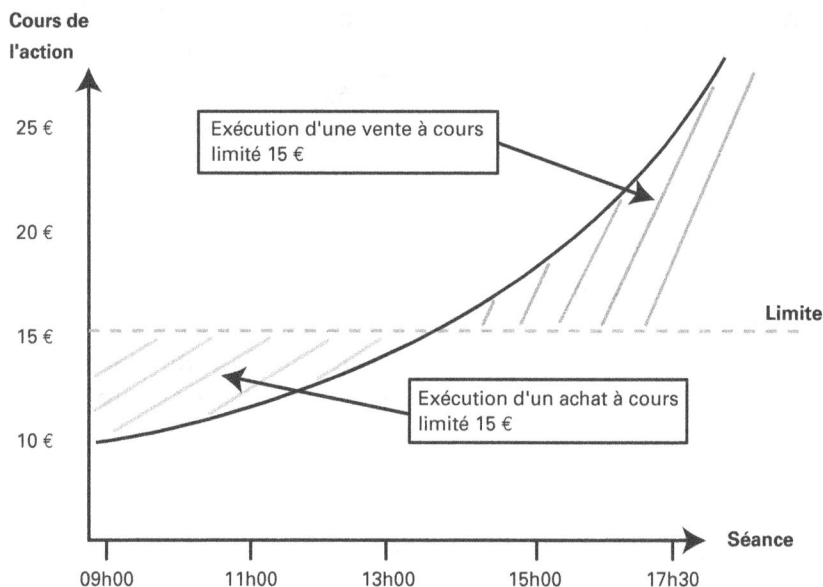

L'ordre à la meilleure limite

L'ordre à la meilleure limite n'est pas un ordre créé lors de la réforme des ordres boursiers d'Euronext. Il s'agit juste d'un changement de dénomination expliqué par un souci de clarté. L'ordre à la meilleure limite est le nouveau nom de l'ancien ordre « au prix du marché ». À ne pas confondre, bien évidemment, avec l'ordre « au marché ».

L'ordre à la meilleure limite est l'un des ordres les plus utilisés avec l'ordre à cours limité. Il est simple et très pratique, notamment pour les valeurs à fortes liquidités. L'accent est ici mis sur la quantité et non sur le cours. Le système recherche d'abord la contrepartie dans le premier niveau (achat ou vente). Si l'ordre peut être exécuté en totalité sur un seul cours, l'ordre est exécuté immédiatement. Toutefois, si le nombre de titres présents en contrepartie n'est pas suffisant à un seul niveau de cours, l'ordre à la meilleure limite se transformera en un ordre à cours limité.

Figure 5.4 – Ordre à la meilleure limite

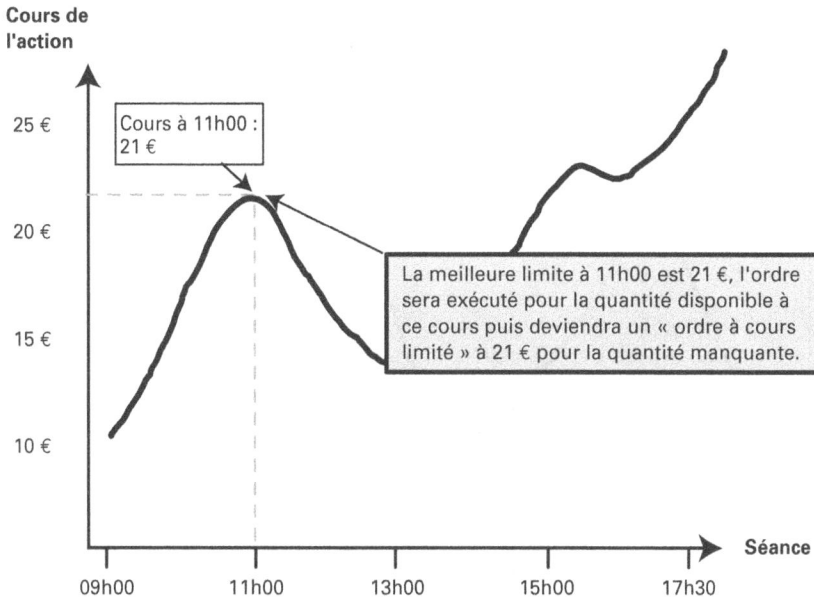

L'ordre au marché

L'ordre au marché ne doit pas être confondu avec l'ancien ordre « au prix du marché ». Il est très différent par le principe et par la priorité. L'ordre au marché est l'ordre prioritaire devant tous les autres types d'ordres. Cette priorité s'explique par une absence totale de limites en termes de prix. L'investisseur souhaite acquérir une certaine quantité de titres mais le prix d'exécution lui importe peu. Alors que dans un ordre « à la meilleure limite », l'ordre se transforme en ordre « à cours limité ». En cas d'exécution partielle, l'ordre « au marché » va descendre dans le carnet d'ordres afin de s'exécuter en totalité (la totalité des quantités demandées ou offertes).

Ainsi, un ordre « au marché » mal exécuté peut absorber en une seule fois la totalité d'un carnet d'ordres si la valeur est peu liquide. C'est donc un ordre à privilégier pour des valeurs à forte liquidité.

Figure 5.5 – Ordre au marché

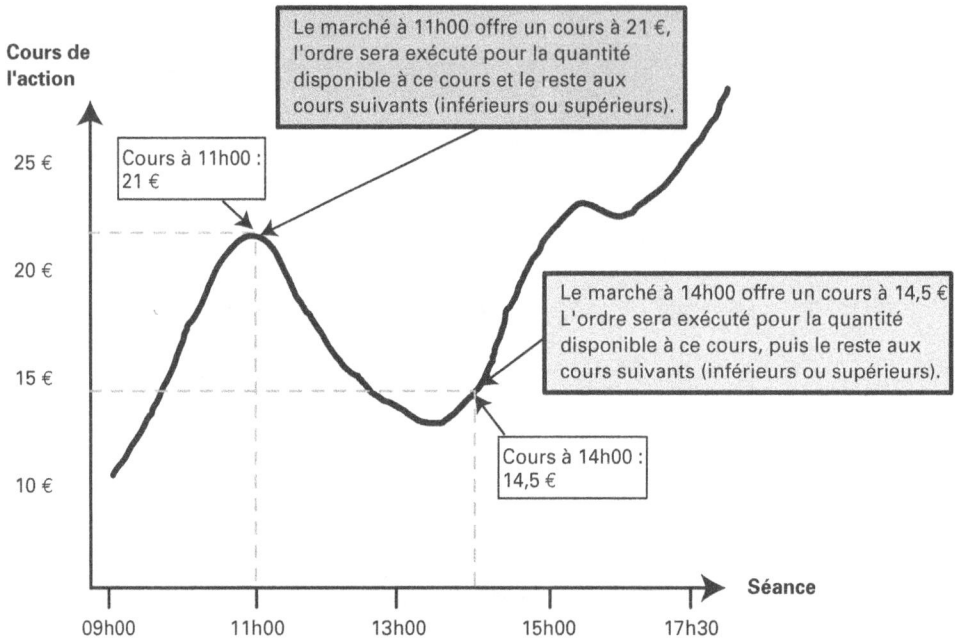

L'ordre à seuil de déclenchement

C'est l'un des deux ordres, avec l'ordre à plage de déclenchement, des chartistes et autres analystes techniques. Il permet à un actionnaire de se prémunir d'une baisse du marché, ou bien encore de ne pas rater « le train de la hausse ».

Le principe est très simple. On détient dix actions LVMH, sur lesquelles il existe une forte plus-value potentielle. On ne désire pas les vendre tout de suite et espérer encore une hausse supplémentaire. Mais il serait dommage de perdre la plus-value potentielle que l'on a déjà réalisée. Une seule solution qui évitera beaucoup de problèmes psychologiques : l'ordre à seuil de déclenchement. Si le dernier cours coté est de 175 €, on place un ordre de vente à 152 € ou 168 € par exemple. Si le cours monte, on conserve ses actions. Si le cours baisse et touche le seuil que l'on a fixé, disons 152 €, l'ordre se transforme en un ordre à tout prix.

L'exemple de vente ci-dessous peut également être appliqué à l'achat, notamment dans le cas de franchissement de moyennes mobiles. Il est important aussi de signaler que cet ordre n'apparaît pas dans le carnet d'ordres. Une fois le cours touché (cela signifie qu'au moins une transaction a eu lieu au cours fixé quel que soit le volume échangé), l'ordre devient un ordre au marché. Cette disposition peut poser de gros problèmes sur les valeurs à faible liquidité. D'un point de vue pratique, le cours que l'on fixe ne peut en aucun cas être supérieur au dernier cours coté dans le cas d'une vente, et inférieur dans le cas d'un achat.

Figure 5.6 – Ordre à seuil de déclenchement

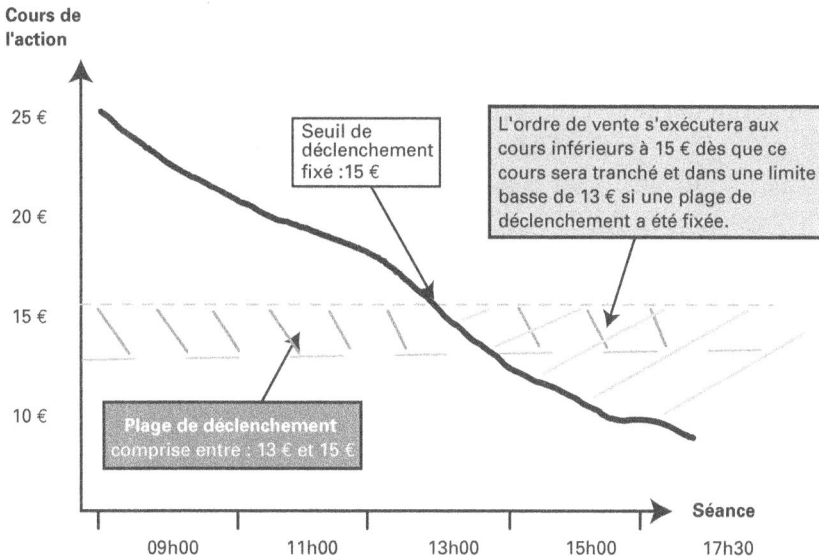

L'ordre à plage de déclenchement

Le principe de fonctionnement est identique à l'ordre à seuil de déclenchement. Seule différence, il est nécessaire de fixer un second prix qui marquera une limite à ne pas franchir. Ainsi, on peut se porter acheteur si le cours dépasse 100 €, mais l'ordre ne sera plus valable au-dessus de 110 € par exemple.

D'un point de vue pratique, le cours seuil que l'on fixe ne peut en aucun cas être supérieur au dernier cours coté dans le cas d'une vente, et inférieur dans le cas d'un achat. Quant au second cours, il devra être supérieur pour les ordres d'achat et inférieur pour les ordres de vente (schéma page précédente).

L'ordre au dernier cours

Cet ordre, qui ne peut être valable qu'une journée, est réservé aux valeurs les plus liquides. Il permet de participer, au final, à la phase de négociation qui se déroule entre 17 h 30 et 17 h 40 à l'issue du fixing de clôture. Il entre en concurrence, cependant, avec les ordres à cours limité déjà en carnet. L'inconvénient est la non-exécution de l'ordre si les quantités disponibles sur le marché sont insuffisantes.

7. Le régime fiscal des revenus et des plus-values sur valeurs mobilières

7.1 La fiscalité des revenus d'actions

La fiscalité des revenus d'actions a connu, à compter du 1er janvier 2008, une profonde réforme. Cette dernière concerne les revenus des actions et des parts sociales. Sont concernés les revenus des sociétés passibles de l'IS telles que SA, SARL, SCA, SAS, SICAV, FCP, SCOP, etc.

Deux options s'offrent depuis le 1er janvier 2008 aux investisseurs.

Option classique (ouverte les années précédentes) sur les revenus des actions des sociétés dont le siège social est établi dans un État membre de l'Union européenne ou d'un pays ayant signé une convention fiscale avec la France

Ces revenus doivent être déclarés dans la case DC de la déclaration de revenus 2042 avant tout abattement. C'est ensuite l'administration fiscale qui appliquera :

▸ tout d'abord un abattement de 40 % sans plafond qui s'applique sur le montant perçu ;

▸ puis un abattement de 1 525 €[1] pour une personne seule, ou 3 050 € pour un couple marié ou pacsé.

À noter

Pour les sociétés étrangères relevant de pays n'ayant pas passé de convention fiscale avec la France, aucun abattement.

© Groupe Eyrolles

---

1. Ce montant est offert deux fois l'année du mariage ou du PACS : une première fois pour les revenus encaissés avant la date du mariage ou du PACS, et une seconde fois pour les revenus encaissés.

L'ensemble des revenus déclarés fait l'objet, depuis le 1er janvier 2008, d'une retenue à la source de 11 %[1] au titre des contributions sociales.

Les revenus déclarés ouvrent le droit à un crédit d'impôt de 50 % des revenus distribués plafonné à 115 € pour une personne seule, ou 230 € pour un couple marié ou pacsé. Ce crédit d'impôt est aussi offert sur les titres inscrits sur un PEA (et doivent être déclarés dans la case GR de la déclaration de revenus 2042).

Option pour le PFL (ouverte pour les revenus encaissés à compter du 1er janvier 2008)

Sur option, les contribuables peuvent demander à leur établissement financier de bénéficier d'un prélèvement forfaitaire libératoire préalable à la distribution du revenu de 18 % + 11 % de contributions sociales.

L'option est exclusive et empêche donc, dès lors qu'elle est choisie pour une année, de bénéficier des abattements vus plus haut. De plus, l'option empêche la récupération partielle des droits de garde ainsi que de la CSG. Enfin, le crédit d'impôt de 115 ou 230 € plafonné ne s'applique pas non plus.

Cette option ne peut être souscrite pour les revenus des titres détenus dans un PEA.

7.2 La fiscalité des revenus d'obligations

La fiscalité de l'obligation dépend du choix fiscal du souscripteur, ce choix devant être exercé préalablement à la distribution des revenus :

▸ première possibilité : déclaration sur la déclaration de revenus 2042 dans la case TS. Ce revenu s'ajoutera alors au RNG (Revenu Net Global). Il fera l'objet de contributions sociales sur l'avis de contributions, reçu en novembre, au taux de 11 % au titre des revenus 2007. En cas de perception de DDG concernant ces obligations, ces derniers sont déductibles proportionnellement aux revenus auxquels ils se rapportent ;

▸ seconde possibilité : choix du PFL au taux de 18 + 11 % (pour les entreprises européennes uniquement). Dans ce cas, pas de possibilité de déduction des DDG. Indication obligatoire des revenus ayant fait l'objet d'un PFL dans la case EE de la déclaration 2042 afin de calculer le revenu fiscal de référence.

1. Dont 5,8 % déductibles en N+1.

7.3 La fiscalité des OPCVM

Ils jouissent de la transparence fiscale et par là même ne connaissent pas de fiscalité propre. Aussi, leur fiscalité dépend de leurs contenus qui sont ainsi soumis aux règles d'imposition propres à chaque type de placement (actions, obligations, revenus de créances…).

EXEMPLE

Les revenus d'une SICAV actions bénéficient du double abattement de 40 % et 1 525/3 050 € ainsi que du crédit d'impôt de 115/230 €.

7.4 Les charges déductibles

L'administration fiscale accepte la déduction des frais et charges supportés par le contribuable afin de percevoir ou de conserver les valeurs mobilières. Le montant doit être déclaré dans la case CA de la déclaration 2042.

Sont concernés par exemple :

▸ les droits de garde ;

▸ les frais d'abonnement ou d'achats de journaux financiers ;

▸ les primes d'assurance destinées à couvrir le risque de dépréciation des titres.

Ces charges sont déductibles proportionnellement aux revenus auxquels elles se rapportent.

EXEMPLE

Revenus déclarés par un célibataire :
– Case CA (revenus d'actions) : 4 600 €
– Case TS (revenus d'obligations) : 1 750 €
– Case CA (droits de garde) : 180 €
Le calcul de l'administration fiscale sera le suivant :
Revenus d'actions :
4 600 €[1] - 40 % = 2 760 €
2 760 € - 180 x 4 600 €/(4 600 € + 1 750 €) = 2 630 €
2 630 € - 1 525 € = 1 105 €

1. Ce même revenu donnera le droit à un crédit d'impôt de 4600 x 50 % plafonné à 115 € pour un célibataire.

Revenus d'obligations :

1 750 € – 180 x 1 750 €/(4 600 € + 1 750 €) = 1 700 €

Total des revenus de capitaux mobiliers retenus par le fisc :

1 105 € + 1 700 € = 2 805 €

À noter

Les revenus ayant fait l'objet d'un PFL (actions ou obligations) ne peuvent donner droit à déduction de charges.

7.5 La fiscalité des plus-values

Le montant des plus-values sur capitaux mobiliers ne s'ajoute pas aux autres catégories de revenus mais fait l'objet d'une taxation particulière.

▸ Lorsqu'ils sont cédés, les titres donnent lieu, sous certaines conditions, à l'imposition sur la plus-value dégagée.

▸ Le calcul de la plus-value correspond à la différence des ventes nettes de frais et des achats nets de frais, quels que soient les titres (obligations, actions, OPCVM, etc.).

▸ La fiscalité des plus-values sur capitaux mobiliers ne s'applique que lorsqu'un certain seuil de cession est dépassé.
Ce seuil de cession est actuellement de 25 000 € brut[1] pour 2008 quel que soit le type de titres cédés. Ce seuil s'applique pour l'ensemble des cessions réalisées par le foyer fiscal durant l'année civile. Ce seuil est réactualisé chaque année désormais.

Le taux d'imposition

▸ Lorsque l'impôt est dû, les plus-values de cessions de titres de sociétés cotées ou non cotées sont imposées au taux de 18 % augmenté de 11 % de contributions sociales, c'est-à-dire 29 % pour 2008, compte tenu du prélèvement social de 2,30 %, de la CSG de 8,2 % et de 0,5 % du RDS.

▸ La CSG, en matière de plus-value, n'est pas déductible des revenus de l'année N +1.

---

1. Avant imputation des frais de vente.

▸ Les 18 % sont recouvrés en même temps que l'impôt sur le revenu. Ils s'ajoutent tout simplement à l'impôt à payer avant déduction des avoirs fiscaux et autres crédits d'impôt.

▸ Les contributions sociales (11 %) sont recouvrées, quant à elles, sur l'avis spécifique payable en général en novembre.

Événements exceptionnels

Certains événements exceptionnels dans la vie d'un contribuable permettent de déterminer d'une façon différente le seuil qui déclenchera ou non l'imposition des plus-values.

Le franchissement du seuil de cession s'apprécie par référence à la moyenne des cessions de l'année de réalisation de cet événement et des deux années précédentes.

Les cas exceptionnels sont :

▸ le licenciement du contribuable ou de son conjoint ;

▸ la mise à la retraite ou préretraite du contribuable ou de son conjoint ;

▸ l'invalidité du contribuable, du conjoint ou de ses enfants ;

▸ le décès de l'un des époux, divorce ou séparation de corps ;

▸ le règlement judiciaire ou la liquidation des biens du contribuable ou de son conjoint ;

▸ tout autre événement grave apprécié par l'administration fiscale.

EXEMPLE

Soit un contribuable qui réalise en 2008, année de son licenciement, 30 000 € de cessions. Il dépasse alors le seuil de 25 000 €.

En 2006 et 2007, il a réalisé respectivement 20 000 € et 19 000 € de cessions.

Dès lors que la moyenne des cessions de l'année 2008 et des deux années précédentes (2007 et 2006) n'excède pas 25 000 € (30 000 + 20 000 + 19 000 = 69 000 €/3 = 23 000 €), les plus-values réalisées en 2008 ne seront pas taxables.

Les moins-values

Si la différence entre prix d'acquisition et de cession débouche sur une moins-value, celle-ci est déductible des plus-values de l'année (les pertes subies au cours d'une année sont imputables sur les gains de même nature réalisés). Si le solde de l'année est négatif, celui-ci est reportable sur les gains de même nature au cours des dix années suivantes (cinq années auparavant).

Pour bénéficier de ce report, il faut, comme pour les plus-values, que les cessions excèdent le seuil de l'année, actuellement de 25 000 € (20 000 € en 2007, 15 000 € de 2003 à 2006, 7 650 € en 2002, 7 623 € en 2001, 50 000 F auparavant). En effet, une déclaration de plus-values (moins-values) 2074 n'est souscrite que si l'on dépasse le seuil de l'année.

Reports d'imposition

En cas d'échanges de titres, si le seuil de cession est franchi, le contribuable peut demander le report de l'imposition de la plus-value constatée au moment de l'échange, jusqu'au jour de la vente des titres reçus en échange (cela est aussi possible en cas de moins-value).

En cas de report, le montant des échanges n'est pas pris en compte pour l'appréciation des seuils d'imposition applicables aux autres gains nets sur valeurs mobilières réalisées au cours de l'année.

PEA

En cas de plus-values sur un PEA, il y a exonération fiscale (mais pas de contributions sociales) si ce dernier a plus de cinq ans.

S'il y a clôture du PEA avant deux ans et si le seuil de cession est dépassé, un taux spécifique de 22,5 % sur le gain net[1] sera appliqué. Entre deux et cinq ans, on appliquera 16 % sur le gain net si ce même seuil est dépassé. À cette fiscalité s'ajoutent les prélèvements sociaux de 11 % quelle que soit la date de clôture (recouvrés comme pour les autres plus-values).

Il n'y a imposition que si le seuil de cession de l'année de clôture est dépassé (cessions des autres comptes et valeur liquidative du PEA confondues !).

Dans certains cas, le contribuable peut effectuer une compensation entre moins-value du PEA et plus-values de comptes titres classiques ou inversement.

Exonération des plus-values

Depuis le 1er janvier 2006, les plus-values des cessions d'actions ou de parts sociales de sociétés soumises à l'IS sont réduites d'un tiers pour chaque année de détention à partir de la sixième année, et sont par conséquent totalement exonérées au-delà de huit ans de détention.

---

1. Différence entre la valeur liquidative du PEA à la clôture et le total des versements effectués depuis l'ouverture.

Le régime s'applique dès 2006 par les dirigeants qui partent à la retraite. À compter de 2014 pour les autres (2006 + 8 ans).

Attention !

Les contributions sociales restent dues.

Tableau 5.5 – Fiscalité des plus-values

Durée de conservation des titres	Fraction imposable
Moins de 6 ans	100 %
Plus de 6 et moins de 7 ans	66,66 % (2/3)
Plus de 7 et moins de 8 ans	33,33 % (1/3)
À compter de la 9ᵉ année	0 %

Ce nouveau dispositif entraîne donc une exonération totale après huit ans. Ces effets ne seront alors productibles d'effets qu'à compter de 2012 (2006 + 6 ans), et ce n'est par conséquent qu'en 2014 qu'un contribuable (autre qu'un dirigeant partant à la retraite) ayant acquis des titres en 2006 se verra complètement exonéré.

Calcul des plus-values sur valeurs mobilières en cas d'acquisition de titres à différentes dates

Règle du prix de revient

La règle du prix de revient s'applique dans la gestion des titres classiques.

Tableau 5.6 – Règle du prix de revient

	Nombre de titres	Prix d'acquisition	Total
Acquisitions successives	125	37 €	4 625 €
	75	30 €	2 250 €
	150	35 €	5 250 €
Total acquisitions	350	34,64 € (12 125/350)	12 125 €

Règle du premier entré, premier sorti

Compte tenu des nouveaux abattements en vigueur selon les durées de détention, il faut regarder attentivement les dates d'acquisitions de chaque ligne de titres :

Tableau 5.7 – Règle du premier entré, premier sorti

Acquisitions successives		Ventes de 250 titres en 2015		Montant de la plus-value imposable
Date opération	Quantité	Sorties	Fiscalité de la plus-value	
2006	125	- 125	Exonération car détention depuis plus de 6 ans	0,00 €
2009	75	- 75	Plus-value taxée aux 2/3 car détention depuis 7 ans	259 € (2590 x 75/250 x 1/3)
2012	150	- 50	Plus-value taxée intégralement car détention depuis moins de 6 ans	518 € (2590 x 50/250)

Remarques

– Une moins-value sur des actions détenues entre six et huit ans n'est que partiellement imputable (1/3 ou 2/3).

– Une moins-value sur des actions détenues depuis plus de huit ans n'est pas imputable sur les plus-values de la même année, ni reportable sur les plus-values réalisées pendant les dix années suivantes. Elle est définitivement perdue !

Chapitre 6

Les services bancaires

1. La convention de compte

1.1 Notion de contrat

Article 1101 du Code civil

« La convention de compte est une convention par laquelle une ou plusieurs personnes s'obligent envers une ou plusieurs autres à donner, faire ou ne pas faire quelque chose. »

C'est la rencontre de la volonté de deux parties au minimum, un engagement qu'il convient de rendre aussi précis que possible et qui entraîne une relation juridique entre les cocontractants.

Comme tout contrat, la convention de compte nécessite des conditions de fond : capacité des cocontractants, consentement non vicié par l'erreur, le dol ou la violence, cause réelle et licite, objet réel et licite, déterminé ou déterminable.

En matière bancaire, les contrats sont très surveillés et subissent un formalisme lourd. Parfois, les contrats bancaires sont des actes authentiques comportant très souvent des mentions obligatoires (pour en faire la preuve notamment, et également par référence à la protection des consommateurs) et des engagements réciproques (notion de contrats synallagmatiques).

Tout non-respect de la banque ou de ses employés peut mettre en cause la responsabilité de l'établissement ou même du collaborateur (responsabilité civile et/ou pénale).

1.2 La classification du contrat d'ouverture de compte

Les contrats sont regroupés par catégories ayant des caractères communs dont les effets sur la vie du contrat sont les mêmes.

▸ Dans un contrat synallagmatique, si l'un des contractants refuse d'exécuter son obligation, l'autre peut refuser à son tour d'exécuter son obligation ou demander en justice la résolution du contrat.

▸ Dans les contrats unilatéraux, en matière de preuve, un exemplaire de l'écrit soumis à la formalité du « bon pour » suffit.

▸ Dans les contrats à titre onéreux, la responsabilité du contractant est appréciée avec plus de sévérité.

▸ Les contrats à titre gratuit sont étrangers au droit commercial.

▸ Dans les contrats successifs, en cas de nullité, le contrat est résilié, ses effets arrêtent de se produire pour l'avenir.

▸ Dans le contrat *intuitu personae*, l'erreur sur la personne entraîne la nullité du contrat ; le décès d'un contractant met fin au contrat.

1.3 La protection du consommateur par la convention de compte

La convention d'ouverture de compte reprend les engagements de la banque et du client, et notamment :

▸ autorisation et moyens de paiement mis en place et leur réglementation ;

▸ conditions de révision de l'équipement du client ;

▸ information sur la tarification et les conditions de leur réexamen ;

▸ possibilité offerte au client de clore le compte sans frais en cas de « modification substantielle de ses conditions de compte » ;

▸ possibilité qui lui est offerte de s'opposer au traitement commercial des données recueillies ;

▸ information sur les possibilités de médiation.

Figure 6.1 – Classification des contrats

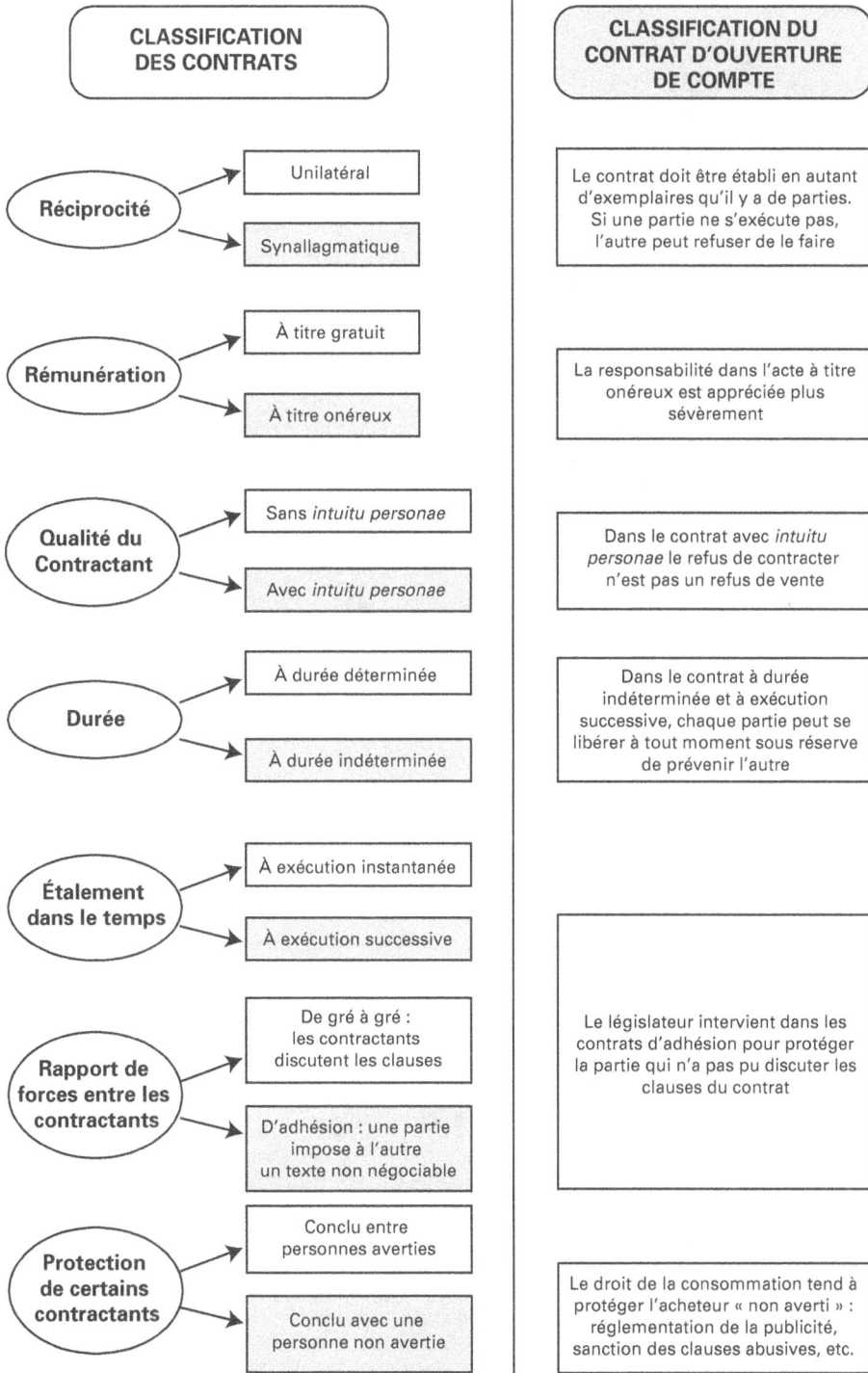

CLASSIFICATION DES CONTRATS		CLASSIFICATION DU CONTRAT D'OUVERTURE DE COMPTE
Réciprocité	Unilatéral / Synallagmatique	Le contrat doit être établi en autant d'exemplaires qu'il y a de parties. Si une partie ne s'exécute pas, l'autre peut refuser de le faire
Rémunération	À titre gratuit / À titre onéreux	La responsabilité dans l'acte à titre onéreux est appréciée plus sévèrement
Qualité du Contractant	Sans *intuitu personae* / Avec *intuitu personae*	Dans le contrat avec *intuitu personae* le refus de contracter n'est pas un refus de vente
Durée	À durée déterminée / À durée indéterminée	Dans le contrat à durée indéterminée et à exécution successive, chaque partie peut se libérer à tout moment sous réserve de prévenir l'autre
Étalement dans le temps	À exécution instantanée / À exécution successive	
Rapport de forces entre les contractants	De gré à gré : les contractants discutent les clauses / D'adhésion : une partie impose à l'autre un texte non négociable	Le législateur intervient dans les contrats d'adhésion pour protéger la partie qui n'a pas pu discuter les clauses du contrat
Protection de certains contractants	Conclu entre personnes averties / Conclu avec une personne non avertie	Le droit de la consommation tend à protéger l'acheteur « non averti » : réglementation de la publicité, sanction des clauses abusives, etc.

1.4 Extraits des textes réglementaires

Article L. 312-1-1

(Loi n° 2001-1168 du 11 décembre 2001 art. 13 I 1° et 2° *Journal officiel* du 12 décembre 2001 en vigueur le 12 décembre 2002)

(Loi n° 2003-706 du 1er août 2003 art. 77 I 2 *Journal officiel* du 2 août 2003)

(Loi n° 2004-1484 du 30 décembre 2004 art. 106 finances pour 2005 *Journal officiel* du 31 décembre 2004)

I. - Les établissements de crédit sont tenus d'informer leur clientèle et le public sur les conditions générales et tarifaires applicables aux opérations relatives à la gestion d'un compte de dépôt, selon des modalités fixées par un arrêté du ministre chargé de l'Économie et des Finances.

La gestion d'un compte de dépôt des personnes physiques n'agissant pas pour des besoins professionnels est réglée par une convention écrite passée entre le client et son établissement de crédit ou les services financiers de La Poste pour tout compte ouvert à compter du 28 février 2003. L'acceptation de ce contrat est formalisée par la signature du ou des titulaires du compte.

Pour les comptes ouverts avant cette date et n'ayant pas fait l'objet d'une convention signée ou tacitement approuvée, un projet de convention de compte de dépôt est fourni au client à sa demande. L'acceptation de ce contrat est formalisée par la signature du ou des titulaires du compte dans un délai maximal de trois mois après l'envoi. Jusqu'au 31 décembre 2009, les établissements de crédit et les services financiers de La Poste sont tenus d'informer au moins une fois par an les clients n'ayant pas de convention de compte de dépôt de la possibilité d'en signer une.

Les principales stipulations que la convention de compte de dépôt doit comporter, notamment les conditions générales et tarifaires d'ouverture, de fonctionnement et de clôture, sont précisées par un arrêté du ministre chargé de l'Économie et des Finances.

Tout projet de modification des conditions tarifaires applicables au compte de dépôt doit être communiqué par écrit au client trois mois avant la date d'application envisagée. L'absence de contestation par le client dans un délai de deux mois après cette communication vaut acceptation du nouveau tarif.

Aucun frais ne peut être prévu par la convention de compte de dépôt ni mise à la charge du client au titre de la clôture ou du transfert d'un compte opéré à la demande d'un client qui conteste une proposition de modification substantielle des conditions et tarifs applicables à son compte de dépôt.

II. - Sauf si la convention de compte en dispose autrement, toutes les opérations en crédit et en débit d'un compte de dépôt doivent être portées à la connaissance du client à intervalle régulier n'excédant pas un mois.

Arrêté du 8 mars 2005 portant application de l'article L. 312-1-1 du code monétaire et financier précisant les principales stipulations devant figurer dans les conventions de compte de dépôt

Article 1 : La gestion d'un compte de dépôt, et notamment ses conditions d'ouverture, de fonctionnement et de clôture, est réglée par une convention écrite passée entre le client et son établissement de crédit ou organisme visé à l'article L. 518-1 du code monétaire et financier.

Au sens du présent arrêté, le terme « compte de dépôt » désigne les comptes de dépôts à vue et les comptes courants postaux ouverts par des personnes physiques n'agissant pas pour des besoins professionnels. Il a vocation à fonctionner en position créditrice.

Ne sont pas concernés par le présent arrêté les comptes soumis à une réglementation particulière, notamment les comptes sur livret, les comptes d'instruments financiers et les comptes espèces qui leur sont spécifiquement associés.

Article 2 : La convention de compte de dépôt précise :

– la durée de la convention et, le cas échéant, ses conditions de renouvellement, ses modalités d'évolution et leur opposabilité ;

– les finalités des traitements mis en œuvre par l'établissement de crédit, les destinataires des informations, le droit de s'opposer à un traitement des données à des fins de prospection commerciale ainsi que les modalités d'exercice du droit d'accès aux informations concernant le client, conformément aux lois en vigueur ;

– les modalités d'ouverture d'un compte de dépôt ;

– les produits et services dont le client bénéficie ou peut bénéficier dans le cadre de la gestion du compte de dépôt. À ce titre, la convention informe le titulaire du compte des modalités d'obtention, de fonctionnement et de retrait des moyens de paiement. La convention indique également si, à la date de sa conclusion, le titulaire du compte de dépôt dispose d'un chéquier. En cas de non-délivrance immédiate, la situation du titulaire du compte de dépôt est réexaminée périodiquement. La convention informe le titulaire du compte de dépôt sur les modalités de réexamen.

Si le titulaire du compte de dépôt dispose d'autres moyens de paiement, la convention le mentionne en renvoyant, le cas échéant, à une convention spécifique, dont elle précise l'objet et qui lui est annexée. Cette convention annexe fixe les conditions d'utilisation de ces moyens de paiement, en particulier les modalités d'obtention, de fonctionnement et de retrait de ces moyens de paiement ainsi que les tarifs applicables aux opérations correspondantes :

– des procédures de traitement des incidents de fonctionnement du compte de dépôt et des moyens de paiement mentionnés au 4 (a) ci-dessus, ainsi que des procédures à suivre pour faire opposition à une opération. La convention de compte de dépôt rappelle la réglementation sur le chèque sans provision. La convention invite le titulaire du compte de dépôt à préciser les moyens par lesquels l'établissement peut, le cas échéant, le joindre afin de l'informer, en application de l'article L. 131-73 du code monétaire et financier, avant d'en refuser le paiement, des conséquences du défaut de provision d'un chèque qu'il aurait émis ;

– des modalités d'information du client sur les mouvements qui ont affecté son compte. La convention doit prévoir de rendre compte périodiquement de toutes les opérations en crédit et en débit qui ont affecté le compte de dépôt. Sauf si la convention en dispose autrement, toutes les opérations en crédit et en débit d'un compte de dépôt doivent être portées à la connaissance du client à intervalle régulier n'excédant pas un mois ;

– les commissions, tarifs ou principes d'indexation applicables à l'ouverture du compte de dépôt, aux produits et services visés au point 4, y compris lorsqu'ils font l'objet de conventions spécifiques annexées, à la gestion du compte de dépôt ainsi que ceux applicables aux incidents de fonctionnement du compte de dépôt ou des moyens de paiement ;

– les dates de valeur lorsqu'elles sont appliquées par l'établissement ;

- conformément à l'article L. 312-1-1 du code monétaire et financier, que tout projet de modification du tarif visé au point 5 sera communiqué par écrit au client trois mois avant la date d'application envisagée et que l'absence de contestation par le client dans un délai de deux mois après cette communication vaut acceptation du nouveau tarif ;
- les conséquences d'une position débitrice non autorisée, les conditions dans lesquelles le titulaire du compte de dépôt en est informé ainsi que le tarif applicable. Si l'établissement décide d'accorder à sa clientèle une position débitrice autorisée de moins de trois mois, la convention le mentionne et renvoie, le cas échéant, à une convention spécifique, dont elle précise l'objet et qui lui est annexée. Cette convention fixe les conditions d'utilisation de ce découvert autorisé, les commissions pratiquées et les principes d'indexation ;
- les obligations d'information à la charge du client. Le client doit notamment signaler sans délai à son établissement tout changement intervenu dans les informations qu'il a fournies lors de l'ouverture du compte de dépôt et ultérieurement ;
- les obligations de confidentialité à la charge du teneur de compte, sous réserve des exceptions prévues par la réglementation ou définies conventionnellement ;
- les modalités de procuration. La convention précise la possibilité de donner procuration, la portée d'une procuration ainsi que les conditions et les conséquences de sa révocation ;
- les modalités de fonctionnement d'un compte de dépôt joint, notamment au regard de l'interdiction bancaire ;
- les conditions de transfert, de résiliation et de clôture du compte de dépôt. La convention de compte de dépôt précise les conditions applicables en cas de clôture du compte de dépôt, notamment les délais de préavis. En cas de modification substantielle de la convention, conformément à l'article L. 312-1-1 du code monétaire et financier, la convention doit rappeler au client qu'aucuns frais ne peuvent être mis à sa charge au titre de la clôture ou du transfert d'un compte de dépôt opéré à sa demande suite à une contestation de sa part sur cette modification. La convention doit également rappeler l'article L. 312-1 du code monétaire et financier aux termes duquel toute personne dépourvue d'un compte de dépôt et qui s'est vue refuser l'ouverture d'un tel compte par l'établissement choisi peut demander à la Banque de France de lui désigner un établissement, qui sera alors tenu de fournir gratuitement l'ensemble des produits et des services énumérés par l'article 1er du décret du 17 janvier 2001 susvisé relatif aux services bancaires de base ;
- le sort du compte de dépôt au décès du ou de l'un des titulaires de ce compte ;
- l'existence d'un médiateur bancaire pouvant être saisi gratuitement en cas de litige né de l'application de la convention de gestion du compte de dépôt, ainsi que les modalités d'accès à ce médiateur. L'existence de la médiation et ses modalités d'accès doivent faire l'objet d'une mention sur les relevés de compte.

Article 3 : Lorsqu'un compte de dépôt est ouvert, en application de l'article L. 312-1 du code monétaire et financier, la convention de compte de dépôt correspondante doit, en outre, prévoir la fourniture gratuite de l'ensemble des produits et des services énumérés par l'article 1er du décret du 17 janvier 2001 susvisé relatif aux services bancaires de base.

Article 4 : Le présent arrêté sera publié au *Journal officiel de la République française*.

Fait à Paris, le 8 mars 2005. Thierry Breton

1.5 Loi MURCEF du 11 décembre 2001

L'année 2001 s'est révélée riche en mesures relatives à la protection des consommateurs de services bancaires, au crédit à la consommation et au traitement du surendettement.

Cette loi du 11 décembre 2001, dite « MURCEF », a mis en place des dispositions concernant des relations commerciales avec les banques. L'accent a été porté sur :

▸ la contractualisation de la relation bancaire ;

▸ l'allégement des frais liés aux incidents de paiement ;

▸ l'accès à un dispositif de médiation bancaire.

1.6 Le Comité Consultatif du Secteur Financier (CCSF)

Suite à la loi sur la sécurité financière du 1er août 2003, le CCSF remplace le Conseil National du Crédit et du Titre (CNCT) et son Comité consultatif.

Il est chargé d'étudier les questions liées aux relations entre les établissements financiers et leur clientèle, particuliers ou entreprises. Son champ de compétence s'étend à l'ensemble du secteur financier :

▸ établissements de crédit ;

▸ assurances ;

▸ entreprises d'investissement.

Il peut « s'autosaisir » ou être saisi par le ministre de l'Économie ou les organisations représentatives des professionnels ou des consommateurs.

**Tableau 6.1 – Calendrier des mesures
mises en place depuis 2002**

Dates	Mesures ou engagements
2002	– Mise en place d'un service de médiation dans chaque banque – Chaque client peut recourir à un médiateur indépendant
2003	– Généralisation des conventions de compte – Information préalable (3 mois) sur toute modification de prix
2004	– Lancement d'une négociation dans le cadre du CCSF entre les banques et les associations de consommateurs sur la transparence des services bancaires – 2e réunion CCSF : étude de propositions relatives à la lisibilité des frais et relevés de compte, la garantie d'un accès gratuit pour tous à la liquidité, la tarification des incidents de paiement, l'efficacité du droit au compte, les frais de clôture et la diffusion des conventions de compte – Communication par la FBF des engagements et planning d'entrée en vigueur ...∕...

2005	– Gratuité de la clôture de compte (comptes à vue, comptes sur livrets) pour faciliter le changement de banque – Disponibilités des tarifs (en agence, sur Internet) – Guide de la mobilité (sur www.fbf.fr) – Lettre type informative lors d'un refus d'ouverture de compte – Faciliter la lecture des frais et des relevés de compte – Accès gratuit aux espèces dans son agence – Renforcement de l'assistance aux personnes en difficulté, notamment pour utiliser les DAB – Amélioration de la situation des clients en cas d'incident de paiement par chèque (forfaitisation des frais par chèque sans provision, deux forfaits pourront être distingués selon une régularisation dans ou en dehors des délais légaux) – Information des conséquences des incidents (SMS, e-mail, lettre), délai de régularisation de 7 jours – Mise en place d'une gamme alternative de moyens de paiement pour les clients sans chéquier – Élaboration d'un lexique des termes usuels pour faciliter la comparaison des opérations courantes – Envoi d'une lettre spécifiquement consacrée à l'information sur les opérations de compte pour les personnes n'ayant pas encore demandé de convention (renouvellement jusqu'en 2009) – Finalisation des travaux sur la clarté des relevés de compte – Fourniture par la banque de départ à un client souhaitant changer de banque d'une liste des opérations automatiques et récurrentes
2006	– Mise en place d'une nouvelle procédure de droit au compte permettant à une personne physique de solliciter la banque pour qu'elle fasse elle-même les démarches auprès de la Banque de France pour l'activation de ce droit dans un délai maximal de deux jours ouvrés – Élaboration d'un plan de développement d'accompagnement social des personnes en difficulté – Engagement des banques à accompagner individuellement les clients en difficulté concernant le cumul des frais de rejets, afin d'opérer une remise partielle ou totale des frais bancaires de façon appropriée à la situation spécifique de chaque client – Renforcement de l'information des consommateurs sur l'intérêt du prélèvement automatique – Simplification et harmonisation des libellés des paiements par carte afin de faciliter l'identification des achats sur les relevés de compte
2007	– Plafonnement des frais bancaires pour les rejets de chèques et de prélèvements (décret du 16 novembre 2007) – Adoption d'un récapitulatif annuel de frais à compter du 1er janvier 2009

2. La banque à distance

2.1 Historique

Ces dernières années, les banques européennes ont massivement investi dans des solutions dédiées aux banques de détail en ligne et peu investi pour développer l'Internet à l'usage du segment *Corporate*. Les banques ont besoin de renforcer l'Internet afin de cimenter leurs relations avec leurs principaux clients *Corporate* et prévenir leur départ.

Le développement en France des services bancaires et financiers sur Internet a été très dynamique : 86 banques proposaient un site Internet en 1999, et plus de 130 en 2001.

Ce phénomène s'est largement diffusé dans les pays développés. En France, le nombre d'internautes représente environ 15 % de la population et devrait connaître une forte croissance dans les prochaines années grâce aux multiples modalités d'accès proposées (ordinateur, téléphones mobiles, agendas électroniques, télévision).

La banque à distance propose différents moyens pour interroger son compte :

▸ Internet ;

▸ téléphone fixe ou mobile ;

▸ Minitel ;

▸ Audiotel ;

▸ courrier ;

▸ DAB (Distributeur Automatique de Billets)/GAB (Guichet Automatique de Banque) ;

▸ fax ;

▸ plate-forme d'appels entrants et sortants.

Sur les 22 millions de personnes ayant un accès au Web, quel qu'il soit, 1,6 million d'entre elles a consulté un site bancaire ou financier en septembre 2004. Par ailleurs, les mesures d'audience réalisées sur Internet montrent que 60 % des utilisateurs du Web sont des hommes de moins de 35 ans, plus de 75 % d'entre eux ayant des revenus supérieurs à 2 300 €.

La proximité est un atout, et les transactions s'effectuent aux guichets. Cette multiplication d'agences bancaires place désormais la France parmi les pays européens les mieux équipés avec une agence pour 1 500 habitants. Cependant, les consommateurs sont de plus en plus préoccupés par la gestion de leur temps. En réponse, les banques, pour des raisons productivistes, développent l'externalisation avec les DAB/GAB et la banque à distance.

Pourtant les banques ne sont pas toujours satisfaites car les DAB/GAB occupent une part importante dans la relation banque/client (jusqu'à environ 40 % de l'activité).

Les banques vont alors développer la banque à distance par l'intermédiaire d'Internet. Les services offerts sur le Net sont les mêmes qu'en agence, mais les internautes n'ont pas à se déplacer ni à faire la queue. L'internaute doit tout simplement justifier de son identité en fournissant un code client et un code personnel qu'il aura choisi. Il peut alors :

- consulter le détail de toutes les opérations passées sur le compte courant ;
- effectuer un virement ;
- commander un chéquier ;
- imprimer un RIB ;
- envoyer un mail à son chargé de clientèle ;
- accéder au service « Bourse » ;
- enregistrer une opposition ;
- etc.

Ainsi, la banque va donc avoir la possibilité de fidéliser la clientèle, d'accéder à des marchés plus larges et de gagner en productivité.

La banque à distance permet également une facturation au juste prix des prestations de services aux clients, en réduisant les coûts des opérations, et une offre plus personnalisée.

2.2 Les risques soulevés par Internet

- Insécurité des transactions.
- Perte du côté relationnel.
- Perte du formalisme de l'écrit papier encore indispensable aujourd'hui.
- Fermeture des petites structures.
- Risques commerciaux.
- Risques en termes de bon déroulement/finalité de l'opération.
- Risques techniques.
- Risques de piratages.

2.3 Les avantages de la banque en ligne

Tableau 6.2 – Les avantages de la banque en ligne

Pour la banque	Pour le client
– Porteur d'opportunité	– Porteur d'opportunité
– Baisse des coûts de traitement des opérations	– Clients plus impliqués dans le processus des opérations
– Facilite les opérations	– Responsabilise le client
– Redéploiement des effectifs dans des domaines plus intéressants	– Rapidité
– Conquête d'une nouvelle clientèle	– Gain de temps (déplacements coûteux)
– Élargissement de l'amplitude horaire (on peut vendre, souscrire en ligne)	– Service disponible 24 h/24 et 7 jours/7
	– Transparence du marché (possibilité de consulter facilement les sites concurrents)

Tous les grands établissements financiers français se sont désormais placés sur le secteur de la banque à distance. Ces nouvelles banques peuvent proposer à leurs clients des tarifs avantageux étant donné qu'elles n'ont pas, ou très peu, de dépenses de représentation, si ce n'est par voie publicitaire.

La banque à distance fait baisser les tarifs bancaires : selon une étude du *World Retail Banking Report* 2006 les tarifs des services bancaires ont diminué de 8,5 % en 2005. Le tarif moyen facturé aux clients actifs dans l'Hexagone ressort à 74 € (la moyenne européenne est à 73 €). Cette étude montre la montée en puissance des canaux de distribution à distance (Internet, téléphone…) dans la fourniture de services et la vente de produits. Près d'un tiers des achats et services bancaires sera réalisé par ces canaux d'ici 2010 contre 14 % aujourd'hui.

3. La location de coffre-fort

3.1 Le coffre en agence

C'est un service proposé dans la plupart des agences bancaires, permettant de déposer des objets personnels (valeurs, documents…) et bénéficier de cette façon de la protection de la chambre forte (salle des coffres) sécurisée de la banque ; sécurisation par des moyens de protection de type alarme, détecteur de présence, caméras…

Le client signe un contrat de location qui lui permet de bénéficier de la mise à disposition d'un compartiment pour une durée généralement d'un an, renouvelable par tacite reconduction. Afin de répondre à des besoins spécifiques et pour permettre une optimisation de ce service, des établissements bancaires peuvent proposer :

▸ des locations saisonnières (au mois, pour les vacances…) ;

▸ des locations à des non-clients (un dépôt de garantie est alors exigé).

Dans le cadre de la mise en place de ce service, il peut être demandé (principalement aux non-clients) un dépôt de garantie pour les éventuels loyers impayés et couvrant une ouverture forcée en cas de disparition du locataire.

L'accès au coffre est libre et gratuit. Cet accès est sécurisé par un accompagnement systématique d'un employé de la banque qui utilisera une clé spécifique qui déverrouillera l'accès au coffre et permettra son ouverture grâce à la clé possédée par le titulaire. Un mandataire peut également être désigné, mais une seule et unique clé (la banque ne possède pas de double) est délivrée au titulaire. En cas de perte de celle-ci, seule une ouverture par la société de maintenance de la salle des coffres, et en présence du client, peut procéder à son ouverture forcée. Si le coffre est bloqué dans le cadre d'une succession, l'accès en est ainsi impossible sans la présence du notaire et des héritiers.

Le coût de la location dépend bien souvent de la taille du coffre loué et de la garantie financière souhaitée par le client en cas de hold-up ! C'est au client d'apporter la preuve du contenu du coffre dans le cas d'un sinistre (hold-up, incendie…).

3.2 Le coffre virtuel

Les banques, mais également des sociétés indépendantes non bancaires, proposent désormais des coffres virtuels dénommés « e-coffre » permettant d'enregistrer des documents sur une base de données sécurisée.

Le principe consiste à adresser à l'aide d'un support informatique (clé USB, CD-Rom…) ou par télétransmission (e-mail, télécopie…) les documents que l'on souhaite mettre à l'abri de tout risque de perte, de destruction, de vol.

Ce service permet de pouvoir retrouver instantanément et de façon durable un document utile, important, officiel grâce à un accès confidentiel et protégé.

4. Les services à la personne

Les services à la personne constituent une gamme de services rendus à domicile et permettant d'obtenir des avantages fiscaux. Chaque foyer fiscal peut, chaque année, déduire de son impôt net à payer 50 % des sommes versées pour payer des prestations de services à la personne, dans la limite de 12 000 € par an et par foyer fiscal (plafond porté à 15 000 € par an pour les seniors et les personnes handicapées ou dépendantes) pour la plupart des services à la personne, sauf :

▸ le petit bricolage, dit « homme toutes mains » (plafond de 500 €) ;

▸ l'assistance informatique et Internet (plafond de 1 000 €) ;

▸ le petit jardinage (plafond de 1 500 €).

Tableau 6.3 – Les services à la personne

Type de service	Prestations proposées	Particularités
Aide personnelle	– Accompagnement dans les actes de la vie courante (lever, coucher, toilette, habillage…) – Assistance dans les activités de la vie sociale et relationnelle – Soutien des activités intellectuelles, sensorielles et motrices	Les soins médicaux sont exclus
Assistance informatique et Internet	Cours d'assistance informatique et Internet (installation, mise en service, maintenance, apprentissage…)	Prestation plafonnée à 1 000 €/an
Bricolage	Interventions élémentaires sur équipements domestiques	Prestation plafonnée à 500 €/an
Conduite de la voiture	Aide à la conduite en complément d'un autre service à la personne afin de permettre des déplacements privés ou professionnels	Réservé aux personnes dépendantes
Démarches administratives	Aide à rédiger le courrier, à compléter des formulaires administratifs	
Garde d'enfant	Prise en charge des besoins divers tels que la toilette, les repas, la surveillance, l'accompagnement extérieur…	Possibilité d'accompagnement dans les transports publics
Jardinage	Réalisation de petits travaux de jardinage	Plafonné à 3 000 €/an
Livraison de courses	Aide venant en complément d'une prestation autre de service à la personne	En complément d'un ensemble d'activités effectuées à domicile

Livraison de repas	Possibilité d'obtenir une livraison de repas au choix de l'abonné	En complément d'un ensemble d'activités effectuées à domicile
Ménage, repassage	Entretien du domicile et du linge de maison	
Préparation de repas	Cuisine, achats des denrées, vaisselle et rangement peuvent être proposés	En complément d'un ensemble d'activités effectuées à domicile
Soins esthétiques	Aide à domicile pour un soin esthétique, maquillage, soins des mains et des pieds, par exemple	Réservé aux personnes dépendantes
Sorties accompagnées	Accompagnement dans le cadre d'une promenade pédestre	Services rendus aux personnes âgées ou handicapées en complément d'un ensemble d'activités effectuées à domicile
Soutien scolaire, cours	Accompagnement dans les devoirs, exercices dirigés, révisions, soutien scolaire. Service qui inclut également des cours à domicile (adultes compris)	Service rendu à domicile obligatoirement pour bénéficier des avantages fiscaux
Téléassistance	Mise à disposition d'un appareil électronique d'alerte en cas de difficulté, de malaise, de besoin urgent et fonctionnant 7 j/7 et 24 h/24	

5. Les services aux professionnels

La banque à distance

À l'instar des particuliers, les banques proposent à leur clientèle professionnelle un accès à distance pour leur compte bancaire au moyen de :

▸ Internet ;

▸ plate-forme d'assistance ;

▸ information et gestion sur leur téléphone portable.

Les services au quotidien

Des conventions de services appelées également « package de services » permettent aux professionnels de bénéficier à un prix avantageux d'un ensemble de produits et services :

▸ carte bancaire ;

▸ facilité de caisse ;

▸ accès Internet ;

▸ assurance moyens de paiement ;

▸ …

Les encaissements

Les services dédiés sont principalement liés au paiement par carte, par exemple :

▸ la mise à disposition d'un appareil monétique ;

▸ la possibilité de sécuriser des paiements sur Internet en faveur du professionnel ;

▸ la mise en place d'une option de paiement fractionné par carte ;

▸ la fourniture d'un équipement de paiement unique pour la carte bancaire et la carte vitale pour les professions de santé.

Les paiements

La banque propose à ses clients professionnels une gamme de services tels que :

▸ la carte bleue dédiée à l'activité professionnelle ;

▸ la sécurisation des paiements sur Internet grâce à la carte virtuelle ;

▸ l'optimisation des instructions de paiement des effets de commerce ;

▸ la mise à disposition de chèque emploi très petite entreprise (TPE).

Les assurances

Afin de se protéger dans le cadre de son activité et de protéger ses proches, le professionnel disposera d'une gamme étendue d'assurance de type :

▸ multiprévoyance professionnelle ;

▸ complémentaire santé ;

▸ assurance des recettes et des moyens de paiement en cas de vol ou de perte ;

▸ protection juridique.

Chapitre 7

Le crédit aux particuliers

1. Initiation aux mathématiques financières

1.1 Intérêts

Intérêts simples

Le montant des intérêts I s'exprime comme une quantité proportionnelle au capital prêté C, au taux d'intérêt t et à la durée du prêt D. La formule mathématique est la suivante :

$$I = C \times t \times D$$

Intérêts pré ou postcomptés : deux modes de versement des intérêts sont envisageables, soit en début de période (on parle alors d'intérêts précomptés), soit en fin de période (on parle alors d'intérêts postcomptés).

Intérêts composés

Un capital est placé à intérêts composés quand, à la fin de chaque période (dite de capitalisation), les intérêts sont rajoutés au capital pour porter eux-mêmes intérêts. Au bout de n périodes de capitalisation, la valeur acquise Cn d'un capital Co placé au taux périodique i est :

$$Cn = Co(1+i)^n$$

1.2 Taux

Taux proportionnels

Deux taux sont dits proportionnels si leur rapport est égal au rapport de leur capitalisation respective. Le taux proportionnel annuel T est donc simplement le taux périodique multiplié par le nombre de périodes dans l'année :

▸ si t est un taux mensuel $T = t \times 12$;

▸ si t est un taux trimestriel $T = t \times 4$;

▸ si t est un taux annuel $T = t$.

Taux actuariel (ou taux équivalent annuel)

Deux taux sont équivalents s'ils génèrent pour un capital et une durée donnés, mais des périodes de capitalisation différentes, un même flux d'intérêts. Il s'agit, par exemple, de comparer un compte à terme à intérêts capitalisés tous les mois avec un compte sur livret à intérêts capitalisés annuellement.

Soit 1 000 le capital placé sur un compte à terme à un taux proportionnel de 3 % par an. Les intérêts sont capitalisés mensuellement. La formule des intérêts composés permet de trouver le capital Cn au bout d'un an de placement :

$$Cn = 1\ 000 \times (1 + 3\ \% / 12)^{12} = 1\ 030,42$$

Le taux équivalent annuel pour ce placement est ainsi de 3,042 % ; c'est le taux auquel il faudrait placer le capital pour qu'il rapporte le même montant d'intérêts si les intérêts étaient capitalisés annuellement.

Le taux actuariel a une fonction de comparaison des différentes solutions de placement. La formule mathématique s'écrit :

$$I\ actuariel = (1 + I\text{périodique})^n - 1$$

où n est le nombre de périodes de capitalisation.

Tableau 7.1 – Les différents taux

Taux périodique	Taux proportionnel annuel	Taux actuariel
1 % mensuel	12 %	12,68 %
3 % trimestriel	12 %	12,55 %
6 % semestriel	12 %	12,36 %
12 % annuel	12 %	12,00 %

1.3 Les modes de remboursement

Par le prêt, la banque met à la disposition de son client un capital que celui-ci s'engage à rembourser. Sont fixés contractuellement les modalités de remboursement, notamment la durée, le taux d'intérêt, les frais, garanties et assurances.

Le mode de remboursement d'un crédit obéit toujours à la même logique décrite dans le tableau d'amortissement qui se présente toujours sous cette forme :

Tableau 7.2 – Tableau d'amortissement

Date échéance	Capital restant dû	Intérêts payés	Capital payé	Montant échéance
Date 1	Capital initial Co	Co × taux du prêt	Amortissement 1	Échéance 1
Date 2	CRD1 = Co - amort1	CRD1 × taux du prêt	Amortissement 2	Échéance 2
Date 3	CRD2 = CRD1 - amort2	CRD2 × taux du prêt	Amortissement 3	Échéance 3

> ‣ Le montant de l'échéance est égal à la somme des intérêts payés + le capital remboursé à une date donnée.

> ‣ Le capital restant dû est calculé en retranchant la part amortissement de l'échéance au capital dû.

> ‣ Les intérêts payés sont calculés par rapport au capital restant dû par le taux d'intérêt du crédit.

Soit un prêt de 30 000 € au taux de 6 % par an remboursement annuel capital constant en 3 ans :

Date	Capital restant dû	Intérêts payés	Capital payé	Montant échéance
Année 1	30 000	1 800	10 000	11 800
Année 2	20 000	1 200	10 000	11 200
Année 3	10 000	600	10 000	10 600

Le coût total du crédit est de 3 600 €.

C'est le montant de l'échéance qui varie. Le montant du capital payé est identique. Ce type de crédit est assez utilisé dans le financement aux entreprises.

Le remboursement d'un prêt à échéance constante E est calculé de la sorte que le capital prêté Co est égal à la somme actualisée au taux du prêt i des remboursements du client pendant la durée n du prêt.

$$Co = E/(1+i) + E/(1+i)^n + E/(1+i)^n + \ldots\ldots + E/(1+i)^n$$

Nous sommes en présence d'une suite géométrique de premier terme 1 et de raison $1/(1+i)$, d'où :

$$E = Co \times i/[1-1/(1+i)^n]$$

Soit le prêt de 30 000 € au taux de 6 % remboursable par annuités constantes sur trois ans, l'échéance à rembourser sera égale à :

$$30000 \times 6\%/[1-1/(1,06)^n] = 11\,223,29 \text{ €}$$

Le tableau d'amortissement se présente sous cette forme :

Date	Capital restant dû	Intérêts payés	Capital payé	Montant échéance
Année 1	30 000,00	1 800,00	9 423,29	11 223,29
Année 2	20 576,71	1 234,60	9 988,69	11 233,29
Année 3	10 588,02	635,28	10 588,02	11 233,29

Le coût total du crédit est de 3 669,88 € plus cher que dans le cas du remboursement capital constant.

Remboursement échéance à terme échoir (d'avance)

Toutes les échéances sont avancées d'une période par rapport à un type de remboursement traditionnel (échéance en fin de période). La première échéance est payée simultanément au déblocage du crédit. L'égalité entre capital prêté et somme des valeurs actuelles des remboursements au taux du prêt s'écrit de la même façon. D'où on tire l'échéance constante de début de période :

$$E = (1 + i)^{-1} \times Co \times i/[1-1/(1+i)^n]$$

Cas particulier de remboursement d'avance : crédit-bail ou location avec option d'achat (LOA). Dans ce cas, il y a souvent une valeur résiduelle qui correspond au montant que le client doit payer s'il veut devenir propriétaire du matériel qu'il louait. Là encore, l'égalité entre capital prêté et somme actualisée des remboursements au taux du prêt est vérifiée.

Remboursement *in fine*

Dans ce type de remboursement, le débiteur ne paie périodiquement que les intérêts, la totalité du capital étant remboursée en une seule fois à la fin. Ce type de prêt est risqué pour la banque puisqu'une défaillance du client entraîne la perte de la totalité du capital. Ce type de prêt est utilisé dans l'attente de la vente d'un bien immobilier ou dans le cadre de montages fiscaux dans le cas où les intérêts seraient totalement déductibles.

La banque exige généralement un placement en garantie qui, en se capitalisant, assure le remboursement du capital à l'échéance.

Franchise

Il existe deux types de franchises :

▸ franchise partielle : le client ne paie que les intérêts pendant la franchise ;

▸ franchise totale : le client ne paie ni capital ni intérêt pendant la période de franchise. Les intérêts sont capitalisés au taux du prêt.

EXEMPLE

Soit un prêt immobilier de 100 000 € sur 15 ans au taux de 5 % avec une franchise de 2 ans.

– Si la franchise est partielle, le client paiera 5 000 € d'intérêts par an pendant 2 ans puis amortira son crédit de 100 000 € sur 13 ans en remboursant 873,06 € par mois.

– Si la franchise est totale, le client ne paiera rien pendant 2 ans, mais les intérêts se capitaliseront mensuellement au taux du prêt pendant 2 ans ; le capital à rembourser sur 13 ans sera de 110 494,13 €, soit un remboursement de 964,68 € par mois.

Calcul du Taux Effectif Global (TEG) et du Taux de Rendement Interne (TRI)

Le TEG est le taux d'un prêt exprimé en mode proportionnel annuel, qui prend en compte tous les frais annexes tels que les frais de dossier, de timbre, d'assurance…

Pour calculer le TEG, on retranche les frais de dossier au capital emprunté, on ajoute l'assurance aux échéances de crédit et on recherche le taux proportionnel qui égalise ce capital et la somme actualisée des nouveaux flux du crédit. Compte tenu de la complexité de ce calcul, un mode itératif est proposé et l'utilisation de la calculatrice financière est indispensable.

Le TRI est la version actuarielle du TEG. Le TRI a l'avantage de tenir compte en plus des frais de la périodicité de remboursement qui a un impact sur le coût réel pour l'emprunteur. Rappelons qu'un taux proportionnel de 5 % en remboursement mensuel correspond à un taux actuariel de 5,12 %.

2. Le crédit à la consommation

Le crédit à la consommation est régi par la loi sur le crédit mobilier du 10 janvier 1978 plus commodément appelé loi Scrivener 1. Les articles de cette loi sont aujourd'hui codifiés dans le code de la consommation, articles L. 311-1 à 37.

Est appelé crédit à la consommation l'ensemble des crédits régi par cette loi, à savoir :

- ▸ l'offre préalable de découvert en compte ;
- ▸ le crédit personnel ;
- ▸ le crédit permanent ;
- ▸ la location avec option d'achat ;
- ▸ certains crédits travaux.

Certaines opérations de crédit ne constituent pas des crédits à la consommation et ne bénéficient pas de leur protection :

- ▸ les prêts d'une durée inférieure ou égale à trois mois ;
- ▸ les prêts d'un montant supérieur à 21 500 € ;
- ▸ les prêts se rapportant à une activité professionnelle ;
- ▸ les prêts passés devant notaire ;
- ▸ les crédits immobiliers.

Par extension, on le verra plus loin, ces articles ne s'appliquent donc pas aux facilités de caisse.

2.1 La réglementation

Champ d'application

Cette dernière s'applique à tous les crédits d'une durée supérieure à trois mois et d'un montant inférieur ou égal à 21 500 €. La publicité pour le crédit à la consommation est particulièrement réglementée (mentions obligatoires, TEG, etc.).

La publicité pour le crédit gratuit (paiement en x fois sans frais par exemple) est aussi réglementée. Dès que figure la mention crédit gratuit, l'établissement prêteur doit indiquer le montant de l'escompte consenti en cas de règlement comptant.

Le contrat de crédit

Le contrat de crédit est appelé offre préalable. Celle-ci est valable au moins quinze jours et doit être établie en autant d'exemplaires que de parties en présence.

L'offre préalable doit comporter des mentions obligatoires, entre autres, l'identité des parties, le montant du crédit accordé et le taux actuariel effectif global (TAEG) annuel du crédit.

L'offre préalable doit préciser, si l'assurance est obligatoire pour le financement, la faculté de souscrire une assurance auprès de l'assureur de son choix. Si elle est facultative, elle indique les modalités permettant de ne pas y adhérer. Lorsqu'il y a proposition d'assurance, l'offre préalable comporte une notice avec les conditions générales de l'assurance (nom, adresse de l'assureur, durée, risques couverts et exclus).

Les parties en présence disposent chacune d'un délai de rétractation de sept jours à compter de leur acceptation pour revenir sur leur engagement. Afin de permettre cet exercice, l'établissement de crédit doit obligatoirement joindre un formulaire détachable à son offre préalable.

Remboursement anticipé

Le remboursement anticipé est toujours possible, toutefois, le prêteur peut exiger un minimum de remboursement actuellement de la contre-valeur de trois échéances de crédit.

Pour tous les crédits à la consommation souscrits depuis le 1er janvier 1990 et régis par le code de la consommation, l'emprunteur peut demander le remboursement anticipé sans frais.

Par exclusion, un crédit sortant de ce champ, par exemple de 30 000 € (car supérieur à 21 500 €), pourra faire l'objet de frais pour remboursement anticipé. Dans la pratique, les établissements prélèvent une indemnité de 4 % du capital restant dû, mais ce pourcentage ne connaît pas de limites.

Défaillance de l'emprunteur

En cas de défaillance de l'emprunteur, le prêteur pourra exiger le remboursement immédiat du capital restant dû, majoré des intérêts échus et non payés. Jusqu'à la date du règlement effectif, les sommes restant dues produisent les intérêts de retard à un taux égal à celui du prêt.

En outre, le prêteur pourra demander à l'emprunteur défaillant une indemnité qui, dépendant de la durée restant à courir du contrat, pourra être au maximum de 8 % du capital restant dû.

2.2 Les cas particuliers

Le crédit affecté

Le crédit affecté est un crédit personnel auquel on affecte un objet dans le contrat de crédit. Il a un avantage particulier, celui d'offrir un délai de rétractation réduit aux parties prenantes.

Le délai passe de sept à trois jours, mais avec quelques règles à respecter :

▸ mention manuscrite des parties prenantes de leur volonté de réduire le délai de rétractation ;

▸ bien ou service immédiatement disponible.

Enfin, ce type de crédit fait jouer l'interdépendance des contrats et ainsi rend possible l'annulation d'un acte d'achat en cas de rétractation du contrat de crédit. C'est pourquoi, la plupart des concessionnaires auto-mobiles font figurer dans les bons de commande de véhicules si l'achat est effectué à crédit ou non.

Le crédit permanent

Pour les crédits permanents, l'offre préalable est obligatoire pour le contrat initial et pour toute augmentation du crédit consenti :

▸ elle précise que la durée du contrat est limitée à un an renouvelable et que le prêteur devra indiquer, trois mois avant l'échéance, les conditions de reconduction du contrat ;

▸ elle fixe également les modalités du remboursement, qui doit être échelonné, sauf volonté contraire du débiteur, des sommes restant dues dans le cas où le débiteur demande à ne plus bénéficier de son ouverture de crédit.

L'emprunteur doit pouvoir s'opposer aux modifications proposées, lors de la reconduction du contrat, jusqu'à au moins vingt jours avant la date où celles-ci deviennent effectives, en utilisant un bordereau réponse annexé aux informations écrites communiquées par le prêteur.

L'emprunteur peut également demander à tout moment la réduction de sa réserve de crédit, la suspension de son droit à l'utiliser ou la résiliation de son contrat. Dans ce dernier cas, il est tenu de rembourser, aux conditions du contrat, le montant de la réserve d'argent déjà utilisé.

En cas de refus des nouvelles conditions de taux ou de remboursement proposées lors de la reconduction du contrat, l'emprunteur est tenu de rembourser aux conditions précédant les modifications proposées, le montant de la réserve d'argent déjà utilisé, sans pouvoir procéder à une nouvelle utilisation de l'ouverture de crédit.

Depuis la loi Châtel applicable à partir du 1er septembre 2005, si, pendant trois années consécutives, le contrat d'ouverture de crédit ou tout moyen de paiement associé n'a fait l'objet d'aucune utilisation, le prêteur qui entend proposer la reconduction du contrat adresse à l'emprunteur, à l'échéance de la troisième année, un document annexé aux conditions de cette reconduction.

Ce document indique l'identité des parties, la nature de l'opération, le montant du crédit disponible, le taux annuel effectif global ainsi que le montant des remboursements par échéance et par fractions de crédit utilisées.

À défaut pour l'emprunteur de retourner ce document, signé et daté, au plus tard vingt jours avant la date d'échéance du contrat, ce dernier est résilié de plein droit à cette date.

La mention « carte de crédit » doit aussi figurer en caractères lisibles au recto de la carte si elle est proposée à l'emprunteur.

De plus, dans le cas du crédit permanent, le prêteur est tenu d'adresser à l'emprunteur, mensuellement et dans un délai raisonnable avant la date de paiement, un état actualisé de l'exécution du contrat de crédit, faisant clairement référence à l'état précédent et précisant :

- la date d'arrêté du relevé et la date du paiement ;
- la fraction du capital disponible ;
- le montant de l'échéance, dont la part correspondant aux intérêts ;
- le taux de la période et le taux effectif global ;
- le cas échéant, le coût de l'assurance ;
- la totalité des sommes exigibles ;
- le montant des remboursements déjà effectués depuis le dernier renouvellement, en faisant ressortir la part respective versée au titre du capital emprunté et celle versée au titre des intérêts et frais divers liés à l'opération de crédit ;
- la possibilité pour l'emprunteur de demander à tout moment la réduction de sa réserve de crédit, la suspension de son droit à l'utiliser ou la résiliation de son contrat ;

▸ le fait que, à tout moment, l'emprunteur peut payer comptant tout ou partie du montant restant dû, sans se limiter au montant de la seule dernière échéance.

2.3 Les différents types de crédits à la consommation

Le découvert en compte

Ce dernier peut être de deux ordres :

▸ la facilité de caisse : purement contractuelle (convention de compte), elle permet à son utilisateur d'être en position débitrice quelques jours dans le mois avant versement de son revenu (salaire, pension…). Le compte du particulier devra ainsi redevenir créditeur au moins une fois dans le mois et de cette façon échapper aux articles L. 311-1 et suivants du code de la consommation qui s'appliquent au crédit d'une durée supérieure à un mois.

▸ l'offre préalable de découvert en compte : entre dans le champ d'application des articles ci-dessus dénommés et concerne des découverts « longs ». Ainsi, la réglementation vue précédemment s'applique à ce type de financement et doit faire l'objet d'un contrat de crédit avec faculté de rétractation de sept jours.

En cas de non-respect de cette réglementation, l'établissement de crédit peut être condamné à la déchéance de son droit à intérêts. Par exemple, un découvert non autorisé et non régularisé par une offre préalable écrite de découvert en compte ne pourra faire l'objet d'intérêts débiteurs dès que ce dernier aura dépassé une durée de trois mois.

Le crédit personnel classique

Il est la forme de crédit à la consommation la plus utilisée et la plus connue aujourd'hui. Il s'agit du financement le plus souple qui soit.

L'emprunteur négocie le montant qu'il souhaite avec l'établissement de crédit sur une durée donnée à un taux donné. Le montant est totalement libre et conditionnera le respect ou non de la réglementation prévue par la loi Scrivener de 1978.

Seul doit être respecté le taux de l'usure.

→ → → Voir le paragraphe sur le taux de l'usure.

Les modalités de remboursement figurent obligatoirement sur le contrat de prêt et le déblocage du montant emprunté se fait directement sur le compte du client.

Les établissements de crédit ne dépassent que très rarement la durée de sept ans pour des problèmes de présentation bilancielle.

Le crédit personnel affecté

Comme il a été vu précédemment dans le chapitre réglementation, le crédit personnel affecté n'est souvent utilisé que pour bénéficier d'un délai de rétractation réduit.

Il fonctionne de la même façon qu'un crédit personnel classique. Toutefois, le crédit étant affecté, l'établissement de crédit ne débloquera pas le crédit en compte mais réglera directement (par virement ou par chèque de banque) le fournisseur de l'objet.

Le crédit personnel étudiant

Les étudiants bénéficient d'un « régime de faveur » en ce qui concerne le crédit étudiant.

Tout d'abord commercialement en matière de taux, les établissements de crédit offrent des « remises » afin de renouveler leurs fonds de commerce et attirer cette clientèle captive. Ensuite, trois choix de remboursement s'offrent aux étudiants :

▸ le remboursement classique (cette option est identique aux crédits personnels classiques) qui est réservé, en général, aux étudiants qui perçoivent déjà des revenus ;

▸ le différé d'amortissement qui permet de constituer deux périodes :

- la période 1 (durant les études) où l'étudiant ne réglera que les intérêts et l'assurance du crédit,

- la période 2 (entrée dans la vie active) où l'étudiant amortit son crédit ;

▸ la franchise totale (ou différé de remboursement) qui permet de nouveau de constituer deux périodes :

- la période 1 (durant les études) où l'étudiant ne rembourse rien, si ce n'est l'assurance du crédit,

- la période 2 (entrée dans la vie active) où l'étudiant amortit le prêt en cours majoré des intérêts de la période 1.

EXEMPLE

Un étudiant emprunte 10 000 € à 3 % HA[1] sur 7 ans dont 3 ans d'études.

Remboursement	Période 1	Période 2
Différé d'amortissement	36 échéances de 25 € [1]	48 échéances de 221,34 €
Franchise totale	Rien à rembourser car pas d'assurance	48 échéances de 241,87 € [2]

(1) 10 000 x 3 %/12 mois = 25 € selon la méthode des intérêts simples.

(2) amortissement de 10 000 + 927,27 (intérêts de la période 1) = 10 927,27 € selon la méthode des intérêts composés 10 000 x $(1 + 0,03)^3$.

Le crédit permanent

Appelé également crédit renouvelable ou crédit revolving, ce crédit consiste à mettre à disposition sur un compte une somme d'argent permanente et renouvelable. Il est proposé par les banques, certains grands magasins, chaînes d'hypermarchés ou établissements de vente par correspondance et par les organismes spécialisés dans le crédit à la consommation (sociétés financières par exemple).

Le client utilise la somme mise à sa disposition intégralement ou seulement en partie, pour effectuer des achats de biens, en une ou plusieurs fois. Dans la plupart des cas, il lui est souvent remis une carte afin d'utiliser ce crédit.

L'établissement de crédit offre généralement plusieurs moyens à la disposition de son client pour utiliser sa réserve :

▸ le virement (ou le chèque) que le client demande par téléphone, courrier, serveur vocal, Internet... pour alimenter son compte bancaire (le compte courant) ;

▸ un chéquier, qui permet au client de payer directement un tiers en débitant sa réserve d'argent ;

▸ une carte de crédit, qui peut appartenir à un réseau comme Visa ou Mastercard, et qui permet de régler ses achats dans les commerces. Cette carte doit porter obligatoirement la mention « carte de crédit ».

La somme disponible est reconstituée au fur et à mesure des remboursements, dans la limite du montant maximal autorisé.

---

1. HA : hors assurance.

La durée du contrat de crédit est d'un an et reconductible chaque année. Le montant du crédit est accordé en fonction de la capacité de remboursement. Lorsque l'emprunteur commence à utiliser sa ligne de crédit, les intérêts ne portent que sur la somme utilisée. Trois mois avant l'échéance annuelle, l'emprunteur doit être informé des conditions de reconduction du contrat et des modalités de remboursement des sommes restant dues.

La Location avec Option d'Achat (LOA)

La LOA est parfois aussi appelée crédit-bail ou leasing. Elle est surtout utilisée pour financer l'achat de véhicules neufs, mais encore d'autres biens (bateaux, pianos de concert, ordinateurs…).

Figure 7.1 – La relation tripartite de la LOA

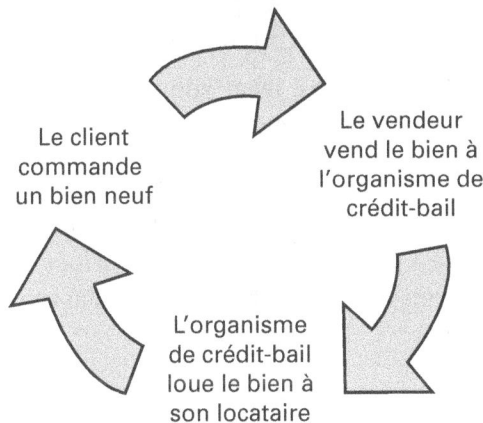

Pendant toute la période d'application du contrat, le client n'est que locataire du bien, même s'il a les charges d'un propriétaire (carte grise, assurance tous risques…). Il ne devient propriétaire du bien que lorsqu'il acquittera la valeur résiduelle du bien, prévue au contrat appelée « option d'achat ».

Le contrat de location assortie d'une option d'achat est ainsi constitué de trois éléments :

▸ l'achat d'un bien mobilier ;

▸ la location de ce bien ;

▸ une promesse unilatérale de vente à l'issue de la période de location.

Quatre notions définissent la LOA :

▸ le dépôt de garantie (maximum 15 % du prix total du véhicule) ;

▸ le premier loyer (de 0 à 50 % du prix total du véhicule) ;

▸ le loyer mensuel (de 6 à 72 mois) ;

▸ l'option d'achat : elle est en général possible dès le sixième mois du contrat, et son montant est fixé à l'avance.

L'organisme loueur doit remettre au client un tableau présentant l'évolution de la valeur résiduelle au fil des mois. À l'issue de la période de location, le « locataire » a le choix entre trois options :

▸ acheter le bien pour une valeur résiduelle (déterminée lors du montage de l'opération, de l'ordre de 5 à 15 % de la valeur initiale du bien loué), achat dépendant de la valeur initiale du bien diminuée des loyers versés actualisés, restitution du bien loué ;

▸ renouveler la location (avec un bien neuf, généralement) ;

▸ dans certaines conditions, lever son option d'achat d'une manière anticipée en cours de contrat.

Généralement, la valeur résiduelle correspond au dépôt de garantie.

En cas de sinistre total, la plupart des organismes de crédit-bail proposent une assurance « perte financière » qui permet de recouvrir la différence entre la valeur vénale remboursée par l'assurance et le solde du contrat de location.

3. L'approche du risque

Les enjeux sont multiples :

▸ minimiser le risque d'impayés et le nombre de dossiers contentieux ;

▸ améliorer la rentabilité de la banque ;

▸ optimiser le ratio MC Donough (schéma ci-dessous).

Figure 7.2 – Le ratio MC Donough

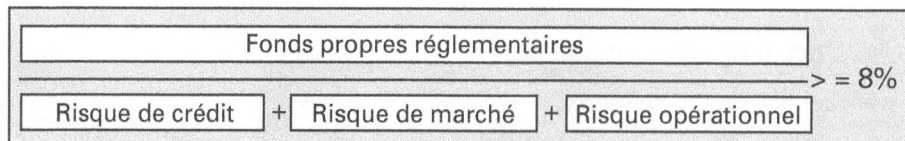

La connaissance de l'emprunteur passe par un certain nombre d'analyses.

La situation familiale

‣ Aspects personnels.

‣ Domicile, capacité.

‣ Situation matrimoniale.

‣ Situation familiale.

‣ Patrimoine.

‣ Situation bancaire.

‣ Aspects professionnels.

‣ Montant des revenus.

‣ Catégorie de revenus.

‣ Statut professionnel.

‣ Situation de l'employeur.

Les ressources de l'emprunteur (et pourcentage pris en compte)

‣ Revenus professionnels (100 %).

‣ Pensions et rentes (100 %).

‣ Frais professionnels (0 % sauf cas particuliers).

‣ Primes et commissions (moyenne annuelle).

‣ Pension alimentaire reçue (100 %).

‣ Revenus familiaux (0 à 100 %).

‣ Revenus mobiliers (0 à 100 %).

‣ Revenus fonciers (0 à 100 %).

Les charges de l'emprunteur (et pourcentage pris en compte)

‣ Crédits en cours et à mettre en place (100 %).

‣ Cautions données (100 %).

‣ Loyers (100 %).

‣ Pension alimentaire versée (100 %).

‣ Impôts sur le revenu (100 %).

‣ Assurance des prêts (100 %).

La capacité de remboursement de l'emprunteur

Elle se calcule de deux manières :

▸ taux d'endettement : ressources/charges. Ce dernier se doit d'être inférieur à 33 %, mais à moduler en fonction du niveau de revenus de l'emprunteur ;

▸ revenu disponible : ressources-charges. Ce dernier se doit d'être au moins supérieur à 500 € pour une personne seule, auquel on ajoute un montant en fonction du nombre de personnes composant le foyer.

Pour ces deux ratios, on reprendra la situation de l'emprunteur vue plus haut. Chaque établissement dispose de sa propre méthode de calcul. La plupart d'entre eux utilisent un outil de score de clientèle. Ce dernier peut être utilisé pour :

▸ accorder ou non le crédit (surtout utilisé par les sociétés de crédit à distance) ;

▸ définir le niveau de délégation (surtout utilisé par les banques de réseau) ;

▸ déterminer le taux accordé.

Les situations du client pour lesquelles le prêt sera refusé

▸ Client fiché FICP/FCC.

▸ Falsification de documents.

▸ Comptes débiteurs (relevés de compte déplorables).

▸ Client au contentieux à la CE.

▸ Disponible insuffisant.

▸ Apport personnel insuffisant.

▸ Ancienneté dans l'emploi insuffisante.

▸ Problème juridique : divorce en cours.

▸ Objet financé.

4. Le crédit immobilier

4.1 La réglementation

La réglementation du crédit immobilier est plus contraignante que celle du crédit à la consommation. Émanation de la loi Scrivener 2 du 13 juillet 1979, elle est aujourd'hui régie par les articles L. 312-1 et suivants du code de la consommation.

Champ d'application

▸ Le financement des immeubles à usage d'habitation ou à usage professionnel d'habitation.

▸ Le financement de la souscription ou l'achat de parts ou actions de sociétés donnant vocation à leur attribution en propriété ou en jouissance.

Le financement des dépenses relatives à leur construction, leur réparation, leur amélioration ou leur entretien lorsque le montant de ces dépenses est supérieur à 21 500 €[1].

▸ Le financement de l'achat de terrains destinés à la construction des immeubles mentionnés.

Publicité

Toute publicité sur le crédit immobilier faite, reçue, ou perçue en France, quel que soit son support, doit préciser l'identité du prêteur, la nature et l'objet du prêt. Elle doit aussi préciser, si elle comporte un ou plusieurs éléments chiffrés, la durée de l'opération proposée ainsi que le coût total et le taux effectif global annuel du crédit, à l'exclusion de tout autre taux.

Toutes les mentions obligatoires doivent être présentées de manière parfaitement lisible et compréhensible par le consommateur.

Tout document publicitaire ou tout document d'information remis à l'emprunteur et portant sur le crédit immobilier doit mentionner que l'emprunteur dispose d'un délai de réflexion de dix jours, que la vente est subordonnée à l'obtention du prêt et que si celui-ci n'est pas obtenu, le vendeur doit lui rembourser les sommes versées.

Contrat de crédit

Le prêteur est tenu de formuler par écrit une offre adressée gratuitement par voie postale à l'emprunteur éventuel et aux cautions déclarées par l'emprunteur lorsqu'il s'agit de personnes physiques. Cette offre doit comporter les mentions suivantes :

▸ l'identité des parties, et éventuellement des cautions déclarées ;

▸ la nature, l'objet, les modalités du prêt, notamment celles qui concernent les dates et conditions de mise à disposition des fonds ;

1. À noter que les prêts qui financent des biens ou travaux inférieurs à 21 500 € sont réglementés par les articles L. 311-1 et suivants du code de la consommation.

- un échéancier des amortissements détaillant, pour chaque échéance, la répartition du remboursement entre le capital et les intérêts. Toutefois, cette disposition ne concerne pas les offres de prêts à taux variable ;

- le montant du crédit susceptible d'être consenti, le cas échéant, celui de ses fractions périodiquement disponibles, son coût total, son taux TEG et, s'il y a lieu, les modalités de l'indexation ;

- une évaluation de leur coût, les stipulations, les assurances et les sûretés réelles ou personnelles exigées, qui conditionnent la conclusion du prêt.

Toute modification des conditions d'obtention du prêt, notamment le montant ou le taux du crédit, donne lieu à la remise à l'emprunteur d'une nouvelle offre préalable.

Toutefois, cette obligation n'est pas applicable aux prêts dont le taux d'intérêt est variable, dès lors qu'a été remise à l'emprunteur avec l'offre préalable une notice.

L'envoi de l'offre oblige le prêteur à maintenir les conditions qu'elle indique pendant une durée minimale de trente jours à compter de sa réception par l'emprunteur.

L'offre est soumise à l'acceptation de l'emprunteur et des cautions, personnes physiques, déclarées. L'emprunteur et les cautions ne peuvent accepter l'offre que dix jours après qu'ils l'ont reçue. L'acceptation doit être donnée par lettre, le cachet de la poste faisant foi.

L'offre est toujours acceptée sous la condition résolutoire de la non-conclusion, dans un délai de quatre mois (ou plus selon les établissements) à compter de son acceptation, du contrat pour lequel le prêt est demandé.

Condition suspensive liée à l'obtention du crédit immobilier

Lors de l'achat d'un bien immobilier, le compromis de vente, ou la promesse unilatérale de vente acceptée, doit indiquer si le prix sera payé directement ou indirectement, même en partie, avec ou sans l'aide d'un ou plusieurs prêts. Dès lors, cet acte est conclu sous la condition suspensive de l'obtention du ou des prêts qui en assument le financement. La durée de validité de cette condition suspensive ne peut être inférieure à un mois à compter de la date de la signature de l'acte ou, s'il s'agit d'un acte sous seing privé soumis à peine de nullité à la formalité de l'enregistrement, à compter de la date de l'enregistrement. Lorsque la condition suspensive n'est pas réalisée, toute somme versée d'avance par l'acquéreur à l'autre partie ou pour le compte de cette dernière est intégralement remboursable sans retenue ni indemnité à quelque titre que ce soit.

Lorsque l'acte d'achat indique que le prix sera payé sans l'aide d'un ou plusieurs prêts, cet acte doit porter, de la main de l'acquéreur, une mention par laquelle celui-ci reconnaît avoir été informé que s'il recourt néanmoins à un prêt il ne peut se prévaloir du présent chapitre. En son absence, le contrat est considéré comme conclu sous la condition suspensive.

Remboursement anticipé

L'emprunteur peut rembourser par anticipation, en partie ou en totalité, son crédit immobilier. Le contrat de prêt peut interdire les remboursements égaux ou inférieurs à 10 % du montant initial du prêt, sauf s'il s'agit de son solde.

Le contrat peut prévoir une indemnité en cas de remboursement anticipé. Cette dernière est plafonnée à un semestre d'intérêts au taux moyen du crédit sans pouvoir excéder 3 % du capital restant dû.

Pour les contrats conclus à compter du 25 juin 1999, aucune indemnité n'est due par l'emprunteur en cas de remboursement par anticipation lorsque le remboursement est motivé par :

▸ la vente du bien immobilier faisant suite à un changement du lieu d'activité professionnelle de l'emprunteur ou de son conjoint ;

▸ le décès de l'un de ces derniers ;

▸ la cessation forcée de l'activité professionnelle de l'un de ces derniers.

Défaillance de l'emprunteur

En cas de défaillance de l'emprunteur et lorsque le prêteur n'exige pas le remboursement immédiat du capital restant dû, ce dernier peut majorer le taux d'intérêt que l'emprunteur aura à payer jusqu'à ce qu'il ait repris le cours normal des échéances contractuelles.

Lorsque le prêteur est amené à demander la résolution du contrat, il peut exiger le remboursement immédiat du capital restant dû et le paiement des intérêts échus.

Jusqu'à la date du règlement effectif, les sommes restant dues produisent des intérêts de retard à un taux égal à celui du prêt. En outre, le prêteur peut demander à l'emprunteur défaillant une indemnité qui ne peut dépasser 7 % du capital restant dû.

4.2 Les prêts du secteur réglementé

Le prêt à 0 %

Qui peut bénéficier du prêt à 0 % ?

L'acquéreur d'une résidence principale dont les revenus ne dépassent pas un plafond variable en fonction du nombre de personnes occupant le logement et de la localisation du logement.

Tableau 7.3 – Les bénéficiaires du prêt à taux 0 %

Nombre de personnes vivant dans le logement	Plafond de ressources	
	Zone A (en euros)	Zone B ou C (en euros)
Isolé	31 250 €	23 688 €
2 personnes	43 750 €	31 588 €
3 personnes	50 000 €	36 538 €
4 personnes	56 875 €	40 488 €
5 personnes et plus	64 875 €	44 425 €

Les ressources sont déterminées à partir du revenu fiscal de référence qui est égal au revenu annuel net après abattements. Le revenu fiscal de référence figure sur l'avis d'imposition. Jusqu'au 31 mai de chaque année (à compter du 1er janvier 2008, 31 mars auparavant), le revenu fiscal de référence pris en compte est celui de l'avant-dernière année précédant l'offre de prêt. À partir du 1er juin de chaque année, le revenu fiscal de référence pris en compte est celui de l'année précédant l'offre de prêt. Lors de la demande de prêt, l'emprunteur doit fournir à l'établissement prêteur ses avis d'imposition correspondants et, le cas échéant, les avis d'imposition des personnes destinées à occuper le logement et non rattachées à son foyer fiscal.

▸ Zone A : agglomération parisienne, Genevois français et une partie de la Côte d'Azur.

▸ Zone B : agglomérations de plus de 50 000 habitants, communes en bordure de l'agglomération parisienne, communes des départements d'outre-mer et certaines communes littorales et frontalières.

▸ Zone C : toutes les communes qui ne sont classées ni en zone A ni en zone B.

Conditions à respecter

L'emprunteur ne doit pas avoir été propriétaire de sa résidence principale au cours des deux dernières années. Toutefois, cette condition n'est pas exigée lorsque l'emprunteur ou l'un des occupants du logement financé avec le prêt à 0 % est :

▸ titulaire d'une carte d'invalidité et dans l'incapacité d'exercer une profession ;

▸ bénéficiaire d'une allocation adulte handicapé ou d'une allocation d'éducation spéciale ;

▸ victime d'une catastrophe ayant conduit à rendre inhabitable, de manière définitive, sa résidence principale (catastrophe naturelle indemnisée en vertu de la loi du 13 juillet 1982 ; dommages causés par les effets du vent dû aux tempêtes, ouragans ou cyclones ; dommages dus à des catastrophes technologiques). La demande de prêt doit être présentée dans un délai de deux ans suivant la publication de l'arrêté de constatation de l'état de catastrophe naturelle ou la survenance du sinistre.

À noter

Si l'emprunteur vend le logement précédemment acquis avec un prêt à 0 % et achète une nouvelle résidence principale, il peut demander le transfert de son prêt à 0 % initial.

Dépenses éligibles

▸ Construire et acheter le terrain ou acquérir un logement neuf (qui n'a jamais encore été occupé).

▸ Acquérir un logement existant, quel que soit son âge, et financer, le cas échéant, les travaux rendus nécessaires par la mise aux normes réglementaires ou prévus par l'emprunteur lors de l'acquisition du logement. Lors de l'entrée dans les lieux de l'emprunteur, le logement ancien doit, le cas échéant après travaux, répondre aux normes minimales de surface et d'habitabilité réglementaires.

Lorsque l'acquisition porte sur un logement achevé depuis plus de vingt ans, un état des lieux constatant la conformité du logement à ces normes doit être établi par un professionnel indépendant de la transaction et titulaire d'une assurance professionnelle. Cet état des lieux est conservé au dossier de prêt. Si des travaux de mise aux normes sont nécessaires, l'octroi du prêt est subordonné à leur réalisation.

▶ Transformer un local (bureau, grange…), dont l'emprunteur est déjà propriétaire, en logement, ou acquérir et transformer un tel local. Un prêt à 0 % peut être accordé pour financer l'une de ces opérations réalisée dans le cadre d'un contrat de location-accession (loi du 12 juillet 1984). Dans ce cas, le prêt à 0 % est accordé au vu des ressources de l'accédant à la date de la levée d'option.

▶ Simultanément à l'acquisition ou la construction, le prêt à 0 % peut financer certaines annexes, notamment : garages, emplacements de stationnement, jardins, loggias, balcons, vérandas, caves d'une surface d'au moins deux mètres carrés, combles accessibles.

▶ Le logement doit être la résidence principale de l'emprunteur dans le délai d'un an suivant la déclaration d'achèvement des travaux ou l'acquisition du logement. Toutefois, un acquéreur peut obtenir un prêt à 0 % pour financer un logement destiné à devenir sa résidence principale au moment de sa retraite, sous réserve que celle-ci intervienne dans un délai maximal de six ans. Dans ce cas, comme lorsque l'emprunteur est appelé à déménager pour des raisons professionnelles, familiales, d'invalidité notamment, le logement doit être loué à un locataire dont les ressources sont inférieures au plafond ouvrant droit au prêt à 0 % ; les loyers annuels ne doivent pas excéder 5 % du coût de l'opération pris en compte dans la limite d'un plafond réglementaire révisé régulièrement.

Pour quel montant ?

Le montant du prêt à 0 % ne peut dépasser un double plafond :

▶ il ne peut être supérieur à 50 % du montant du ou des autres prêts d'une durée supérieure à deux ans, concourant au financement de l'opération ;

▶ il ne peut pas non plus être supérieur à 20 % du coût de l'opération (30 % en zone franche urbaine et en zone urbaine sensible) dans la limite d'un montant maximal variable en fonction du nombre de personnes destinées à occuper le logement, de la localisation du logement, du caractère neuf ou ancien du logement.

Tableau 7.4 – Montant maximal du prêt à 0 %

Nombre de personnes vivant dans le logement	Logement neuf		Logement ancien		
	Zone A	Zone B ou C	Zone A	Zone B	Zone C
1 personne	16000	11000	14400	8 800	8 250
2 personnes	22500	16500	20250	13200	12375
3 personnes	25000	19000	22500	15200	14250
4 personnes	27500	21500	24750	17200	16125
5 personnes	30000	24000	27000	19200	18000
6 personnes et plus	32500	26500	29250	21200	19875

Ces montants sont majorés de 50 % en zone urbaine franche et en zone urbaine sensible.

Sont qualifiés de « neufs » pour l'obtention du prêt à 0 %, la construction ou l'acquisition d'un logement en vue de sa première occupation, et ceux qui sont acquis ou construits dans le cadre d'un contrat de location-accession lorsque l'emprunteur est le premier occupant à la date de la levée d'option. Les autres logements sont qualifiés d'« anciens ».

Un seul prêt à 0 % est accordé par ménage et par opération.

Les ressources de l'emprunteur et des personnes destinées à occuper le logement ne dépassent pas un plafond inférieur à celui qui ouvre droit à un prêt à 0 % de base, variable en fonction du nombre d'occupants du logement et de sa localisation :

Tableau 7.5 – Plafonds de ressources pour un prêt à 0 % majoré

Nombre d'occupants	Paris et communes limitrophes	Reste de l'Île-de-France	Autres régions
1	23 079 €	23 079 €	20 065 €
2	34 491 €	34 491 €	26 794 €
3	45 215 €	41 461 €	32 223 €
4	53 984 €	49 663 €	38 899 €
5	64 228 €	58 791 €	45 760 €
6	72 274 €	66 158 €	51 570 €
Par personne supplémentaire	8 053 €	7 371 €	5 753 €

Une aide est attribuée par une ou plusieurs collectivités territoriales ou par un groupement de collectivités du lieu d'implantation du logement (commune, établissement public de coopération intercommunale, département, régions, notamment).

Cette aide doit prendre la forme :

▸ soit d'une subvention ;

▸ soit d'une bonification permettant l'octroi d'un prêt à 0 % ou à un taux inférieur à ceux du marché. Le montant de la subvention ou de la bonification doit atteindre un montant minimal variable suivant le nombre d'occupants du logement et sa localisation géographique :

Tableau 7.6 – Montant minimal de la subvention ou de la bonification

Nombre d'occupants	Zone A	Zone B ou C
3 et moins	4 000 €	3 000 €
4 et plus	5 000 €	4 000 €

▸ ou d'une mise à disposition du terrain sur lequel sera implantée la construction par bail emphytéotique ou bail à construction (bail de longue durée) pour un loyer limité (inférieur à 15 € par an).

Le montant de la majoration du prêt à 0 % varie en fonction du nombre de personnes devant occuper le logement et de sa localisation.

Pour quelle durée ?

L'emprunteur rembourse le prêt à 0 % par mensualités constantes sur une durée de 6 à 22 ans en fonction de ses revenus : plus ses revenus sont élevés plus la durée du prêt est courte.

Tableau 7.7 – Durée et mensualités du remboursement du prêt à 0 %

Revenu fiscal de référence	Remboursement		Mensualité pour 10 000 € (hors assurance)	
	Durée totale	Dont différé	Période de différé	Période de remboursement
Moins de 15 800 €	22 ans	18 ans	0,00 €	208,33 €
De 15 801 € à 19 750 €	21 ans	18 ans	11,57 € (1/4 du prêt)	208,33 € (3/4 du prêt)
De 19 751 € à 23 688 €	17 ans	15 ans	27,78 € (1/2 du prêt)	208,33 € (1/2 du prêt)
De 23 689 € à 31 588 €	8 ans		104,17 €	
Au-delà de 31 589 €	6 ans		138,89 €	

Qui accorde le prêt à 0 % ?

Tous les établissements de crédit qui ont passé à cet effet une convention avec l'État. L'accédant fait sa demande directement à l'établissement de son choix.

Garanties et assurances exigées : c'est l'établissement prêteur qui apprécie sous sa responsabilité la solvabilité et les garanties de remboursement présentées par les ménages demandant l'octroi du prêt à 0 %, comme il le fait pour tout autre prêt. Il n'a pas l'obligation d'accorder le prêt à 0 %.

Le prêt épargne logement

Bénéficiaire

Tout client majeur et ayant acquis des droits à prêts générés par les intérêts d'un Plan d'Épargne Logement (PEL d'au moins 3 ans) ou d'un Compte d'Épargne Logement (CEL d'au moins 18 mois). Les frais de dossier sont interdits.

Possibilités de financement

▸ Acquisition de la résidence principale (neuve ou ancienne).

▸ Acquisition de la résidence secondaire (neuf).

▸ Réalisation de travaux d'extension, d'amélioration ou de réparation.

▸ Investissement locatif (neuf ou ancien).

▸ Acquisition de parts de SCPI (Société Civile de Placement Immobilier) d'habitation.

▸ Acquisition de terrain à construire (simultanément à une construction).

Il est par contre impossible de financer simultanément une résidence secondaire et une résidence principale.

Montant

Montant déterminé en fonction de l'effort d'épargne et de la durée de remboursement choisie.

Plafonds

▸ PEL : 92 000 €.

▸ CEL : 23 000 €.

▸ PEL + CEL : 92 000 €.

Ces plafonds s'appliquent à la fois par personne et par opération.

Prime

▸ Une prime peut être versée lors de l'obtention du prêt CEL, elle est égale actuellement à 1/2 des droits utilisés dans la limite de 1 144 € par opération.

▸ Pour les PEL ouverts depuis le 12 décembre 2002, la prime n'est versée qu'en cas de prêt. Elle est plafonnée à 1 525 € maximum par PEL.

▸ Pour ces mêmes prêts PEL, une surprime (en complément de celle octroyée lors de la phase épargne) égale à 10 % des droits utilisés est versée à l'emprunteur dans la limite de 153 € par personne à charge (voir ci-après).

▸ La prime CEL est versée à l'emprunteur, même en cas de cession de droits à crédit.

Durée

De 2 à 15 ans.

Droits à crédit

Minimum de droits à détenir pour bénéficier d'un prêt CEL :

▸ 22,50 € pour travaux d'économie d'énergie.

▸ 37 € pour travaux.

▸ 75 € pour une acquisition.

Taux

Taux fixe quel que soit le prêt.

▸ Pour le PEL : déterminé lors de la souscription du PEL, il est garanti quelle que soit l'évolution des taux. Taux annuel hors assurance : actuellement 4,20 % actuariel pour les PEL souscrits à 3,50 %.

▸ Pour le CEL : déterminé lors de la souscription du prêt en fonction du (ou des) taux de rémunération du CEL pendant la période d'épargne. Taux annuel hors assurance : actuellement 3,75 % actuariel pour les CEL souscrits à 2,25 %.

Remboursement

▸ Remboursement par mensualités ou trimestrialités.

▸ En cas de changement de résidence principale, possibilité de maintenir le prêt épargne logement sur la nouvelle acquisition (à condition que la vente et l'acquisition aient lieu dans un délai maximal de six mois).

▸ Possibilité de TMP en cas de pluralité de prêts d'épargne logement.

Règles de cession de droits épargne logement en fonction de l'ancienneté

Tableau 7.8 – Cession de droits épargne logement

Produit détenu par le bénéficiaire de la cession	Produit cédé		
	CEL 12 mois minimum	CEL 18 mois minimum	PEL 3 ans minimum
CEL 12 mois minimum	NON	OUI	NON
CEL 18 mois minimum	OUI	OUI	NON
PEL 3 ans minimum	OUI	OUI	OUI

L'emprunteur peut aussi demander la transformation de son PEL en CEL. Les intérêts seront alors calculés au taux du CEL en vigueur au jour de la transformation.

Provenance des droits cédés

Cédants admis :

▸ conjoints ;

▸ ascendants jusqu'au 4e degré et descendants du bénéficiaire ou de son conjoint ;

▸ conjoint des frères, sœurs, ascendants et descendants du bénéficiaire ou de son conjoint ;

▸ oncles, tantes, neveux, nièces du bénéficiaire ou de son conjoint.

Cédants non admis :

▸ concubins, époux divorcés ;

▸ cousins, cousines.

Règles de cession

Selon le *Journal officiel* du 15 mai 1992, les droits acquis cédés entre membres de la même famille ne concernent que le cas où le demandeur du prêt est lui-même titulaire de droits à raison de son propre effort d'épargne. En conséquence, celui-ci doit utiliser en priorité et en totalité ses propres droits.

Ces restrictions ne concernent pas la cession de droits épargne logement entre époux mariés sous le régime de la communauté légale. Il est possible de céder un plan non clos (épargne + droits acquis) par acte notarié si le bénéficiaire n'a pas déjà un PEL.

Les droits acquis les plus anciens sont à utiliser en priorité. Par ailleurs, lorsque les droits à prêt sont détenus par un enfant mineur et que leur utilisation est envisagée par son représentant légal, cette opération est soumise à cession avec les mêmes contraintes que ci-dessus.

Délai d'utilisation des droits

▸ CEL : 10 ans après la clôture.

▸ PEL : 1 an maximum après la clôture. Pour les PEL clôturés en 1996, le délai d'utilisation des droits par le titulaire ou le cessionnaire a été porté de 1 à 2 ans.

Quels travaux peut-on financer en épargne logement ?

Tableau 7.9 – Travaux finançables et non finançables en épargne logement

Finançables	Non finançables
– Clôture – Chemin d'accès à la maison, pont – Aménagement des abords immédiats de la maison : étanchéité extérieure, rigoles, drainage, gravier, auvents, terrasses, verrières, autobloquants – **Garage, box, parking en extension ou en annexe de la maison** – Ascenseur, cheminée en état de fonctionnement, adoucisseur d'eau, cuisine et salle de bains intégrées (à l'exclusion des appareils ménagers), aménagement de caves et de combles – Économie d'énergie : installation de chauffage, isolation thermique des bâtiments – Système de sécurité : paratonnerre, système antivol, porte blindée, isolation phonique	– Acquisition de terrain seul et clôtures du terrain seul – **Piscine, tennis, golf, mobil-home, caravane, bungalow** – **Abri de jardin, terre végétale, plantations** – **Garage à titre locatif** – **Acquisition d'un garage par un locataire** – **Acquisition de gîte rural, part de SCI** – Acquisition de logement de fonction

Surprime Prêt PEL

Majoration de prime attribuée aux bénéficiaires d'un prêt issu d'un PEL ouvert après le 15 juin 1983, en fonction du nombre de personnes vivant au foyer de l'emprunteur. 10 % du montant des intérêts acquis et utilisés avec plafond de 153 € par personne à charge.

Conditions d'octroi : prêt destiné au financement de l'acquisition, construction ou amélioration de l'habitation principale ou secondaire du souscripteur du PEL (à l'exclusion de tout logement destiné à être loué), et en fonction du nombre de personnes à charge.

Tableau 7.10 – Récapitulatif des taux CEL

À partir du :	Épargne				Prime (*)		Prêt	
	Taux	Montant mini (en €)	Montant maxi (en €)	Versement mini (en €)	Taux	Plafond (en €)	Montant maxi (en €)	Taux
Sa création (10/07/65)	2,00 %	500	40 000	100	2,00 % (=)	4 000	100 000	3,50 %
10/10/69	2,00 %	500	60 000	100	2,00 % (=)	4 000	100 000	3,50 %
01/01/70	2,50 %	500	60 000	100	2,50 % (=)	4 000	100 000	4,00 %
01/07/74	3,00 %	500	60 000	100	3,00 % (=)	4 800	100 000	4,50 %
01/07/75	3,25 %	500	60 000	100	3,25 % (=)	5 200	100 000	4,75 %
18/03/76	3,25 %	750	100 000	150	3,25 % (=)	7 500	150 000	4,75 %
01/07/85	3,25 %	750	100 000	150	2,25 % (9/13)	7 500	150 000	4,75 %
16/05/86	2,75 %	750	100 000	150	1,25 % (5/11)	7 500	150 000	4,25 %
31/12/92	2,75 %	2 000	100 000	500	1,25 % (5/11)	7 500	150 000	4,25 %
16/02/94	2,25 %	2 000	100 000	500	1,25 % (5/9)	7 500	150 000	3,75 %
16/06/98	2,00 %	2 000	100 000	500	1 % (1/2)	7 500	150 000	3,50 %
01/08/99	1,50 %	2 000	100 000	500	0,75 % (1/2)	7 500	150 000	3 %
01/07/00	2,00 %	300	15 300	75	1 % (1/2)	1 144	23 000	3,50 %

.../...

01/08/03	1,50 %	300	15 300	75	0,75 % (1/2)	1 144	23 000	3 %
01/08/05	1,25 %	300	15 300	75 €	0,625% (1/2)	1 144	23 000	2,75 %
01/02/06	1.50 %	300	15 300	75 €	0,75% (1/2)	1 144	23 000	3 %
01/08/06	1,75 %	300	15 300	75 €	0,875 % (1/2)	1 144	23 000	3,25 %
01/08/07	2 %	300	15 300	75 €	1 % (1/2)	1 144	23 000	3,50 %
01/02/08	2,25 %	300	15 300	75 €	1,125 (1/2)	1 144	23 000	3,75 %

(*) La prime est versée uniquement en cas de Prêt d'Épargne Logement, à l'emprunteur, selon les règles suivantes :

- jusqu'au 1er juillet 1985, elle est égale au montant des droits utilisés, à concurrence du plafond ;

- depuis, on applique le ratio indiqué entre parenthèses à concurrence du plafond.

Tableau 7.11 – Récapitulatif des taux PEL

	Épargne				Rémunération				Prêt	
		Montant minimal versements			À la charge de l'État		À la charge de la banque			
	Dépôt initial	Versement annuel	Plafond	Taux	Taux	Plafond prime	Taux 1 (*)	Taux 2 (*)	Montant maxi	Taux
De sa création	500	1 200	60 000	8 %	4 %	6 000	4%	4 %	100 000	5,50 %
25/04/72	500	1 200	60 000	7 %	3,50%	5 300	3,50%	3,50 %	100 000	5 %
01/07/74	500	1 200	60 000	8 %	4%	6 000	4%	4 %	100 000	5,50 %
01/01/75	500	1 200	50 000	9 %	4,50%	6 750	4,50%	4,50 %	100 000	5 %
17/03/76	750	1 800	100 000	9 %	4,50%	10 000	4,50%	4,50 %	150 000	6 %
02/05/77	750	1 800	100 000	8 %	4%	10 000	4%	4 %	150 000	5,50 %
01/01/81	1 000	2 400	150 000	9 %	4 % (4/9)	10 000	5 % (5/9)	5,30 %	200 000	7 %
15/06/83	1 500	3 600	300 000	10 %	4 % (4/10)	10 000	6 % (6/10)	5,30 %	400 000	8 %
16/08/84	1 500	3 600	300 000	9 %	4 % (4/8)	10 000	5 % (5/9)	5,30 %	400 000	7 %
01/07/85	1 500	3 600	300 000	7,50 %	3 % (4/10)	10 000	4,5 % (6/10)	4,75 %	400 000	6,45 %
16/05/88	1 500	3 600	300 000	6 %	1,5 % (2,5/10)	10 000	4,5 % (7,5/10)	4,62 %	400 000	6,32 %
01/04/92	1 500	3 600	400 000	6 %	1,5 % (2,5/10)	10 000	4,5 % (7,5/10)	4,62 %	600 000	6,32 %
07/02/94	1 500	3 600	400 000	5,25 %	1,5 % (2/7)	10 000	3,75 % (5/7)	3,84 %	600 000	5,54 %
22/01/97	1 500	3 600	400 000	4,25%	1,215 % (2/7)	10 000	3,035 % (5/7)	3,10 %	600 000	4,80 %
09/06/98	1 500	3 600	400 000	4 %	1,143 % (2/7)	10 000	2,857 % (5/7)	2,90 %	600 000	4,80 %
26/07/99	1 500	3 600	400 000	3,60 %	1,0266 % (2/7)	10 000	2,5714 % (5/7)	2,61 %	600 000	4,31 %
01/07/00	225	540	61 200	4,50 %	1,285 % (2/7)	1 525	3,2142 % (5/7)	3,27 %	92 000	4,97 %
12/12/02	Pour les PEL ouverts à compter du 12 décembre 2002 (contrairement aux PEL ouverts avant le 11 décembre 2002 inclus), le versement de la prime est lié à la réalisation du prêt									
01/08/03	225	540	61 200	3,50 %	1 % (2/7)	1 525	2,50 % (5/7)	2,50 %	92 000	4,20 %

Le Prêt Conventionné (PC)

Définition

Le prêt conventionné ne bénéficie pas directement de l'aide de l'État, mais son taux est plafonné, ce qui a fait l'intérêt de ce prêt pendant des années. Aujourd'hui, il est au même niveau que les prêts bancaires classiques. Il offre toutefois l'avantage de donner le droit à l'Aide Personnalisée au Logement (APL). Il est accordé sans conditions de ressources, contrairement au Prêt d'Accession Sociale (PAS). Une importante réforme est venue modifier sensiblement les conditions d'accès à ce type de prêt depuis le 1er novembre 2001.

La liste des prêts pouvant être accordés en complément d'un prêt conventionné est sensiblement modifiée depuis la réforme du PC :

▸ épargne logement, prêt à taux zéro, 1 % logement, prêt fonctionnaires, prêt relais ;

▸ prêt à taux fixe dont le taux est au maximum égal au taux des prêts des Comptes d'Épargne Logement en vigueur à la date de l'émission de l'offre du prêt ;

▸ prêt pour les Français rapatriés d'outre-mer.

Taux d'intérêt

Les taux des prêts conventionnés sont fixés par les établissements prêteurs dans la limite de taux plafonds ; ils peuvent donc varier d'un établissement bancaire à l'autre. Ils peuvent être à taux fixe, taux révisable ou modulable.

Le taux plafond se décompose en deux éléments : un taux de référence fixé par le Crédit Foncier et une marge maximale fixée par une convention.

Leur modification peut intervenir plusieurs fois dans l'année, les taux actuels sont les suivants :

Tableau 7.12 – Taux plafonds des PC appliqués par les banques (à compter du 1er février 2008)

Type de prêt	Taux de référence	Inférieur ou égal à 12 ans	Entre 12 et 15 ans	Entre 15 et 20 ans	Supérieur à 20 ans	Taux variable
PC	4,40 %	6,70 %	6,90 %	7,05 %	7,15 %	6,70 %

© Groupe Eyrolles

Montant et durée du prêt

Le PC peut financer l'intégralité du coût de l'opération. Par coût d'opération, il faut désormais entendre, quelle que soit l'opération :

▸ la charge foncière ou la charge immobilière, y compris les honoraires de géomètre et les taxes y afférentes, à l'exclusion des frais d'acte notarié et des droits d'enregistrement pour les terrains à bâtir ou les immeubles anciens ;

▸ les honoraires de négociation à la charge de l'acquéreur ;

▸ le coût des travaux et honoraires y afférents ;

▸ le coût des assurances construction ;

▸ certaines taxes afférentes à la construction (TLE – taxe locale d'équipement –, taxe de financement des Conseils d'Architecture, d'Urbanisme et de l'Environnement – CAUE), taxe spéciale d'équipement de Savoie, taxe complémentaire à la TLE en Île-de-France, taxe départementale des espaces naturels sensibles ;

▸ les frais d'état des lieux le cas échéant ;

▸ les terrains acquis depuis moins de trois ans.

Le montant minimal du prêt conventionné est de 1 500 € pour un financement de travaux et de 4 500 € pour les autres financements.

La durée d'un prêt conventionné est de 5 ans au minimum et 30 ans au maximum, quel que soit le financement (à compter de l'achèvement des travaux).

Lorsque le PC est accordé avant la date d'achèvement des travaux, la période d'amortissement choisie est précédée d'une période d'anticipation pendant laquelle l'emprunteur ne paye que les intérêts du prêt.

Les opérations finançables

Peuvent être financés par un PC les opérations liées à la résidence principale de l'emprunteur, son conjoint, ses ascendants, descendants ou ceux de son conjoint. Il peut également financer l'achat d'un logement destiné à un locataire.

▸ Achat d'un logement neuf : il peut s'agir aussi bien d'un appartement situé dans un immeuble collectif ou d'une maison individuelle.

▸ Achat d'un logement ancien : depuis 1991, un logement ancien peut être financé par un PC sans qu'il soit nécessaire d'y effectuer des travaux. Cependant, les logements anciens financés par PC doivent respecter des normes d'habitabilité. À défaut, les travaux de mise aux normes doivent être réalisés dans un délai maximal de deux ans à compter de la signature de l'offre de prêt.

De plus, pour les logements situés dans un immeuble de plus de 20 ans, les conditions d'habitabilité et de surface doivent être constatées dans un état des lieux annexé au contrat de prêt et effectué par un expert indépendant. Les frais relatifs à cet état des lieux peuvent être financés par le prêt.

Le logement doit respecter une surface minimale variable selon le nombre de pièces. La surface habitable est la surface au plancher calculée après travaux, déduction faite des surfaces occupées par les murs, les cloisons, les marches, les cages d'escalier... Elle ne comprend pas les combles aménagés, les caves, les sous-sols, les garages, les balcons, les terrasses, les vérandas...

On ne tient pas compte non plus des parties des pièces dont la hauteur sous plafond est inférieure à 1 m 80. En revanche, il est tenu compte de toutes ses surfaces annexes, pour 50 % de leur surface au plancher, si leur hauteur sous plafond est comprise entre 1,80 et 2,30 m.

Les conditions relatives aux logements sont redéfinies depuis le 1er novembre 2001. Les normes de surface subsistent uniquement dans l'ancien, avec ou sans travaux, et pour des opérations d'agrandissement : la surface habitable minimale est alors de 9 m² pour une personne, 16 m² pour deux personnes, augmentés de 9 m² par personne supplémentaire.

Tableau 7.13 – Les normes de surface

Nombre de personnes composant le foyer	Surface habitable minimale
1	9 m²
2	16 m²
3	25 m²
4	34 m²
Par personne supplémentaire	9 m²

▸ Travaux : le PC peut permettre également au propriétaire d'un logement ancien de financer des travaux d'amélioration, d'économie d'énergie ou d'adaptation de l'immeuble aux besoins des personnes handicapées physiques. Il peut être également accordé pour acheter, construire, réhabiliter un logement destiné à la résidence principale d'un locataire.

Les travaux doivent être achevés dans les trois ans à compter de la date d'acceptation de l'offre de prêt.

▸ Construction d'une maison nouvelle : une partie du PC peut servir à l'acquisition du terrain qui supportera la construction à condition que la superficie de terrain n'excède pas 2 500 m². Il faut en outre que le délai entre l'achat du terrain et la date d'achèvement des travaux ne dépasse pas trois ans.

APL

Le montant de l'aide dépend de nombreux éléments :

▸ le niveau de ressources des personnes vivant dans le logement ;

▸ la situation familiale, le nombre d'enfants et de personnes à charge ;

▸ la nature du logement ;

▸ la zone géographique ;

▸ le montant du remboursement des prêts.

L'aide est versée chaque mois à l'organisme prêteur. Son montant est déduit directement des échéances de prêt. Elle est révisée au moins une fois par an. Tout changement de situation peut entraîner un nouveau calcul à la hausse ou à la baisse.

Le Prêt Conventionné PAS

Définition

Le Prêt d'Accession Sociale a été mis en place à partir de 1993 et reprend l'essentiel des caractéristiques du PC. Il peut servir à financer l'achat d'un logement neuf ou ancien et la construction d'une maison individuelle destinée à la résidence principale de l'emprunteur aux mêmes conditions qu'avec un PC.

Comme pour le prêt conventionné, une réforme importante est venue le 1er novembre 2001 simplifier les conditions d'éligibilité du prêt PAS.

Mais le prêt PAS présente des différences par rapport au PC :

▸ la loi interdit de proposer un PC ordinaire à un emprunteur éligible, selon ses ressources, au prêt PAS ;

▸ ce type de prêt bénéficie de la garantie automatique du FGAS (fonds de garantie de l'accession sociale à la propriété) ;

▸ l'emprunteur est soumis à des conditions de ressources ;

➔➔➔ Voir le tableau des ressources.

▸ les taux plafonds sont inférieurs de 0,60 % à ceux des PC ;

➔➔➔ Voir le tableau des taux plafonds.

▸ les frais de dossier pour l'ouverture d'un PAS sont limités à 450 € ;
▸ une prise de sûreté réelle de premier rang (hypothèque ou privilège) est obligatoire dès lors que le montant du PAS est supérieur à 15 000 €. L'inscription hypothécaire est exonérée de taxe de publicité foncière ;
▸ les émoluments du notaire sur le contrat de prêt sont réduits.

Taux

Les taux des prêts PAS sont fixés par les établissements prêteurs dans la limite de taux plafonds ; ils peuvent par conséquent varier d'un établissement bancaire à l'autre. Ils peuvent être à taux fixe, taux révisable ou modulable.

Le taux plafond se décompose en deux éléments, un taux de référence fixé par le Crédit Foncier et une marge maximale fixée par une convention.

Leur modification peut intervenir plusieurs fois dans l'année, les taux actuels sont les suivants :

**Tableau 7.14 – Taux plafonds des PAS
(à compter du 1ᵉʳ février 2008)**

Type de prêt	Taux de référence	Inférieur ou égal à 12 ans	Entre 12 et 15 ans	Entre 15 et 20 ans	Supérieur à 20 ans	Taux variable
PAS	4,40 %	6,10 %	6,30 %	6,45 %	6,55 %	6,10 %

Montant et durée du prêt

Comme le PC, le PAS peut financer l'intégralité du coût de l'opération. Par coût d'opération, il faut désormais entendre, quelle que soit l'opération :

▸ la charge foncière ou la charge immobilière, y compris les honoraires de géomètre et les taxes y afférentes, à l'exclusion des frais d'acte

© Groupe Eyrolles

notarié et des droits d'enregistrement pour les terrains à bâtir ou les immeubles anciens ;

- les honoraires de négociation à la charge de l'acquéreur ;
- le coût des travaux et honoraires y afférents ;
- le coût des assurances construction ;
- certaines taxes afférentes à la construction (TLE, taxe de financement des CAUE, taxe spéciale d'équipement de Savoie, taxe complémentaire à la TLE en Île-de-France, taxe départementale des espaces naturels sensibles) ;
- les frais d'état des lieux le cas échéant ;
- les terrains acquis depuis moins de trois ans.

Le montant minimal du prêt PAS est de 1 500 € pour un financement de travaux et de 4 500 € pour les autres financements.

La durée du PAS est de 5 ans au minimum et 25 ans au maximum quel que soit le financement.

Lorsque le PAS est accordé avant la date d'achèvement des travaux, la période d'amortissement choisie est précédée d'une période d'anticipation pendant laquelle l'emprunteur ne paye que les intérêts du prêt.

Les opérations finançables

Comme pour le PC, peuvent être financés par un PAS les opérations liées à la résidence principale de l'emprunteur, son conjoint, ses ascendants, descendants ou ceux de son conjoint. Il peut également financer l'achat d'un logement destiné à un locataire.

➔ ➔ ➔ Voir à ce sujet les détails concernant le PC.

Plafond de ressources

Les ressources de l'emprunteur ne doivent pas dépasser les plafonds suivants, selon l'article R. 312-3-1 du code de la construction et de l'habitation (CCH) :

Tableau 7.15 – Plafonds de ressources

Nombre de personnes dans le ménage	Île-de-France	Province
Personne seule	19 005 €	15 183 €
2 personnes	27 895 €	22 205 €
3 personnes	33 500 €	26 705 €
4 personnes ou jeune ménage < à 5 ans	39 118 €	31 199 €
5 personnes	44 751 €	35 713 €
Par personne supplémentaire	5 623 €	4 498 €

▶ Pour la période allant du 1er janvier au dernier jour du mois de février (période antérieure à la déclaration des revenus à l'administration fiscale) de l'année de l'émission de l'offre de prêt (année n), les ressources à prendre en compte sont les revenus fiscaux de référence de l'année n-2. Le ménage fournit l'avis d'imposition relatif aux revenus n-2 de chaque personne composant le ménage.

▶ À partir du 1er mars de l'année : pendant cette période, le ménage fournit l'avis d'imposition sur les revenus de l'année n-2 de chaque personne composant le ménage et indique les revenus fiscaux de référence au titre de l'année précédant celle de l'offre de prêt (année n-1) de chacun des membres du ménage.

L'emprunteur fournit au prêteur une déclaration sur l'honneur conforme à un modèle type certifiant que les ressources déclarées à l'établissement prêteur sont identiques à celles qu'il déclare ou a déclaré aux impôts.

▶ Le nombre de personnes à charge s'apprécie, par contre, au moment du prêt (y compris les enfants en gestation).

▶ Le concubin est assimilé au conjoint pour le calcul des ressources, à la condition qu'il soit coacquéreur.

APL

Le montant de l'aide dépend de nombreux éléments :

▶ le niveau de ressources des personnes vivant dans le logement ;

▶ la situation familiale, le nombre d'enfants et de personnes à charge ;

▶ la nature du logement ;

▶ la zone géographique ;

▶ le montant du remboursement des prêts.

L'aide est versée chaque mois à votre organisme prêteur. Son montant est déduit directement des échéances de prêt. Elle est révisée au moins une fois par an. Tout changement de situation peut entraîner un nouveau calcul à la hausse ou à la baisse.

4.3 Les prêts du secteur libre

Les crédits classiques

Ces crédits sont aujourd'hui les plus utilisés par les établissements de crédit. Ils n'ont pour seules contraintes que de respecter le code de la consommation et la loi sur l'usure.

Ils portent en général des noms commerciaux donnés par les établissements qui les commercialisent. Ainsi, leurs montants et leur durée sont totalement libres. Il est d'ailleurs de plus en plus courant d'obtenir un crédit sur une durée de 30 ans. Les banques étrangères qui sont installées en France proposent même des crédits sur une durée de 50 ans.

Il existe deux types de crédits classiques :

▸ les crédits à taux fixe : ils ont pour avantage d'offrir un taux constant à l'emprunteur durant toute la durée du crédit. Dans un contexte actuel d'incertitudes en matière de taux, il reste le produit privilégié par les emprunteurs ;

▸ les crédits à taux révisables (ou variables) : proposés par les établissements de crédit depuis les années 1980, ils ont été largement souscrits au début des années 2000 dans un contexte de baisse de taux du crédit en France. À cette époque, le taux proposé à la souscription offrait dès le départ une décote d'environ 1 % poussant à son adhésion.

Il existe différents types de crédits à taux révisables :

▸ les prêts à taux capés : il faut entendre cap comme plafond, et comprendre que les taux sont ici plafonnés. Ainsi, un prêt capé à 3 % pourra voir son taux augmenter de 3 % maximum par rapport au taux inscrit sur l'offre de prêt initiale ;

▸ les prêts à taux capés et floor : dans ce type de crédit, on voit le taux évoluer dans un tunnel à la hausse comme à la baisse. Ainsi, le taux peut baisser, mais lui aussi, jusqu'à un certain niveau. Il est moins utilisé dans un contexte de hausse des taux, puisque ce floor protège l'établissement de crédit et non l'emprunteur ;

▸ les prêts à taux non capés : ils sont les plus dangereux dans un cadre de taux révisables, puisque les taux peuvent augmenter ou baisser sans limite.

Les banques peuvent aussi prévoir d'autres typologies de crédit :

▸ le prêt à échéances modulables : l'emprunteur peut moduler son échéance à la hausse comme à la baisse, en faisant varier la durée de son crédit ;

▸ le prêt à échéance progressive : dans ce type de crédit, l'emprunteur voit son échéance augmenter chaque année, selon un échéancier prévu à l'avance (concerne des emprunteurs qui connaissent à l'avance l'évolution de leurs revenus à la hausse) ;

▸ le prêt à échéance dégressive : au contraire du précédent, ce crédit voit ses échéances diminuer chaque année selon un échéancier prévisionnel (concerne des emprunteurs qui savent que leurs revenus vont diminuer : départ à la retraite par exemple).

La loi sur le pouvoir d'achat publiée au *JO* le 3 janvier 2008 prévoit une meilleure information pour ce type de crédit (entrée en vigueur de la loi le 1er octobre 2008) :

Journal officiel du 3 janvier 2008

1. Pour les offres de prêts dont le taux d'intérêt est variable, est accompagnée d'une notice présentant les conditions et modalités de variation du taux d'intérêt et d'un document d'information contenant une simulation de l'impact d'une variation de ce taux sur les mensualités, la durée du prêt et le coût total du crédit. Cette simulation ne constitue pas un engagement du prêteur à l'égard de l'emprunteur quant à l'évolution effective des taux d'intérêt pendant le prêt et à son impact sur les mensualités, la durée du prêt et le coût total du crédit. Le document d'information mentionne le caractère indicatif de la simulation et l'absence de responsabilité du prêteur quant à l'évolution effective des taux d'intérêt pendant le prêt et à son impact sur les mensualités, la durée du prêt et le coût total du crédit.

2. Pour les prêts dont le taux d'intérêt est variable, le prêteur est tenu, une fois par an, de porter à la connaissance de l'emprunteur le montant du capital restant à rembourser (y compris pour les crédits en cours au 1er octobre 2008).

Le crédit-relais

Le crédit-relais est un prêt à court terme pour l'achat d'un bien immobilier. Il correspond à une avance sur la vente d'un bien immobilier qui va permettre d'obtenir des liquidités afin de pouvoir financer la nouvelle acquisition.

Il faut distinguer deux types de crédit-relais : le crédit-relais sec et le crédit-relais jumelé à un prêt moyen terme.

Le crédit-relais sec

Un prêt-relais sec correspond aux cas où la valeur vénale du bien à vendre est supérieure au prix d'acquisition du logement visé. Le montant du prêt dépend de cette valeur vénale.

Si le logement à vendre a déjà trouvé acquéreur, le montant du prêt peut atteindre jusqu'à 80 % du prix fixé dans le compromis de vente, sans dépasser le prix de la nouvelle acquisition ; sinon, le montant du prêt dépend du montant de la vente et peut représenter jusqu'à 70 % maximum du bien à vendre sans dépasser le prix de la nouvelle acquisition.

Le prêt-relais ne s'amortit pas, c'est ce qu'on appelle un prêt *in fine*. Seuls les intérêts sont remboursés pendant la durée du prêt, le capital n'est pas amorti. Les intérêts peuvent être prélevés mensuellement, trimestriellement ou annuellement.

Les taux de ce genre de prêt sont proches des taux des autres prêts immobiliers.

La durée du prêt n'est pas limitée. Toutefois, une durée de deux ans semble un maximum. Le prêt s'éteindra naturellement avec la vente qui permettra de rembourser le capital.

Les garanties dépendent de la situation financière du souscripteur. S'il a déjà un compromis de vente, le notaire s'engagera à virer directement les fonds chez le banquier avec une délégation de créance. Dans le cas d'un mandat de vente, les garanties classiques d'un prêt immobilier sont demandées : caution mutuelle d'une SCM, nantissement de titres, PPD (Privilège du Prêteur de Deniers) ou hypothèque.

Le crédit-relais jumelé

Si les fruits de la vente sont insuffisants pour solder le prix de la nouvelle acquisition, il faut envisager en plus un crédit immobilier classique. Dans ce cas, le prix de la vente sert d'apport personnel pour l'achat du nouveau logement.

Le crédit immobilier complémentaire jumelé peut être un prêt réglementé ou un prêt classique.

Deux cas se présentent : le bien à vendre est soldé de tout prêt, ou bien il reste encore du CRD sur le prêt finançant le bien à vendre.

Dans le premier cas, la partie prêt relais exige les mêmes conditions que pour un prêt-relais sec qui intervient comme apport personnel, le prêt immobilier servant à financer le reste du capital nécessaire. Tous les capitaux et les intérêts sont différés à la fin. Les intérêts sont capitalisés au moment de la vente.

Dans le second cas où le bien à vendre contient un capital restant dû, le prêt relais est calculé en fonction de la valeur vénale du logement à vendre, et le prêt immobilier jumelé permet de débloquer les fonds nécessaires au remboursement du capital restant dû. La maison est alors libre (l'hypothèque ou autre garantie est levée) et l'ancien logement peut être vendu facilement. À la vente de ce dernier, le remboursement des prêts (prêts relais et prêts à court terme) débute.

Le prêt remboursable *in fine*

Définition

Le prêt *in fine* est proposé avec des montages financiers faisant intervenir :

▸ des produits de placement à moyen terme (8 ans minimum) ;

▸ des prêts adossés à ces placements, avec remboursement du capital en fin de prêt.

Le client ne paye que les intérêts pendant la durée du prêt.

Lorsque le prêt arrive à son terme, le placement effectué sous forme de bon de capitalisation et les intérêts produits permettent au client de rembourser le capital emprunté. Le fisc permettant à l'emprunteur investisseur de déduire de ses revenus locatifs les intérêts de son emprunt immobilier, c'est pour cette raison que le crédit *in fine* est utilisé principalement pour le financement d'un investissement locatif.

L'idéal est que les intérêts soient supérieurs aux loyers afin de créer un « déficit foncier » directement imputable sur les revenus du contribuable. Avec un prêt amortissable classique, le montant des intérêts diminue à chaque échéance, puisqu'il est calculé sur le capital restant dû et que celui-ci se réduit également à chaque échéance du prêt.

Dans le prêt *in fine*, le capital reste identique car non amorti jusqu'au terme du crédit : le montant total des intérêts payés est constant et beaucoup plus important.

Pour solder le capital à l'échéance du prêt, l'emprunteur peut revendre son bien immobilier. Mais la solution la plus simple est de se constituer une épargne en versant, pendant toute la durée du crédit, une mensualité sur un produit de placement associé et prévu à cet effet. En langage technique, on appelle cela « adosser un prêt *in fine* à un contrat d'assurance-vie ».

Cette épargne est nantie, c'est-à-dire affectée à la garantie du prêt, en faveur de la banque qui propose plusieurs supports, généralement un contrat d'assurance-vie.

Mais attention, le montant de l'épargne constituée est tributaire du rendement des placements financiers, et par conséquent très aléatoire. Les contrats en euros, plus sûrs, rapportent aujourd'hui autour de 4 % par an. Les meilleurs produits en unités de compte, placés en actions, atteignent 7 %. Mais rien ne peut en laisser prévoir les performances futures. Par ailleurs, en cas de retournement du marché immobilier, les acheteurs pourraient avoir à revendre le logement à perte. Ce type de crédit s'adresse donc en priorité aux contribuables situés dans les tranches d'imposition les plus élevées.

Bénéficiaires

Personnes physiques ou morales (SNC, SCI).

Objets finançables

Tout bien immobilier.

Quotité

Jusqu'à 100 % des dépenses.

Durée

8 à 12 ans, voire 15 ans. Pas de limite théorique.

Garantie

Nantissement (en théorie, minimum à hauteur de 50 %) d'un produit d'épargne ou de titres et, éventuellement, hypothèque sur le bien acquis ou privilège de prêteur de deniers.

Comparaison entre un prêt classique amortissable et un prêt remboursable *in fine*.
- Montant du prêt : 200 000 €
- Taux du prêt : 4,50 % HA
- Durée : 10 ans

Type de crédit	Échéances mensuelles	À verser à l'échéance	Coût total
Prêt classique amortissable	2 072,76 €	0	248 731 €
Prêt remboursable *in fine*	750 € [(1)]	200 000 €	290 000 €

(1) Uniquement des intérêts.

Il est clair, dans une première lecture, que la solution du crédit remboursable *in fine* ne paraît pas intéressante. Il faut toutefois tenir compte que les intérêts de la solution *in fine* pourront être déduits des revenus fonciers de l'emprunteur et apporter un bonus fiscal à ce dernier.

5. Les différents modes d'acquisition

5.1 Vente en état futur d'achèvement

Ce type de contrat, appelé aussi « vente sur plan », permet à un acheteur d'acquérir un bien immobilier neuf – en secteur collectif ou individuel groupé – avant qu'il ne soit achevé.

La loi du 3 janvier 1967 prévoit que, dans un contrat de vente en état futur d'achèvement, l'acheteur devient immédiatement propriétaire du sol, tandis que le logement ne lui appartient qu'au fur et à mesure de sa construction. Il doit en payer le prix en fonction de l'état d'avancement des travaux. Ce système, très répandu, permet au promoteur d'utiliser immédiatement les différents versements de fonds des acquéreurs et de limiter ainsi le recours au crédit, ce qui en diminue le coût.

Le contrat de réservation

Le contrat définitif de vente est presque toujours précédé d'un contrat de réservation (ou avant-contrat ou contrat préliminaire) par lequel le promoteur s'engage à réserver un ou plusieurs logements à l'acheteur. Ce contrat doit comporter :

▸ la description précise des biens (surfaces, nombre de pièces, identification des annexes – garage, cave, cellier) ;

▸ la description des équipements collectifs ;

▸ le délai de réalisation des travaux ;

▸ la date de signature définitive ;

▸ le montant et les conditions de prêt de l'acheteur ;

▸ le prix du bien et, éventuellement, ses modalités de révision. En effet, le prix de vente peut être soit ferme et définitif, soit révisable en fonction de la variation de l'indice BTO1 publié chaque mois au *Journal officiel*, sachant que la majoration ne peut excéder 70 % de cette variation ;

▸ le montant du dépôt de garantie versé par l'acheteur. Il est au maximum égal à 5 % du prix, si la signature du contrat définitif doit intervenir dans l'année qui suit celle du contrat de réservation, et à 2 % du prix prévu lorsque la signature de l'acte définitif doit avoir lieu dans les deux années qui suivent. Aucun dépôt de garantie ne peut être exigé lorsque la vente définitive doit intervenir dans un délai supérieur à deux ans.

Si l'acquéreur renonce à acheter par la suite, les fonds déposés en garantie sont perdus. Mais ils lui sont restitués (et la vente est annulée) si :

▸ le contrat définitif n'est pas conclu dans le délai prévu ;

▸ la condition suspensive d'obtention du prêt n'est pas réalisée ;

▸ le contrat définitif fait apparaître des mentions différentes de celles figurant dans le contrat de réservation ;

▸ le prix de vente final excède de plus de 5 % le prix figurant dans le contrat de réservation.

L'échelonnement des paiements

Aucun autre versement ne peut être exigé par le vendeur avant la signature définitive de la vente, effectuée devant notaire. Ce dernier doit adresser un projet d'acte définitif à l'acheteur, qui dispose d'un délai d'un mois pour l'accepter ou le refuser. Mais, en aucun cas, un contrat définitif de vente ne peut être signé avant la fin des travaux de fondations.

En cas d'acceptation, l'acquéreur s'engage à payer le prix du logement selon des règles très précises. En effet, les versements de fonds font l'objet d'un échelonnement, selon l'échéancier suivant (maxima ne pouvant être dépassés) :

▸ 35 % du prix à l'achèvement des fondations (y compris les 5 ou 2 % versés à la réservation) ;

▸ 70 % du prix à la mise hors d'eau ;

▸ 95 % du prix à l'achèvement des travaux.

Les 5 % restants sont à verser après la réception définitive des travaux, mais ils peuvent aussi être consignés sur un compte bloqué en cas de contestation sur la qualité de la construction (on parle de « réserves »). Si des malfaçons sont constatées, le promoteur dispose d'un délai d'intervention d'environ trois mois pour effectuer les réparations.

Les garanties financières

La loi protège l'acheteur contre le principal danger inhérent à la vente sur plan : celui que l'immeuble ne soit jamais achevé. Ainsi le décret du 22 décembre 1967 oblige-t-il le promoteur à garantir à l'acheteur soit l'achèvement de l'immeuble, soit le remboursement des versements effectués.

La garantie d'achèvement assure qu'en cas de défaillance du promoteur, un organisme tiers (banque, compagnie d'assurances, voire le promoteur lui-même dans le cadre d'opérations très sécurisées sur le plan financier) s'engage à verser les sommes nécessaires à l'achèvement des travaux dans les délais prévus.

La garantie de remboursement, fournie par un établissement financier habilité ou une société de cautionnement mutuel, prévoit plus directement le remboursement de la totalité des paiements effectués par l'acheteur.

Ces deux garanties ne peuvent pas se substituer l'une à l'autre en cours de contrat, sauf si une clause en prévoit expressément la possibilité.

5.2 Le contrat de construction

Le client doit être propriétaire d'un terrain ou titulaire d'une promesse de vente sur un terrain.

Le projet de construction doit être réalisable au regard des règles d'urbanisme : le CAUE, s'il existe dans le département, peut vous aider à en étudier l'implantation et les aspects architecturaux.

Le choix du constructeur

Le client doit contacter plusieurs constructeurs et comparer les prestations qu'ils offrent après lui avoir fait visiter le terrain : prix, services, qualité technique, délai de livraison, labels, garanties. Il est utile de demander à chaque constructeur un modèle de son contrat afin de l'examiner avant tout engagement.

Il lui faut vérifier que le constructeur détient :

▸ une garantie de livraison donnée par un établissement financier ou une société d'assurances. Destinée à permettre l'achèvement des travaux en cas de défaillance du constructeur, elle est obligatoire (code de la construction et de l'habitation, article L. 231-6) ;

▸ une assurance de responsabilité professionnelle et une assurance de responsabilité décennale qui garantit le futur acquéreur en cas de désordres dans la construction.

Le client peut aussi se renseigner au tribunal de commerce pour savoir si l'entreprise ne fait pas l'objet d'un dépôt de bilan.

Le futur acquéreur ne doit verser aucune somme à quelque titre que ce soit avant la signature du contrat.

Les vérifications à réaliser

Le contrat de construction, strictement réglementé, est rédigé par écrit et doit notamment comporter :

Les conditions suspensives

Le contrat ne peut prendre effet que si toutes les conditions, qui en conditionnent l'exécution, sont réalisées :

▸ être propriétaire du terrain ;

▸ obtenir ses prêts ;

▸ accord du permis de construire ;

▸ souscription d'une assurance dommages-ouvrage ;

▸ le constructeur est titulaire de la garantie de livraison.

Le client peut signer son contrat de construction avant que toutes ces conditions soient réunies : le contrat doit alors préciser que si elles ne sont pas réalisées à la date prévue au contrat, et au plus tard à l'ouverture du chantier, il sera annulé. Toute somme versée préalablement devra être intégralement remboursée.

Le plan et la notice descriptive des travaux

Ces documents doivent mentionner tous les travaux indispensables à l'implantation, l'adaptation au sol et l'utilisation de la maison, notamment les travaux de raccordements à l'égout et aux autres réseaux publics. La notice indique le coût des travaux indispensables lorsque ceux-ci ne sont pas compris dans le prix. Le client a quatre mois, à compter de la signature du contrat, pour en demander l'exécution au constructeur au prix indiqué.

Le prix global de la construction

Il inclut : les taxes dues par le constructeur, le coût du plan, le coût de la garantie de livraison, le cas échéant, le coût de la garantie de remboursement et les frais d'études du terrain. À ce prix doit s'ajouter le coût des travaux indispensables à l'implantation et à l'utilisation de la maison, que le client a expressément décidé de prendre à sa charge.

Les conditions de la révision du prix, si elle est prévue

La date d'ouverture du chantier

Le délai d'exécution des travaux et les pénalités prévues en cas de retard de livraison.

La justification de la garantie de livraison

Le constructeur doit être cautionné par un établissement financier ou une société d'assurances qui s'engage, en cas d'inexécution ou de mauvaise exécution des travaux prévus au contrat, à déterminer la maison au prix convenu. Vérifier que la garantie couvre le chantier.

La justification de la garantie de remboursement, le cas échéant

L'échelonnement des paiements en fonction de l'avancement des travaux

- ▸ 5 % à l'ouverture du chantier.
- ▸ 25 % à l'achèvement des fondations.
- ▸ 40 % à l'achèvement des murs.
- ▸ 60 % à la mise hors d'eau.
- ▸ 75 % à l'achèvement des cloisons et à la mise hors d'air.
- ▸ 95 % à l'achèvement des travaux d'équipements, de plomberie, de menuiserie, et de chauffage.

Le solde est versé à la réception (remise des clés).

Seul le constructeur titulaire d'une garantie de remboursement, sous forme de caution solidaire d'un établissement de crédit ou d'une société d'assurances, peut exiger les paiements prévus avant l'ouverture du chantier :

- 5 % à la signature du contrat ;
- 10 % à la délivrance du permis.

Cette garantie, à ne pas confondre avec la garantie de livraison, est destinée à assurer le remboursement intégral des sommes versées avant l'ouverture du chantier : en cas de non-réalisation des conditions suspensives, ou de renoncement de la part du client dans les sept jours qui suivent la réception du contrat, ou de non-ouverture du chantier à la date convenue.

Le constructeur qui ne justifie pas de la garantie de remboursement peut toutefois demander, avant l'ouverture du chantier, le versement d'un dépôt de garantie : il doit être limité à 3 % du prix de la construction et bloqué, sur un compte spécial ouvert au nom de l'acquéreur, jusqu'à la réalisation de toutes les conditions suspensives ; il est ensuite déduit des premiers paiements prévus par le contrat.

Il faut vérifier que les assurances de responsabilité professionnelle et décennale prises par le constructeur concernent bien le chantier. Le client doit souscrire une assurance dommages-ouvrage avant l'ouverture du chantier.

Délai de renonciation

Une fois le contrat signé, le constructeur doit l'envoyer par lettre recommandée. À compter de sa réception, le client dispose d'un délai de sept jours pour revenir éventuellement sur son engagement. S'il renonce au contrat, le client doit informer le constructeur avant l'expiration de ce délai, par lettre recommandée. Les sommes versées à la signature du contrat devront alors être intégralement remboursées sans retenue d'aucune sorte.

La signature du contrat engage le client

Passé le délai de sept jours suivant la réception du contrat, le client est engagé au même titre que le constructeur. Il ne peut l'annuler et récupérer son argent que si l'une des conditions suspensives mentionnées dans le contrat n'est pas réalisée à la date prévue.

Une fois le chantier ouvert, le client devra suivre l'exécution des travaux, contrôler leur avancement et payer les sommes correspondantes, conformément à l'échelonnement prévu au contrat. Le banquier doit avoir l'accord du client, à chaque stade des travaux, pour verser les fonds à ce dernier.

Le client ne doit jamais signer en blanc : ni bon pour paiement, ni appel de fonds, ni chèque.

▸ Si le client apporte des modifications à son projet, en cours de chantier, il doit en faire la demande au constructeur ; un avenant au contrat, daté et signé, doit, avant leur exécution, prévoir les conditions financières et techniques TEG de leur réalisation.

▸ Si le client constate un retard dans le délai de livraison ou un arrêt des travaux, il doit mettre en demeure le constructeur soit de livrer l'immeuble, soit d'exécuter les travaux. Il doit en informer également l'organisme qui a donné la garantie de livraison.

L'achèvement des travaux et le paiement du solde

Les travaux terminés, le client prononce la réception avec le constructeur en établissant un procès-verbal :

▸ soit il se fait assister d'un professionnel du bâtiment – architecte, maître d'œuvre agréé en architecture, contrôleur technique, ingénieur-conseil notamment – qui l'aidera à faire la réception avec le constructeur :

- • si aucun désordre n'est apparent, il verse le solde du prix au constructeur,

- • si des désordres sont constatés, il les mentionne précisément dans le procès-verbal et consigne le solde, 5 % maximum du prix, jusqu'à leur réparation ;

▸ soit il procède seul à la réception avec le constructeur :

- • il a un délai de huit jours à compter de la remise des clés pour lui signaler, par lettre recommandée, les désordres apparents éventuels,

- • il verse le solde du prix à l'expiration de ce délai, sous réserve qu'aucun désordre ne soit apparu entre-temps ; dans le cas contraire, il consigne 5 % maximum du prix jusqu'à sa réparation.

6. Les différents taux

6.1 Le taux effectif global (TEG)

Dans tous les cas, pour la détermination du taux effectif global du prêt comme pour celle du taux effectif pris comme référence, sont ajoutés aux intérêts les frais, commissions ou rémunérations de toutes natures, directs ou indirects, y compris ceux qui sont payés ou dus à des intermédiaires intervenus de quelque manière que ce soit dans l'octroi du prêt, même si ces frais, commissions ou rémunérations correspondent à des débours réels.

Toutefois, pour l'application des articles L. 312-4 à L. 312-8, les charges liées aux garanties dont les crédits sont éventuellement assortis, ainsi que les honoraires d'officiers ministériels ne sont pas compris dans le taux effectif global défini ci-dessus, lorsque leur montant ne peut être indiqué avec précision antérieurement à la conclusion définitive du contrat.

En outre, pour les prêts qui font l'objet d'un amortissement échelonné, le taux effectif global doit être calculé en tenant compte des modalités de l'amortissement de la créance. Le taux effectif global déterminé comme il est stipulé à l'article L. 313-1 doit être mentionné dans tout écrit constatant un contrat de prêt. Toute infraction aux dispositions du présent article sera punie d'une amende de 4 500 €.

6.2 Le taux légal

En application de l'article L. 313-2 du code monétaire et financier, le taux de l'intérêt légal, qui est fixé chaque année par décret pour la durée de l'année civile, est égal « à la moyenne arithmétique des douze dernières moyennes mensuelles des taux de rendement actuariel des adjudications de Bons du Trésor à taux fixe à treize semaines ».

Le taux de l'intérêt légal, qui est le même en matière civile et commerciale, sert notamment au calcul des intérêts moratoires dus par un débiteur après mise en demeure.

Il trouve, en outre, à s'appliquer dans le domaine fiscal, et notamment au paiement fractionné ou différé des droits d'enregistrement, de la taxe de publicité foncière et des taxes additionnelles exigibles sur certaines mutations de propriété et apports en société.

Taux d'intérêt légal pour 2008 : 3,99 %.

6.3 Le taux d'usure

Constitue un prêt usuraire tout prêt conventionnel consenti à un taux effectif global qui excède, au moment où il est consenti, de plus du tiers, le taux effectif moyen pratiqué au cours du trimestre précédent par les établissements de crédit pour des opérations de même nature comportant des risques analogues.

S'agissant des crédits à caractère renouvelable (découverts en compte, crédits permanents...), il convient d'apprécier (le taux à la date de chaque arrêté périodique de compte donnant lieu à perception d'intérêts) sur la base des utilisations réelles de la période (et non de l'utilisation initiale).

Consentir un prêt usuraire constitue un délit punissable d'une amende de 45 000 € maximum et/ou d'un emprisonnement de deux ans au plus (code de la consommation, art. L. 313-3).

Chaque trimestre, la Banque de France collecte les données nécessaires au calcul des taux effectifs moyens afin de déterminer les seuils de l'usure. Elle ajoute ensuite 1/3 aux taux pratiqués.

6.4 L'EURIBOR (Euro Interbank Offered Rate)

L'Euribor est l'un des deux principaux taux de référence du marché monétaire de la zone euro.

L'Euribor trois mois sert de base au deuxième plus grand marché de taux d'intérêt de la zone euro, où se traitent des maturités pouvant aller jusqu'à 50 ans, le marché des swaps.

L'Euribor est parfois traduit en français, par exemple dans certains contrats de prêts à taux indexés, par Tibeur (taux interbancaire offert en Europe).

L'Euribor est, pour une échéance donnée (par exemple : trois mois, souvent noté EUR3M), le fixing calculé chaque jour ouvré à 11 h 00, heure française, publié par la Fédération Bancaire Européenne (FBE), d'un taux moyen auquel un échantillon d'une cinquantaine de grandes banques établies en Europe prête en blanc (c'est-à-dire sans que le prêt ne soit gagé par des titres) à d'autres grandes banques.

L'Euribor est utilisé comme index pour les prêts à taux variable offerts aux particuliers et aux entreprises (dans lesquels le taux d'intérêt est exprimé comme la somme de l'Euribor choisi – par exemple, l'Euribor trois mois – et de la marge du prêteur).

Les seuils au-delà desquels les taux effectifs globaux sont considérés comme usuraires ont été fixés, par nature et catégorie de prêts, pour le deuxième trimestre 2008 par avis paru au J.O. du 1ᵉʳ avril 08

- Un prêt usuraire est un prêt consenti à un taux effectif global qui excède, au moment où il est accordé, de plus du tiers le taux effectif moyen pratiqué au cours du trimestre précédent par les établissements de crédit pour des opérations de même nature et comportant des risques analogues (code Consommation. Art. L.313-3).

- S'agissant des crédits à caractère renouvelable (découverts en compte, crédits permanents...), il convient d'apprécier (le taux à la date de chaque arrêté périodique de compte donnant lieu à perception d'intérêts, sur la base des utilisations réelles de la période (et non de l'utilisation initiale).

- Consentir un prêt usuraire constitue un délit punissable d'une amende de 45 000 € maximum et/ou d'un emprisonnement de deux ans au plus (code Consommation art. L. 313-3).

- Chaque trimestre, la Banque de France collecte les données nécessaires au calcul des taux effectifs moyens afin de déterminer les seuils de l'usure. Elle ajoute ensuite 1/3 aux taux pratiqués. (Voir tableau 7.16 page suivante)

6.5 EONIA (Euro OverNight Index Average)

Eonia est le taux de référence quotidien des dépôts interbancaires en blanc (c'est-à-dire sans être gagés par des titres) effectués au jour le jour dans la zone euro.

Il s'agit de la moyenne, pondérée par les montants, des taux effective-ment traités sur le marché monétaire interbancaire de l'euro pendant la journée par un large échantillon de grandes banques, pour les dépôts/ prêts jusqu'au lendemain ouvré. Il est aussi utilisé comme index dans certains crédits aux entreprises.

7. Les différentes garanties

Pour être assurés que les remboursements des crédits accordés seront honorés, les prêteurs prennent des garanties, encore appelées sûretés. Les garanties sont matérialisées sous diverses formes :

▸ une tierce personne physique ou morale peut se porter « caution », c'est-à-dire qu'elle garantit le remboursement d'un crédit au cas où l'emprunteur principal serait défaillant. On parle alors de garantie personnelle ;

Tableau 7.16 – Calcul des seuils de l'usure

Autres prêts aux particuliers calculés à partir du TAEG	Taux des 4 trimestres précédents				Taux effectif moyen du 1er trimestre 2008	Seuil de l'usure à compter du 1er avril 2008
	2e trimestre 2007	3e trimestre 2007	4e trimestre 2007	1er trimestre 2008		
Prêts d'un montant inférieur ou égal à 1 524 € (*)	20,76 %	20,33 %	20,39 %	20,88 %	15,45 %	20,60 %
Découverts en compte, prêts permanents et financement d'achats ou de ventes à tempérament d'un montant supérieur à 1 524 € (*)	19,07%	19,25 %	19,85 %	20,16 %	15,36 %	20,48 %
Prêts personnels et autres prêts d'un montant supérieur à 1 524 €	8,44 %	8,72 %	8,93 %	9,39 %	7,20 %	9,60 %

Prêts immobiliers aux particuliers	Taux des 4 trimestres précédents				Taux effectif moyen du 1er trimestre 2008	Seuil de l'usure à compter du 1er avril 2008
	2e trimestre 2007	3e trimestre 2007	4e trimestre 2007	1er trimestre 2008		
Prêts à taux fixe	6,39 %	6,27 %	6,41 %	6,63 %	5,44 %	7,25 %
Prêts à taux variable	6,12 %	6,24 %	6,53 %	6,72 %	5,37 %	7,16 %
Prêts relais	6,21 %	6,35 %	6,48 %	6,53 %	5,44 %	7,25 %

Prêts aux entreprises	Taux des 4 trimestres précédents				Taux effectif moyen du 1er trimestre 2008	Seuil de l'usure à compter du 1er avril 2008
	2e trimestre 2007	3e trimestre 2007	4e trimestre 2007	1er trimestre 2008		
Découverts en compte	14,44 %	14,48 %	14,61 %	14,71 %	10,72 %	14,29 %

(*) pour apprécier le caractère usuraire du taux effectif global d'un découvert en compte ou d'un prêt permanent, le montant à prendre en considération est celui du crédit effectivement utilisé.

▸ un bien mobilier ou immobilier sur lequel le banquier pourrait se payer en cas de non-remboursement constitue une garantie réelle ;

▸ une assurance-décès invalidité (ADI) est aussi, pour le prêteur, une garantie complémentaire, en cas de problème de santé ou du décès de l'emprunteur.

7.1 Les garanties personnelles

Le cautionnement personne physique

On parle de cautionnement personne physique lorsqu'une personne physique apporte sa garantie à un engagement.

L'engagement à se porter caution doit être écrit et manifester explicitement l'engagement. Ainsi, depuis la loi Neiertz du 31 décembre 1989, il est prévu que la personne qui s'engage doit faire précéder sa signature d'un texte qu'elle aura elle-même écrit à la main. Ce texte diffère selon que la caution est simple ou solidaire mais, dans les deux cas, il doit être manuscrit. Faute de cela, l'engagement n'a aucune valeur juridique et la caution n'est donc pas tenue de rembourser d'éventuelles dettes.

De plus, pour les crédits immobiliers et les crédits à la consommation, l'organisme de crédit doit remettre au préalable un exemplaire de l'offre préalable de crédit à la personne qui envisage de se porter caution.

Pour le montant de la somme, il doit être écrit à la main, en toutes lettres et en chiffres. Si le montant n'est pas déterminable le jour de l'engagement, l'acte doit préciser la connaissance que la caution a de la nature et de l'étendue de l'obligation garantie.

Si les mentions ne sont pas conformes à celles prévue par la loi, la caution est nulle.

Deux types de cautionnements

▸ Le cautionnement simple : la caution dispose du bénéfice de discussion et, en cas de pluralité de caution, du bénéfice de division :

- bénéfice de discussion : la caution ne sera actionnée qu'après que la banque a épuisé l'ensemble de ses recours contre le cautionné ;

- bénéfice de division : en cas de pluralité de cautions, la caution actionnée peut demander à la banque de se retourner en même temps contre les autres cautions.

▸ Le cautionnement solidaire : la caution renonce à ces deux bénéfices et l'écrit expressément sur l'acte de caution.

Durée du cautionnement

▸ Si l'engagement est indéterminé, la personne qui se porte caution peut résilier unilatéralement son engagement avec l'envoi d'un recommandé avec accusé de réception. Elle devra uniquement payer les dettes nées avant la résiliation.

▸ Si l'engagement est déterminé, c'est-à-dire qu'il a une durée précise, la caution ne pourra pas résilier unilatéralement et devra attendre d'être à la date prévue pour que son engagement s'éteigne.

L'information de la caution en cours d'exécution du contrat

Le code de la consommation prévoit que la caution soit informée dès le premier incident caractérisé de paiement. Si l'établissement prêteur ne se conforme pas à cette obligation, la caution ne saurait être tenue au paiement des pénalités ou intérêts de retard échus entre la date de ce premier incident et celle à laquelle elle en a été informée.

Le créancier professionnel est aussi tenu de faire connaître à la caution personne physique, au plus tard avant le 31 mars de chaque année, le montant du principal et des intérêts, commissions, frais et accessoires restant à courir au 31 décembre de l'année précédente au titre de l'obligation garantie, ainsi que le terme de cet engagement. Si l'engagement est à durée indéterminée, il rappelle la faculté de révocation à tout moment et les conditions dans lesquelles celle-ci est exercée. À défaut, la caution ne saurait être tenue au paiement des pénalités ou intérêts de retard échus depuis la précédente information jusqu'à la date de communication de la nouvelle information.

La solvabilité de la caution

L'établissement financier doit vérifier que les ressources de la personne se portant caution lui permettent de garantir le montant cautionné. L'article L. 313-10 du code la consommation énonce que l'engagement de la caution, au moment de la signature du contrat, ne doit pas être manifestement disproportionné à ses biens et revenus. Si c'est le cas, le cautionnement n'aura pas de valeur et le créancier ne pourra pas réclamer le paiement de la dette.

La caution peut, elle aussi, saisir la commission de surendettement quand elle ne sait plus faire face à ses obligations financières. Elle peut, également, demander des délais de grâce au juge, comme n'importe quel débiteur qui rencontre des difficultés financières.

La caution peut se retourner contre le débiteur principal pour obtenir le remboursement des sommes qu'elle a réglées à sa place. Elle doit alors l'attaquer en justice.

Le cautionnement personne morale

Il s'agit ici d'un cautionnement apporté par une société spécialisée appelée « société de caution mutuelle ». Elle est plus particulièrement utilisée pour la garantie d'un crédit immobilier ou professionnel mais peut être aussi utilisée, dans de rares cas, afin de garantir un crédit à la consommation.

La société de cautionnement s'engage à se substituer au débiteur en cas de non-paiement des échéances. Si son coût à l'entrée est élevé, elle possède deux avantages principaux :

▸ l'absence des frais de mainlevée. En effet, il n'y a pas de levée de garantie par le notaire en cas d'annulation liée à la vente du bien apporté en garantie ;

▸ la caution peut être partiellement restituable en fin de crédit lorsqu'un fonds mutuel de garantie (FMG) a été alimenté.

Il existe beaucoup de sociétés de cautionnement, souvent affiliées à de grandes banques de dépôt. On peut noter ainsi la SACEFF, la CAMCA, ou la SOCAMI.

Elles permettent d'éviter les frais de mainlevée, et leur faible coût d'entrée compense leur non-restitution en fin de prêt. La plus connue reste le Crédit Logement, filiale des principales grandes banques françaises.

La cotisation d'une SCM comprend, en général, une commission de caution (versée à fonds perdu) et la participation à un FMG. Cette dernière est restituable pour partie en fin de prêt, ou lors d'un remboursement anticipé total. Le taux de restitution est calculé mensuellement en fonction de l'utilisation contentieuse du FMG (actuellement environ 75 % pour le Crédit Logement).

EXEMPLE

– Montant garanti : 200 000 €
– Commission de caution : 0,5 %
– FMG : 1,5 %
– Taux de restitution : 75 %

Le client aura à régler :

- 1 000 € au titre de la commission de caution
- 3 000 € au titre du FMG

Soit 4 000 € au total et se verra restituer à l'échéance de son prêt 2 250 € (75 % de 3 000 €).

7.2 Les garanties réelles

Les garanties réelles mobilières

L'ordonnance 2006-346 du 23 mars 2006 réforme particulièrement le droit des sûretés. On retiendra de cette réforme :

▸ l'amélioration de la lisibilité du droit des sûretés en regroupant les textes épars dans le livre IV du Code civil ;

▸ la simplification de la constitution des sûretés réelles mobilières en consacrant le gage sans dépossession ;

▸ la possibilité du gage de ses stocks par une entreprise pour lui permettre d'obtenir du crédit tout en conservant l'usage de ses stocks ;

▸ la facilitation de la réalisation des sûretés en permettant au créancier de devenir conventionnellement propriétaire des biens gagés (validation du pacte commissoire).

Dans un souci manifeste de simplification, l'ordonnance unifie la terminologie utilisée en matière de sûretés mobilières :

▸ le terme gage est réservé aux meubles corporels ;

▸ le terme nantissement aux meubles incorporels.

L'article 2329 du Code civil donne la liste des sûretés mobilières : il s'agit des privilèges mobiliers, du gage de meubles corporels, du nantissement de meubles incorporels et de la propriété retenue à titre de garantie.

Les privilèges mobiliers

Les privilèges mobiliers sont des sûretés légales sous forme de contrat qui confèrent à un créancier, en raison de la nature de sa créance, un droit d'être préféré aux autres créanciers, mêmes hypothécaires. Il en existe deux catégories : les privilèges généraux et les privilèges spéciaux. L'ordonnance fixe les règles de conflit de ces privilèges, et notamment le fait que les privilèges spéciaux priment les privilèges généraux, sauf dispositions contraires :

- les privilèges généraux mobiliers sont ceux qui sont attachés à des créances présentant un caractère d'intérêt public, ou que la loi estime devoir protéger (ex. : frais de justice, salaires qui bénéficient d'un super-privilège primant sur tous les autres en cas de redressement ou liquidation judiciaire, URSSAF – Union de Recouvrement des Cotisations de Sécurité Sociale et d'Allocations Familiales –, Trésor public, etc.) ;

- les privilèges spéciaux mobiliers sont ceux qui ne portent que sur certains meubles (privilège du bailleur d'immeuble, privilège du syndicat de copropriété, privilège de vendeur de meubles).

Le gage de meubles corporels

Le gage civil vient de faire, en 2006, l'objet d'une profonde réforme. La remise du bien gagé au créancier ou à un tiers devient facultative (la dépossession était initialement indissociable du gage).

Objet du gage

- Le gage peut porter non seulement sur un bien présent mais aussi sur un bien futur. Il est également possible sur un ensemble de biens, ce qui permet le gage de stocks.

- Le gage peut garantir une créance future dès lors qu'elle est déterminable.

- Le gage ne peut porter que sur un bien appartenant au constituant.

Constitution

- Le gage peut être constitué par le débiteur ou par un tiers.

- Un époux ne peut donner un bien commun en gage sans l'accord de l'autre époux.

- Le gage suppose un écrit contenant la désignation de la dette garantie, la quantité des biens donnés en gage ainsi que leur espèce et leur nature.

- Le gage devient opposable aux tiers soit par voie de publicité de cet écrit (inscription sur un registre spécial), soit par dépossession entre les mains du créancier ou d'un tiers convenu.

- La publicité permet de régler les conflits entre créanciers gagistes : si un même bien a fait l'objet de plusieurs gages successifs sans dépossession, le rang des créanciers sera réglé par l'ordre de leur inscription. Les fruits du bien gagé sont perçus par le créancier qui les impute sur les intérêts ou, à défaut, sur le capital de la dette (sauf stipulation contraire).

▸ Les délais d'inscription sont de deux mois à compter de l'immatriculation pour un gage sur véhicule automobile.

Conservation

▸ En cas de gage avec dépossession : l'obligation pèse sur le créancier ou le tiers auquel le bien est confié. Le constituant est tenu de leur rembourser les dépenses utiles ou nécessaires faites pour la conservation du bien.

▸ En cas de gage sans dépossession : l'obligation de conservation du bien incombe au constituant. En cas de manquement à cette obligation, le créancier peut se prévaloir de la déchéance du terme de la dette garantie ou demander un complément de gage.

Réalisation du gage

▸ À défaut de paiement de la dette garantie, le créancier peut demander en justice soit la vente, soit l'attribution du bien.

▸ L'ordonnance abroge la prohibition des pactes commissoires : les parties peuvent en effet prévoir, lors de la constitution du gage ou postérieurement, qu'à défaut de paiement de la dette garantie, le créancier devient propriétaire du bien gagé (la prohibition demeure pour les gages garantissant le remboursement d'un crédit à la consommation consenti à un consommateur).

▸ La valeur du bien doit être déterminée, à la date du transfert, au regard de sa cotation officielle sur un marché organisé au sens du code monétaire et financier ou, à défaut d'une telle cotation, par un expert désigné amiablement ou judiciairement.

EXEMPLE

A emprunte à B 5 000 € remboursables à l'issue d'un délai de deux ans. Pour garantir ce remboursement, B demande à A de mettre en gage un meuble de style qui lui appartient.

Auparavant, A et B ne peuvent convenir au jour de la constitution du gage que le meuble de style deviendra la propriété de B en cas de non-remboursement de sa dette par A à l'issue des deux ans. En outre, pour obtenir l'attribution du meuble, B doit nécessairement agir en justice.

Depuis la réforme de 2006, il est permis au contraire à A et B de prévoir ce mode d'attribution dès la constitution du gage, de telle sorte qu'en cas de défaillance, B n'aura pas besoin de solliciter l'attribution du bien en justice.

Le nantissement de meubles incorporels

Le nantissement est l'affectation, en garantie d'une obligation, d'un bien meuble incorporel ou d'un ensemble de biens meubles incorporels, présents ou futurs.

Le nantissement de meubles incorporels inclut le nantissement conventionnel (dont le nantissement de créances et le nantissement d'autres meubles incorporels) et le nantissement judiciaire.

Le nantissement de créances

Objet

▸ Nantissement de tous les types de créances de somme d'argent, commerciales aussi bien que civiles, contractuelles ou non contractuelles.

▸ Le nantissement a pour vocation de garantir tout type de créance, sans distinction fondée sur la qualité du créancier ou du débiteur.

▸ Le nantissement est également possible en un même acte sur « un ensemble de biens incorporels », par conséquent sur un nombre non limité de créances. Seule l'identification des créances est nécessaire.

▸ Les nantissements de meubles incorporels futurs sont également reconnus.

Forme

▸ La forme écrite est une condition de validité du nantissement de créance.

▸ L'écrit peut être sous forme authentique ou sous seing privé.

▸ Les créances garanties et les créances nanties sont obligatoirement désignées dans l'acte.

Le nantissement d'autres meubles incorporels

Ce type de nantissement est soumis, à défaut de dispositions spéciales, aux règles prévues pour le gage de meubles corporels (non-remise en cause dans l'ordonnance du nantissement d'instrument financier et de fonds de commerce).

Dans le cadre du nantissement du solde d'un compte espèces, celui-ci est défini par l'article 2360 du nouveau Code civil : « Lorsque le nantissement porte sur un compte, la créance nantie s'entend du solde débiteur, provisoire ou définitif, au jour de la réalisation de la sûreté. »

La réserve de propriété (propriété retenue à titre de garantie)

Si la réserve de propriété a été envisagée par l'ordonnance, aussi bien en matière immobilière que mobilière, elle n'a été cependant réglementée de manière détaillée qu'en matière mobilière, car peu utilisée dans le domaine immobilier.

Nature juridique

▸ C'est une clause qui « suspend l'effet translatif d'un contrat jusqu'au complet paiement de l'obligation qui en constitue la contrepartie. »

▸ La clause peut figurer dans n'importe quel type de contrat ; elle a un caractère suspensif et ne peut pas garantir une autre créance que celle qui constitue la contrepartie du transfert de propriété.

Les garanties réelles immobilières

La réforme des sûretés de 2006 a bien évidemment entraîné un grand nombre de modifications en matière de garanties réelles immobilières avec, entre autres :

▸ la diminution du coût de l'hypothèque ;

▸ la simplification des procédures de mainlevées ;

▸ l'allongement des inscriptions à 50 ans au lieu de 50 + 1 an ajouté à la durée du prêt ;

▸ la modernisation du droit de l'hypothèque en allégeant ses coûts et en simplifiant sa mainlevée et sa purge ;

▸ la consécration de l'hypothèque rechargeable qui permet à un débiteur d'utiliser cette garantie pour plusieurs crédits successifs ;

▸ la création du prêt viager hypothécaire grâce auquel un propriétaire d'un bien immobilier peut obtenir à son décès un prêt remboursable sur l'immeuble, ou lors de la vente de celui-ci.

Le régime des hypothèques

L'hypothèque conventionnelle est une sûreté réelle portant sur un ou plusieurs immeubles du débiteur. Le débiteur reste en possession de son immeuble et peut l'aliéner, le créancier hypothécaire étant protégé par son droit de suite et son droit de préférence.

▸ Le droit de préférence permet au créancier hypothécaire d'être payé sur le prix d'adjudication de l'immeuble, avant les autres créanciers, pour le montant de la somme mentionnée dans l'inscription :

Figure 7.3 – Le droit de préférence

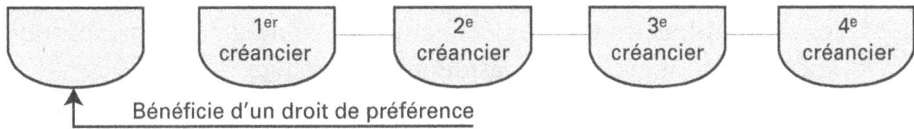

Bénéficie d'un droit de préférence

▸ Le droit de suite permet au créancier hypothécaire de saisir l'immeuble vendu entre les mains d'un tiers détenteur :

Figure 7.4 – Le droit de suite

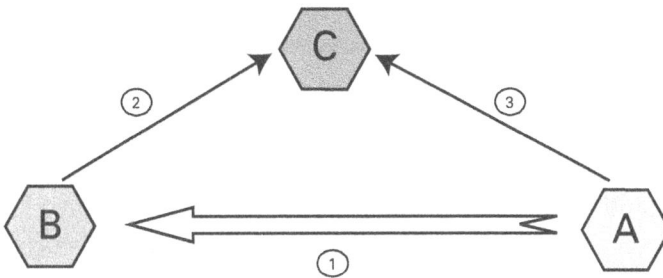

① A est un créancier de B (il lui a vendu un bien) et possède un droit de suite.

② B décide de vendre le bien à C.

③ A possédant un droit de suite va récupérer le bien entre les mains de C.

L'ordonnance du 23 mars 2006 contient de nombreuses innovations :

▸ extension de l'assiette de l'hypothèque aux améliorations qui surviennent de l'immeuble ;

▸ clarification du régime de l'hypothèque en cas d'indivision ;

▸ l'hypothèque sur un terrain constructible ;

▸ l'hypothèque pouvant garantir une créance future déterminable, dont la cause figure à l'acte ;

▸ l'obligation de consentir une hypothèque à hauteur d'une somme déterminée ;

▸ la résiliation unilatérale (par le constituant) de l'hypothèque à durée indéterminée ;

▸ la transmission de plein droit de l'hypothèque en même temps que la créance garantie.

L'attribution de l'immeuble en pleine propriété :

▸ le créancier hypothécaire peut demander en justice que l'immeuble lui soit attribué en cas de défaillance du débiteur ; disposition non réalisable dans le cas de la résidence principale ;

▸ l'immeuble doit être estimé par expert désigné à l'amiable ou judiciairement.

La validité du pacte commissoire :

▸ l'article 2459 du Code civil consacre la validité du pacte commissoire en matière d'hypothèque ;

▸ « Il peut être convenu dans la convention d'hypothèque que le créancier deviendra propriétaire de l'immeuble hypothéqué. »

La purge amiable :

Dans le cas de la vente d'immeuble hypothéqué, le Code civil a prévu une procédure appelée « purge » qui permet, à certaines conditions, au tiers acquéreur de libérer l'immeuble acquis de l'hypothèque (extinction du droit de suite). L'ordonnance donne un fondement légal à la faculté de convenir en amont d'une purge amiable afin d'affecter le prix de cession d'un bien au désintéressement du créancier.

Mainlevée :

▸ un an après le terme du prêt initial, l'inscription du privilège ou de l'hypothèque s'éteint d'elle-même ;

▸ si le bien est revendu avant ce délai, l'acquéreur demandera à ce qu'il soit procédé à la mainlevée de l'hypothèque, car la banque pourrait faire vendre le bien en cas d'impayé même si le propriétaire a changé. On parle de droit de suite du créancier ;

▸ la radiation (suppression) de l'hypothèque est faite par le conservateur des hypothèques à la demande du notaire. Elle entraîne donc des frais qui restent à la charge du vendeur ;

▸ la mainlevée peut désormais être opérée par la rédaction d'un acte notarié certifiant que le créancier a, à la demande du débiteur, donné son accord à la résiliation de l'inscription.

Coût :

▸ l'hypothèque conventionnelle entraîne le paiement d'une taxe de publicité foncière (0,715 % du montant du prêt et des accessoires garantis, par exemple les intérêts). À noter que le PEL, le PAS, le PC et le prêt à taux 0 % sont dispensés de cette taxe ;

▸ outre cette taxe, l'hypothèque supporte des droits de timbre, le salaire du conservateur des hypothèques, les émoluments du notaire, la TVA et les déboursés.

Les privilèges immobiliers

Comme les privilèges mobiliers, ils sont de deux types : les privilèges généraux et les privilèges spéciaux.

Les privilèges généraux :

▸ donnent un droit de préférence sur tous les biens (d'abord les meubles puis les immeubles) du débiteur même s'ils sont hypothéqués. Il n'y a droit de suite que si ces privilèges sont publiés ;

▸ garantissent le paiement des frais de justice, des salaires et des trois dernières années de droits d'auteur.

Les privilèges spéciaux portent sur certains immeubles déterminés. À condition d'être publiés, ils procurent un droit de suite et de préférence, primant même les hypothèques.

▸ Le privilège du vendeur d'immeuble pour le paiement du prix : il porte sur l'immeuble vendu et s'étend aux éventuelles constructions et améliorations.

▸ Le Privilège du Prêteur de Deniers (PPD ou IPPD) : garantie préférée des établissements de crédit, le PPD bénéficie à la banque qui a prêté les fonds nécessaires à l'acquisition d'un bien immobilier.
Le PPD ressemble à l'hypothèque, toutefois ce dernier ne pourra garantir le paiement du prix d'achat d'un bien existant le jour de la signature de l'acte authentique. Sont par conséquent exclus les financements des constructions des travaux ou des VEFA – Vente en l'état futur d'achèvement – (pour cette opération, il est possible de prendre un PPD sur le terrain et la partie déjà construite éventuellement).
Ce privilège offre surtout une meilleure protection au prêteur, puisque l'inscription est réalisée à la conservation des hypothèques dans les deux mois qui suivent la vente. Il prend rang à la date de la vente, c'est-à-dire que le privilège sera prioritaire sur toutes les garanties qui seront prises après cette date sur le bien.
Le privilège, comme l'hypothèque, donne au créancier le droit de faire vendre le bien en cas de non-paiement. Sa durée est de 50 ans maximum.
À noter que cette inscription est exonérée de la taxe de publicité foncière, actuellement de 0,715 % du montant emprunté.

- ▸ Le privilège des architectes et des entrepreneurs.
- ▸ Le privilège du syndicat de copropriété.

L'antichrèse

- ▸ Rarement utilisée, il s'agit de l'affectation d'un immeuble en garantie d'une obligation (article 2387 du Code civil).
- ▸ C'est en fait un nantissement de bien immobilier avec dépossession.
- ▸ C'est également la possibilité pour le créancier de donner à bail l'immeuble dont le débiteur s'est dépossédé à titre de garantie.
- ▸ Particularité : article 2390 du Code civil : « Le créancier peut, sans en perdre la possession, donner à bail (…) au débiteur lui-même. »

L'hypothèque rechargeable

Elle permet à un débiteur qui a déjà constitué une hypothèque de ne pas avoir à en constituer une nouvelle, afin de garantir soit le même créancier, soit un autre. Concrètement, l'emprunteur pourra donc s'adresser à une autre banque que celle qui lui a accordé le prêt initial.

Fonctionnement :

- ▸ toutes les hypothèques ne deviennent pas automatiquement rechargeables ;
- ▸ cette possibilité doit être prévue par le créancier et le débiteur dans la convention de constitution de l'hypothèque ;
- ▸ une hypothèque inscrite antérieurement au 25 mars 2006 peut être transformée en hypothèque rechargeable par la rédaction d'un avenant prévoyant qu'elle soit affectée à la garantie d'autres créances, dans les conditions de l'article 2422 du Code civil ;
- ▸ l'hypothèque pourra être rechargée dans la limite d'un montant maximal qui sera fixé dans la convention constitutive de l'hypothèque. Une revalorisation de l'immeuble ne pourra pas faire varier ce montant ;
- ▸ toute convention de rechargement est obligatoirement faite par acte authentique.

Particularités :

- ▸ le crédit revolving ne peut bénéficier de la recharge hypothécaire pour être garanti ;
- ▸ la convention de rechargement peut être passée avec le même créancier ou un créancier différent ;

▸ une convention d'hypothèque antérieurement consentie peut être modifiée du consentement des parties en convention rechargeable pourvu qu'elle fasse l'objet d'un avenant dûment publié.

EXEMPLE

Pour financer l'achat de sa résidence principale, un jeune ménage contracte un prêt immobilier d'un montant de 150 000 € remboursable sur 25 ans auprès de la banque A. Ce prêt est garanti par une hypothèque rechargeable constituée au profit de A. Celle-ci inscrit son hypothèque pour une durée de 27 ans.

Le montant maximal pouvant être garanti par l'hypothèque a été fixé à 200 000 €.

Quelques mois plus tard, ce ménage contracte un nouveau prêt d'un montant de 20 000 € auprès de la banque B pour financer des travaux de réparation ou d'embellissement dans la maison. Ce prêt est remboursable sur 5 ans et garanti par la même hypothèque en vertu d'une convention de rechargement passée entre les emprunteurs et B, chez un notaire.

La banque B publie ensuite, à la conservation des hypothèques, la convention sous forme de mention en marge de l'inscription prise initialement par la banque A.

Le prêt viager hypothécaire

Conditions de fond :

▸ l'emprunteur est une personne physique, le prêteur un établissement de crédit ou un établissement financier ;

▸ l'hypothèque consentie porte sur un immeuble appartenant à l'emprunteur et affectée à un usage exclusif d'habitation ;

▸ le remboursement du prêt se fait *in fine*, le capital et les intérêts n'étant exigibles qu'à l'échéance du terme ;

▸ le terme ne peut être que :

  • le décès de l'emprunteur,

  • l'aliénation de l'immeuble (à titre onéreux : vente, échange, apport en société ; ou à titre gratuit : donation),

  • le démembrement de sa propriété ;

▸ le prêt ne peut être destiné à financer une activité professionnelle.

Conditions de forme :

Il suit les mêmes caractéristiques qu'un prêt immobilier (code de la consommation) avec délai de réflexion.

Avantages :

▸ le bénéficiaire obtient une somme d'argent versée sous forme de capital ou de versements périodiques qui lui permet de financer ses projets ou d'améliorer son train de vie ;

▸ l'emprunteur ne subit aucune diminution de son pouvoir d'achat pendant la durée du prêt puisque celui-ci est remboursable *in fine* ;

▸ l'emprunteur continue de jouir de son bien pendant toute la durée du prêt.

EXEMPLES

– Une personne âgée pourra hypothéquer sa résidence secondaire pour garantir un crédit versé sous forme de rente viagère qui lui permettra de recourir aux services d'une tierce personne.

– Propriétaire de sa résidence principale mais ne disposant que de peu de liquidités, une personne âgée pourra prendre une hypothèque sur cette résidence pour garantir un prêt lui permettant d'effectuer des travaux d'amélioration ou de réparation de sa résidence.

L'utilisation de ce produit est entourée de garanties pour éclairer les candidats emprunteurs :

▸ il convient, en effet, que l'emprunteur soit parfaitement au courant du fait que sa succession sera débitrice, dans la limite de la valeur de l'immeuble au jour du décès et, sauf renonciation, de la dette qu'il a souscrite ;

▸ l'intervention d'un notaire qui le conseillera avant la rédaction de l'acte notarié lui permettra d'évaluer son engagement et celui de sa succession ;

▸ le contrat de prêt fait l'objet d'une offre de prêt contenant des mentions informatives obligatoires, qui ne peut être acceptée qu'au terme d'un délai de dix jours. Ce mécanisme permet à l'emprunteur, en complément du devoir de conseil du notaire, de mesurer l'étendue de son engagement ;

▸ ce dispositif, si intéressant soit-il pour celui qui en bénéficie, doit être viable économiquement, à défaut de quoi, il disparaîtrait.

Dans un souci d'équilibre économique, les intérêts du prêteur doivent être préservés. Ainsi, pour éviter que l'emprunteur ne cède à vil prix l'immeuble, objet de la garantie, le recours à un expert, choisi d'un commun accord par les parties ou désigné sur requête, procède à l'estimation de l'immeuble s'il existe un différend sur ce point.

En outre, la réalisation de la sûreté est facilitée par les nouvelles possibilités offertes de façon générale par le projet d'ordonnance. L'attribution judiciaire du bien en paiement et la possibilité de recourir au pacte commissoire évitent au prêteur les lourdeurs des modes classiques de réalisation des sûretés.

Les avantages du produit pour l'emprunteur et l'équilibre du contrat entre les intérêts des parties en présence devraient permettre à chacun d'obtenir les avantages de ce nouveau crédit.

8. Les assurances de prêts

Souscrites par les établissements de crédit pour se garantir contre les risques décès, invalidité, incapacité temporaire de travail et chômage liés à l'emprunteur, les assurances de groupe dites « assurances emprunteurs » garantissent simultanément la protection des personnes physiques effectivement engagées dans une opération de crédit : crédit à la consommation ou crédit immobilier.

En pratique, ces assurances sont souvent rendues obligatoires s'agissant des prêts immobiliers, le banquier accordant un tel crédit à condition que le demandeur présente des garanties suffisantes. L'emprunteur peut également se garantir contre certains risques en souscrivant une assurance individuelle (délégation d'assurance).

8.1 Les risques couverts

Ces risques sont ceux dont la survenance rend impossible ou difficile le remboursement du prêt.

▸ Risque décès, couvert par l'assurance-décès, à ne pas confondre avec l'assurance-vie placement :

- au décès de l'assuré emprunteur, l'assureur se substitue aux héritiers pour le paiement de tout ou partie des sommes restant dues, sauf exclusions légales ou conventionnelles, autrement dit prévues au contrat ;

- les sommes restant dues, dont le remboursement est de cette façon garanti par le contrat d'assurance, ne constituent donc pas une dette à la charge du défunt et ne sont pas admises en déduction de l'actif successoral pour le calcul des droits de succession.

L'assurance-décès doit désormais couvrir les contrats d'assurance de groupe souscrits par les établissements prêteurs en garantie des prêts contractés pour financer l'acquisition de la résidence principale de l'assuré :
– dès la souscription ;
– dans la limite d'un plafond qui ne peut pas être inférieur à 120 000 €.

▸ Risque invalidité, couvert par la garantie invalidité et pouvant donner lieu à plusieurs types de garantie selon le degré d'invalidité. Par exemple :

- invalidité permanente totale, les contrats prévoyant généralement les mêmes garanties qu'en cas de décès ;

- invalidité permanente partielle, donnant généralement lieu à la prise en charge partielle par l'assureur des échéances successives de prêt, au fur et à mesure de leur exigibilité.

▸ Risque incapacité temporaire de travail, couvert par la garantie incapacité et donnant lieu généralement aux mêmes prestations qu'en cas d'invalidité permanente partielle.

▸ Risque chômage, couvert par la garantie perte d'emploi qui ne peut être souscrite et mise en œuvre que sous certaines conditions, notamment :

- âge de l'assuré emprunteur lors de la souscription du prêt et de la survenance du risque ;

- perte d'emploi non intentionnelle, la garantie étant en principe exclue en cas de licenciement pour faute grave ou lourde, fin de contrat de travail à durée déterminée, départ à la retraite ou en préretraite, etc.

8.2 Contrat et partie intéressée

S'agissant d'un contrat d'assurance de groupe, donc collective, l'adhésion de l'emprunteur sera le plus souvent obligatoire.

En ce domaine, la loi impose à l'établissement de crédit, souscripteur du contrat, un certain nombre d'obligations vis-à-vis de ses clients emprunteurs, mais aussi de l'assureur, notamment :

▸ obligation de remettre à l'emprunteur une notice d'information relative aux conditions de mise en œuvre et limites des garanties ;

▸ obligation générale d'information et de conseil à l'égard du même emprunteur ;

▸ obligation d'informer l'assureur aussitôt après avoir pris connaissance du sinistre lié à la personne de l'emprunteur.

8.3 Mise en œuvre de la garantie

En cas de réalisation du sinistre garanti et après en avoir été informé par l'établissement de crédit, l'assureur doit verser la somme forfaitaire dont le montant est fixé dans le contrat d'adhésion. Ce montant étant indépendant de l'importance du sinistre, l'emprunteur peut également se garantir contre le même risque en souscrivant plusieurs contrats d'assurance.

S'agissant plus spécifiquement de la garantie chômage, sa mise en œuvre est soumise à conditions d'âge et de perte d'emploi non intentionnelle selon ce qui a été vu ci-dessus. Par ailleurs, le contrat d'assurance peut prévoir :

▸ une période dite « de carence », les prestations garanties n'étant versées que si la perte d'emploi survient, passé un certain délai courant à compter de la date de prise d'effet de l'adhésion ;

▸ un délai « de franchise », se cumulant avec la période de carence, les prestations garanties n'étant effectivement versées que passé un certain délai courant à compter de la perte d'emploi (par exemple, à compter du 91e jour de chômage total et continu).

Enfin, la prise en charge des remboursements de prêt est généralement partielle et varie, selon les contrats, de 35 % à 80 % des échéances. Le plus souvent, cette prise en charge est également plafonnée et limitée dans le temps.

8.4 La convention AERAS

Le 19 septembre 2001, une convention visant à améliorer l'accès à l'assurance et au crédit des personnes présentant des risques de santé aggravés a été signée. Il s'agissait de la convention BELORGEY. Début 2007, un nouveau régime est entré en vigueur : la convention AERAS (s'Assurer pour Emprunteur avec un Risque Aggravé de Santé).

Tableau 7.17 – Caractéristiques de la convention AERAS

Information	– Création d'un site Internet – Association des caisses d'assurance-maladie, des réseaux de soins, des professionnels (notaires, agents immobiliers, associations) à la diffusion de l'information – Mise en place de référents dans chaque réseau bancaire – Mention sur les simulations de prêt de l'existence de la convention et des coordonnées du référent bancaire – Liens avec le site de la convention sur les sites des banques et des associations

Champ d'application	– Prêts immobiliers et professionnels :
	  • montant maximal de l'emprunt : 300 000 €
	  • âge maximal : 70 ans à la fin de l'emprunt
	  • durée maximale de remboursement : aucune
	– Prêts personnels :
	  • montant maximal : 15 000 €
	  • âge maximal : 50 ans à la souscription
	  • durée maximale de remboursement : 4 ans (sans changement)

Invalidité	– L'invalidité entre dans le champ d'application et permet de bénéficier des garanties offertes – Couverture systématique de la Perte Totale et Irréversible d'Autonomie (PTIA) – Couverture additionnelle permettant de couvrir la totalité des personnes relevant de la 3e catégorie de la Sécurité sociale et du tiers des personnes relevant de la 2e catégorie (incapacité à exercer une activité professionnelle)
Surprimes	Création d'un mécanisme de solidarité prenant en charge, sous conditions de ressources, les surprimes excédant de 1,5 % le taux effectif global
Délais	5 semaines maximum pour se prononcer sur la demande de prêt
Traitement des dossiers	– Engagement des assureurs à instruire les demandes d'assurance avant même la signature du compromis de vente – Validité pendant un délai de 4 mois d'une proposition d'assurance, pour un emprunt d'un montant et d'une durée inférieurs ou égaux à la précédente demande
Confidentialité	– Il est proposé au candidat à l'emprunt de remplir seul à son domicile le questionnaire – L'appui du chargé de clientèle pour remplir le questionnaire ne peut se faire qu'à la demande du candidat à l'emprunt, sous réserve que les règles relatives à la confidentialité lui soient rappelées
Motivation des refus	Possibilité de prendre contact avec le médecin de l'assureur par courrier, directement ou par l'intermédiaire du médecin de son choix, pour connaître les raisons médicales ayant conduit l'assureur : – à refuser l'assurance – à prononcer un ajournement ou une exclusion – à imposer une surprime

9. Le traitement du surendettement

9.1 Schéma général du dispositif du surendettement

Le système de traitement du surendettement, tel qu'il se présente à l'issue de la dernière réforme, a pour point d'entrée unique la commission de surendettement dont le secrétariat est assuré par la Banque de France.

Lorsque le dossier d'un débiteur est déclaré recevable par la commission, celle-ci l'oriente :

▸ soit vers une procédure amiable qui repose sur la recherche d'une conciliation entre le débiteur et ses créanciers. Dans l'hypothèse où l'on ne peut aboutir à une solution négociée dans le cadre d'un règlement amiable et empêchant ainsi l'élaboration d'un plan conventionnel de redressement, la commission peut, à la demande du débiteur, élaborer des « recommandations », visant à apurer la situation, qui acquerront un caractère obligatoire après homologation par l'autorité judiciaire. En cas de situation financière gravement obérée, les recommandations peuvent consister en un moratoire éventuellement suivi d'un effacement partiel des créances ;

▸ soit une procédure de rétablissement personnel : cette voie permet au juge, dans l'hypothèse où la situation du débiteur est « irrémédiablement compromise », d'ouvrir une procédure de rétablissement personnel, sur recommandation de la commission et avec l'accord du débiteur. Les dettes peuvent alors faire l'objet d'un effacement total, après liquidation entraînant la vente des actifs saisissables.

9.2 Rôle et fonctionnement des commissions de surendettement

Composition de la commission

La commission est composée de six membres :

▸ le préfet qui la préside ;

▸ le trésorier-payeur général, vice-président ;

▸ le directeur départemental des services fiscaux ;

▸ le représentant local de la Banque de France qui en assure le secrétariat ;

▸ un représentant des organisations de consommateurs ;

- ▸ un représentant des établissements de crédit et des entreprises d'investissement.

Depuis la réforme de 2003, un juriste et un conseiller en économie sociale et familiale participent également à l'instruction des dossiers (rôle consultatif).

Examen de la recevabilité de la demande

Vérification de l'incapacité manifeste de faire face aux dettes, du caractère non professionnel des dettes, et de la bonne foi.

Orientation

Plan conventionnel ou procédure de rétablissement personnel.

9.3 Rôle des juridictions

Le juge de l'exécution intervient pour conférer force exécutoire aux recommandations formulées par la commission et pour statuer sur les recours formés, le cas échéant, contre celles-ci.

Homologation des mesures recommandées

Les mesures recommandées par la commission ne deviennent applicables que si le juge leur confère force exécutoire.

Recours contre les recommandations de la commission

Dans le délai de 15 jours à compter de la notification qui leur en est faite, le débiteur et/ou les créanciers ont la possibilité de contester devant le juge de l'exécution les recommandations de la commission. Le juge a le pouvoir de réformer sur le fond les recommandations de la commission.

Rétablissement personnel

Elle peut être ouverte à l'initiative :

- ▸ de la commission, à l'issue de la phase d'orientation du dossier et après accord du débiteur ;
- ▸ du juge de l'exécution, avec l'accord du débiteur, à l'occasion des recours exercés contre les décisions de la commission ;
- ▸ du débiteur lui-même, si la commission de surendettement n'a pas fait connaître au bout de neuf mois l'orientation qu'elle envisage de donner au dossier.

9.4 Inscription au FICP

Le débiteur est inscrit dès le dépôt de son dossier. Les différentes étapes de la procédure sont ensuite enregistrées :

▸ les mesures conventionnelles dans le cadre de la phase amiable de la procédure et les mesures de recommandations sont inscrites au FICP pour la durée du plan, avec un maximum de dix ans ;

▸ l'effacement partiel des créances fait l'objet d'une inscription uniforme d'une durée de dix ans ;

▸ le rétablissement personnel est inscrit pour une durée de huit ans.

9.5 Fonctionnement de la procédure de rétablissement personnel

La procédure de rétablissement personnel se déroule en trois étapes.

Une audience d'ouverture

Après avoir vérifié que le débiteur est de bonne foi et dans une situation financière irrémédiablement compromise, le juge rend un jugement d'ouverture marquant le début de la procédure de rétablissement personnel.

Une audience au cours de laquelle est prononcée, sauf cas exceptionnel, la liquidation

Au cours de cette audience, et à moins qu'à titre exceptionnel il puisse encore à ce stade établir un plan de redressement, le juge prononce la liquidation du patrimoine du débiteur. Les biens meublants nécessaires à la vie courante (tels que tables, lits, cuisinière, etc.) et les biens non professionnels indispensables à l'exercice de son activité professionnelle (tels que vieille voiture, ordinateur…), sans lesquels le débiteur ne pourrait poursuivre son activité professionnelle, sont exclus du patrimoine pouvant faire l'objet de la liquidation. Une fois la liquidation prononcée, le débiteur ne peut plus disposer de ses biens. Le juge désigne ensuite un liquidateur qui a douze mois pour faire vendre les biens à l'amiable ou, à défaut, procéder à la vente forcée des biens, y compris le logement du débiteur.

La clôture de la procédure

Une nouvelle audience intervient après répartition du prix de vente des biens et le dépôt par le liquidateur d'un rapport au greffe.

▸ Si le produit de la vente des biens du débiteur est suffisant pour payer tous les créanciers, le juge prononce la clôture de la procédure.

▸ Si le produit de la vente est insuffisant ou si le débiteur ne possède que des biens meublants nécessaires à la vie courante ou des biens non professionnels nécessaires à l'exercice d'une activité professionnelle, le juge prononce la clôture pour insuffisance d'actif. La clôture entraîne l'effacement de toutes les dettes non professionnelles du débiteur à l'exception de celles dont le prix a été payé par une caution ou un co-obligé. Les créanciers non désintéressés ne pourront entreprendre d'action en recouvrement complémentaire.

Rien ne s'oppose à ce qu'un débiteur ayant bénéficié du rétablissement personnel sollicite une nouvelle fois cette procédure.

Le jugement de clôture est susceptible d'appel.

**Figure 7.5 – Schéma de la procédure de surendettement
(modifiée par les dispositions de la loi n° 2003-710
et du décret n° 2004-180)**

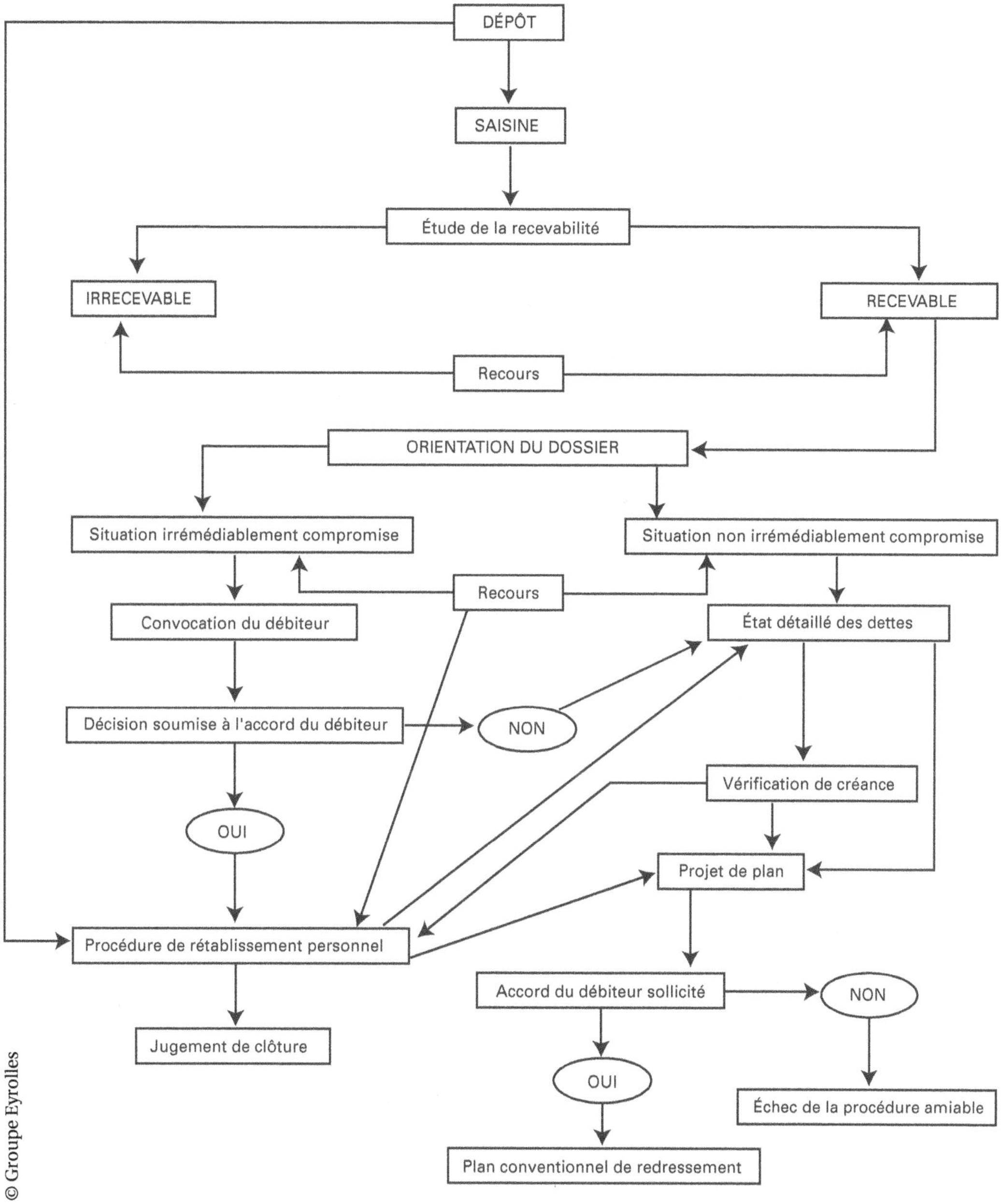

Chapitre 8

Le crédit aux professionnels

Ces crédits sont comparables à ceux proposés dans le cadre des crédits aux particuliers, la réglementation en moins. Un contrat de prêt est rédigé entre la banque et son client détaillant les modalités de fonctionnement, les garanties, le taux, les frais de dossier et la durée. Les prélèvements se font capital et intérêts sur le compte du client. Attention, seuls les intérêts sont comptabilisés dans le compte de résultat.

La dotation aux amortissements, conséquence de l'inscription de l'immobilisation à l'actif du bilan, ne correspond pas forcément à l'annuité du prêt en capital.

1. Les crédits d'investissements à moyen ou long terme

Montant
Au maximum 100 % du hors taxes ou 100 % de l'investissement TTC si le professionnel n'est pas soumis à la TVA (exemple : médecin).

Des prêts à taux bonifiés (agriculture et artisanat) peuvent être délivrés. Leurs conditions dépendent d'une réglementation stricte. En outre, toutes les banques ne peuvent pas distribuer ces prêts. Elles doivent faire l'objet d'un agrément préalable.

Ils ont pour but de permettre aux entreprises et aux professionnels de parfaire le financement de leurs investissements :

▸ incorporels (fonds de commerce…) ;

▸ corporels (matériel, immeubles…) ;

▸ financiers (prises de participation, acquisition de filiale).

Durée

Elle est souvent fonction de la durée d'amortissement fiscal du bien financé :

▸ moyen terme : 2 à 7 ans ;

▸ long terme : plus de 7 ans.

Taux fixe ou taux variable

Garanties

Très souvent une garantie réelle sur l'objet du crédit (gage, hypothèque, nantissement de matériel) complétée par une caution personnelle et/ou une caution d'un organisme extérieur (SACCEF ou OSEO par exemple).

2. Le Prêt à la Création d'Entreprise (PCE)

Le PCE a vocation à favoriser l'accès au crédit bancaire des créateurs de petites entreprises et des repreneurs de petites entreprises saines. Il vise à :

▸ répondre à l'insuffisance de fonds propres ou quasi-fonds propres des petits projets, en confortant leur plan de financement au démarrage ;

▸ alléger le coût d'instruction des dossiers ;

▸ favoriser l'accompagnement des entreprises nouvelles.

Peuvent en bénéficier les entreprises (personnes physiques ou morales) :

▸ en phase de création (moins de trois ans). La création s'entend *ex nihilo* ou par reprise de tout ou partie d'un fonds de commerce existant, à l'exclusion tant de la reprise d'une entreprise en redressement ou en liquidation judiciaire, que de la simple reprise d'éléments d'actifs de ce même type d'entreprises ;

▸ ayant un numéro SIREN (Système d'Identification du Répertoire des Entreprises) attribué quel que soit le secteur d'activité (sauf pour les entreprises agricoles ayant un chiffre d'affaires inférieur à 762 000 € environ) :

  • employant jusqu'à dix salariés,

  • ne faisant pas appel à l'épargne publique et n'ayant pas encore bénéficié d'un financement bancaire à moyen ou long terme.

Montant

Le PCE est compris entre 2 000 et 7 000 €. Il est obligatoirement accompagné d'un concours bancaire à moyen ou long terme dont le montant est compris entre deux et trois fois le montant du PCE et dont les caractéristiques (taux, montant, durée, garanties...) sont libres et dépendent de la banque.

Le PCE finance en priorité les besoins immatériels de l'entreprise : constitution du fonds de roulement, frais de démarrage, mais peut aussi financer la reprise d'un fonds de commerce.

L'ensemble des ressources mises en œuvre au titre du programme présenté ne doit pas excéder 45 000 € : prêt bancaire, prêt à la création d'entreprise, apport personnel du chef d'entreprise, prêt d'honneur...

Durée

La durée du prêt est fixée à cinq ans, avec un différé de remboursement de six mois.

Intérêts

Les intérêts de la période de franchise ne sont dus qu'au terme de celle-ci.

Taux

Le taux est fixé le jour du décaissement en fonction des variations du taux d'emprunt d'État « CNO-TEC 5 » de l'avant-dernier jour ouvré du mois précédent. Les remboursements s'effectuent par mensualités constantes à terme échu. Ce prêt est accordé sans garantie ni caution personnelle. Il bénéficie de l'intervention d'OSEO, dont la rémunération est comprise dans le taux du PCE.

3. Le crédit-bail

Le crédit-bail est une technique de financement des investissements professionnels. Le chef d'entreprise choisit un équipement et convient avec le vendeur des conditions de l'achat.

Après examen du dossier, une société de crédit-bail achète le matériel et loue celui-ci à l'utilisateur qui l'exploite librement. En fin de contrat, le chef d'entreprise peut :

- ▸ soit rendre l'équipement ;
- ▸ soit le racheter pour sa valeur résiduelle fixée au départ dans le contrat ;
- ▸ ou continuer à le louer moyennant un loyer très réduit.

Le crédit-bail est juridiquement une location. Il ne finance, en principe, que le matériel standard. La durée des contrats est fonction de la durée d'amortissement fiscale des matériels financés (légèrement plus courte éventuellement). Les contrats sont assortis d'une valeur résiduelle (option d'achat en fin de location) comprise généralement entre 1 % et 6 % du prix d'origine hors taxes des matériels. Les loyers de crédit-bail sont payables « terme à échoir » (en début de période) et peuvent être linéaires ou dégressifs, le plus souvent à échéance trimestrielle.

Montant
La banque achète le matériel au fournisseur 100 % du TTC.

Loyer
Le paiement des loyers en précompté, grande souplesse de fonctionnement.

Taux
Fonction des taux fixes de la banque, la proposition commerciale se fait toujours sur le montant du loyer. Il est d'usage de ne pas communiquer le taux au client. La valeur résiduelle est de l'ordre de 1 à 5 % de la valeur initiale.

Durée
De 2 à 5 ans pour du matériel, de 10 à 20 ans pour de l'immobilier.

Garanties
En général pas de garanties demandées, il est possible toutefois de demander une caution personnelle.

4. Les crédits d'exploitation

4.1 Les crédits de trésorerie

La facilité de caisse

Ce crédit assure l'élasticité nécessaire au bon fonctionnement de la trésorerie courante et permet de faire face aux décalages de très courte durée. S'agissant d'une souplesse de trésorerie, son utilisation doit être limitée et doit s'accompagner en contrepartie d'un mouvement significatif, source de commissions pour la banque.

Techniquement, le client a l'autorisation de faire fonctionner son compte courant en lignes débitrices. Si ce crédit simple et souple a la faveur des entrepreneurs, il ne faut pas perdre de vue qu'il s'agit d'un crédit risqué pour la banque et par conséquent d'un coût plus élevé pour le client. En effet, en l'absence de contrôle formel, ce crédit peut facilement être détourné de son objet initial.

Dans la pratique, il est limité de 15 à 30 jours de chiffre d'affaires confié et il est souvent demandé la caution solidaire du dirigeant. Au cas où la banque souhaiterait le remboursement de ce crédit, elle devra utiliser la procédure de rupture des concours à durée indéterminée (article L. 313-12 du CMF).

L'escompte de billet financier

Ce type de concours est utilisé soit pour financer un besoin plus long de trésorerie, soit pour un besoin ponctuel et pour lequel la banque ne souhaite pas recourir au découvert. Il peut être utilisé dans le cadre des crédits de campagne qui financent un cycle de production saisonnier, pour financer des stocks ou pour obtenir une garantie spécifique, l'aval du client sur le billet de trésorerie.

En pratique, l'opération se matérialise par la souscription d'un billet à ordre de la banque. Ce billet est escompté par la banque et crédite le compte du client.

Le financement des stocks

Ce type de financement est spécifique à certaines activités, minerais, énergie, agroalimentaire, négoce international, pour n'en citer que quelques-unes. Les avances réalisées sous forme d'escompte de billet à ordre s'accompagnent d'un nantissement du stock de marchandises avec ou sans dépossession. La meilleure des garanties est la dépossession. Il convient que les marchandises soient entreposées chez un tiers garant qui ne s'en dessaisira que sur instruction du banquier.

Il s'agit d'un crédit à risque élevé, bien qu'il comporte une garantie réelle. La difficulté pour le banquier tient dans le fait d'estimer la qualité du stock, sa valeur et sa liquidité. Au besoin, le recours à un expert s'avérera nécessaire.

Le magasin général est un lieu de stockage des marchandises. Ce magasin joue un rôle de tiers détenteur avec dépossession. Il a le privilège d'émettre un titre négociable constatant le dépôt et permettant la transmission de la marchandise en toute propriété, ou alors en gage. C'est le récépissé warrant qui a deux parties : le warrant qui est un mode de financement et le récépissé qui est un titre de propriété.

Engagements par signature

Par sa seule signature, la banque garantit l'engagement de son client vis-à-vis d'un tiers sans verser de fonds. L'avantage en trésorerie pour l'entreprise est obtenu soit par :

- un délai de paiement ;
- une dispense de versement ;
- un règlement immédiat.

Le cautionnement peut prendre plusieurs formes : un cautionnement classique solidaire ou non rédigé selon un modèle imposé, un aval sur effet de commerce ou un engagement à première demande. Le fait que ce crédit ne fasse pas l'objet d'un décaissement ne doit pas faire oublier qu'il s'agit d'un crédit risqué et qu'il est possible d'obtenir une contre-garantie personnelle ou réelle.

L'engagement de caution cesse quand l'original de la caution est récupéré ou quand le bénéficiaire de la caution donne mainlevée sous forme écrite.

4.2 Les cautions

Cautions fiscales ou douanières

Les cautions ainsi délivrées permettent à l'entreprise de différer le paiement des droits de douane.

L'obligation cautionnée est un billet à ordre au bénéfice du Trésor public avalisé par une banque. L'obligation cautionnée permet aussi de payer les droits auprès des contributions indirectes. La banque peut délivrer une caution pour :

▸ le paiement de la TVA ;

▸ le paiement des droits dus sur les boissons ;

▸ le paiement des droits d'enregistrement ;

▸ le paiement des impôts.

Cautions sur marchés publics ou privés

Les entreprises travaillant sur les marchés publics doivent apporter la preuve que le marché pourra être exécuté dans de bonnes conditions :

▸ caution provisoire pour adjudication qui garantit la moralité, les compétences et les moyens de l'entreprise lui évitant de verser de l'argent ;

▸ caution de bonne fin qui garantit le bénéficiaire de la bonne exécution du marché par le titulaire ;

▸ caution de retenue de garantie qui permet de récupérer les sommes immobilisées par contrat garantissant la qualité des prestations fournies ;

▸ caution de restitution d'acompte qui permet d'obtenir de la part du maître d'œuvre des acomptes qui seront remboursés par la banque, au cas où les travaux ne seraient pas exécutés.

D'autres organismes sont susceptibles de demander des cautions, citons l'ONF (Office National des Forêts), l'ONIC (Office National Interprofessionnel des Céréales). Dans le cadre de certaines activités professionnelles, une caution peut être demandée : agent immobilier, agent de voyages, concessionnaire automobile…

La garantie à première demande

Il s'agit d'un engagement que prend l'établissement de crédit et qui l'oblige, en considération d'une obligation que le client a souscrite, à verser une somme :

▸ soit dès que le bénéficiaire de cette garantie le demande ;

▸ soit suivant les modalités convenues à l'avance.

L'établissement de crédit ne peut refuser le paiement de la somme, sauf en cas d'abus ou de fraude manifeste.

5. Le financement du poste client

Commercialement et économiquement, les entreprises s'accordent des délais de paiement. Cette créance peut se matérialiser par un effet de commerce (billet à ordre ou lettre de change) payable à échéance convenue. L'escompte commercial permet à celui qui a consenti des délais de paiement de retrouver une certaine liquidité en mobilisant ces créances auprès de son banquier. En cas d'absence d'effets de commerce – les entreprises se règlent de plus en plus par virement –, le professionnel pourra retrouver sa liquidité en mobilisant ses factures dans le cadre d'une procédure Dailly. Enfin l'entreprise peut aussi négocier son poste client dans le cadre d'une procédure d'affacturage.

5.1 L'escompte commercial

À condition de se renseigner sur la qualité des créances remises à l'escompte, le risque bancaire de cette opération est limité. L'opération financière est sous-tendue par une opération commerciale facilement identifiable. En escomptant l'effet de commerce, la banque en devient propriétaire et bénéficie des garanties que lui confère le droit cambiaire : propriété de la provision, solidarité des débiteurs qui ne peuvent opposer d'exceptions au paiement de l'effet.

Les aspects techniques de l'escompte commercial sont les suivants :

▸ nécessité de mettre en place une autorisation d'escompte calculable en fonction des délais moyens de paiement des clients. Il est possible à l'intérieur de cette ligne de crédit de fixer un encours maximal par client ;

▸ nécessité d'être vigilant sur les remises du client. Étudier la qualité des tirés (FIBEN – fichier bancaire des entreprises). Étudier la qualité du papier remis. Refuser les effets sur des clients particuliers : effets résultant d'une absence de logique économique, de tirages croisés (cavalerie), de tirages entre sociétés du même groupe (papier de famille), effets en somme ronde ;

▸ nécessité de surveiller les incidents de paiement ; volume d'impayés par rapport au chiffre d'affaires, les prorogations, la réclamation des effets avant l'échéance.

En cas d'impayés, deux attitudes sont possibles :

▸ soit la contre-passation sur le compte du client, si la provision le permet ;

▸ soit isoler l'effet sur un compte.

La contre-passation a pour conséquence de faire perdre à l'effet de commerce impayé son caractère cambiaire qui devient un simple article du compte courant.

L'isolement sur un compte support permet d'actionner tous les signataires de l'effet.

5.2 La loi Dailly

La loi Dailly est une technique de cession de créance simplifiée en faveur du banquier au moyen d'un bordereau spécifique. Elle permet de mobiliser des créances entre professionnels qui ne sont pas éligibles à l'escompte (cas des administrations publiques) ou qui ne sont pas matérialisées par un effet de commerce.

Les aspects techniques de la loi sont les suivants :

▸ signature entre la banque et son client d'une convention de cession de créances professionnelles, définissant les modalités des cessions ;

▸ avec chaque cession, l'entreprise remet à la banque un bordereau de cession qui est le support matériel et juridique de la cession de créances. Il comporte des mentions obligatoires dont la date. Dans le cadre d'un marché public, l'exemplaire unique du marché doit être cédé à la banque préalablement ;

▸ les risques de cette technique sont importants. Tout d'abord, il y a le risque traditionnel de l'opération d'escompte. À ce risque, s'ajoutent la mobilisation d'une créance inexistante, une double mobilisation dans plusieurs banques, le non-règlement du crédit ;

▸ la notification permet de limiter ces risques. Elle consiste à écrire au débiteur en l'informant de cette mobilisation et à lui demander de payer entre les mains de la banque. On peut aussi lui demander son acceptation par retour de courrier.

Cette technique peut aussi être utilisée en tant que technique de garantie. La lourdeur administrative de cette procédure fait qu'elle est utilisée pour des entreprises à la qualité irréprochable. Certaines banques soustraitent le suivi de la loi Dailly.

Dans le cadre des marchés publics, l'entreprise peut obtenir un billet à ordre avalisé par OSEO (produit Avance +). Cet établissement financier s'appuie sur la loi Dailly.

C'est un transfert de créances commerciales de leur titulaire à un établissement de crédit qui se charge d'en opérer le recouvrement et en garantit la bonne fin. Une telle technique permet la mobilisation du poste client tout en se déchargeant du risque et de la gestion sur le factor.

→ → → La loi Dailly est codifiée aux articles L. 313-23 à 35 du CMF.

5.3 L'affacturage

La technique

La technique de l'affacturage ou de factoring consiste en un transfert de créances commerciales de leur titulaire à une société d'affacturage (le factor) qui se charge d'en opérer le recouvrement et qui en garantit la bonne fin, même en cas de défaillance du débiteur. Le factor peut régler par anticipation tout ou partie du montant des créances transférées.

Sont particulièrement intéressés par l'affacturage :

▸ les entreprises à forte croissance pour lesquelles le factor prend en charge la gestion du poste client ;

▸ les affaires encore jeunes dont le développement de l'activité est aléatoire ou cyclique, pour lesquelles le factor pallie l'embauche d'un comptable ;

▸ les sous-traitants dont la clientèle se réduit à quelques noms (ex. : sociétés d'intérim, de nettoyage, de service informatique) ;

▸ les entreprises dont le poste client est très divisé et fastidieux à gérer.

Le coût

Le coût de l'opération tient compte des charges liées aux différents services rendus :

▸ la commission d'affacturage est calculée sur le montant total des factures acquises par le factor. Elle rémunère le service de recouvrement et la garantie de bonne fin. Elle varie en fonction du travail (volume cédé, montant des factures) et des risques (de l'ordre de 0,80 % à 1,50 %) ;

▸ l'intérêt *prorata temporis*, ou commission de financement, est prélevé en cas de financement direct par le factor. Le taux est alors fonction de celui du marché monétaire et de la qualité de l'entreprise ;

▸ la commission de confirmation prélevée en cas de financement indirect par émission de billet à ordre (de l'ordre de 0,20 % à 1 % flat).

De plus, un certain nombre de frais annexes peuvent aussi être facturés.

Le mécanisme

L'affacturage nécessite un certain formalisme :

▸ un contrat est conclu entre la société d'affacturage et le créancier, dans lequel ce dernier s'engage notamment à céder la totalité de ses créances, sauf dérogation prévue par le factor ;

▸ l'entreprise remet ses factures cédées sur un bordereau appelé quittance subrogative. Chaque facture est individualisée. Le cédant y appose sa signature et inscrit « bon pour subrogation ». Le factor devient alors propriétaire des factures ;

▸ les factures cédées sont portées au crédit d'un compte courant ouvert chez le factor au nom du cédant ;

▸ le factor et le cédant informent le débiteur cédé qu'il devra régler sa dette entre les mains du factor.

La prise en charge des factures (après analyse appropriée du risque) par le factor entraîne trois services :

▸ le recouvrement des créances et, en conséquence, la gestion du poste client du cédant, incluant la comptabilité des comptes clients, les relances par la tenue d'échéanciers, des statistiques ;

▸ la garantie du paiement des créances approuvées par le factor (prise en charge du risque d'insolvabilité et de non-paiement à l'échéance, mais aussi mise en œuvre des procédures contentieuses) ;

▸ la mobilisation des créances commerciales cédées. Le financement peut intervenir dès la création des factures (dans la mesure où elles sont cédées au factor et approuvées par lui) et porte sur 100 % des créances qui peuvent être privées ou administratives. Les règlements se font à la demande de l'entreprise et sont envisageables sous trois formes : par chèque, par virement ou par émission d'un billet à ordre qui sera escompté par la banque habituelle du créancier.

5.4 Le commerce international

La Mobilisation de Créance Née sur l'Étranger (MCNE)

L'exportateur a une créance sur un client étranger et peut obtenir un financement de poste client appelé MCNE. La technique utilisée sera celle de la cession de créances professionnelles dans le cadre de la loi Dailly. Pour s'assurer de la réalité de l'opération, la banque demandera les preuves de l'exportation par fourniture de tous documents douaniers ou de transport.

Les avances en devises

Il s'agit soit de crédits en blanc, soit de MCNE en devise étrangère. L'objet de ce financement est de couvrir le risque de change par fourniture d'un crédit en devise qui sera remboursé grâce aux flux de même devise lors du règlement des exportations. Le raisonnement est identique, bien que symétrique, à l'importation.

Le crédit documentaire

Il a pour vocation à répondre à deux contraintes essentielles du commerce international. L'exportateur veut bien vendre ses marchandises mais a peur de ne pas être payé, et l'importateur veut bien payer mais a peur de ne pas être livré.

Les banquiers respectifs de l'importateur et de l'exportateur vont assurer la bonne fin de l'opération de la manière suivante :

▸ le banquier de l'importateur s'engage à payer l'exportateur contre la remise d'un certain nombre de documents prouvant que la marchandise est conforme et a bien été expédiée. Ce banquier prend un risque classique de crédit de trésorerie et doit analyser la situation financière de son client ;

▸ le banquier de l'exportateur peut confirmer l'opération, s'engageant à payer l'exportateur en cas de défaillance de la banque de l'importateur, assumant seule le risque politique.

L'ensemble de l'opération repose sur la production, la transmission et la vérification des documents. Les litiges proviennent du fait que les documents ne sont pas toujours en conformité avec les instructions de l'importateur, ou que les instructions données à la banque ne sont pas toujours suffisamment précises.

Des irrégularités peu importantes, et en apparence négligeables, peuvent avoir des conséquences imprévues ou graves, voire servir de prétexte à un client qui serait de mauvaise foi pour ne pas payer.

La banque de l'exportateur peut, pour couvrir son risque politique, souscrire une assurance Coface ou Oseo. Ces compagnies d'assurances peuvent aussi faire de l'assurance-crédit à l'exportation.

→ → → Se référer aux sites www.oseo.fr et www.coface.fr

Les frais demandés par la banque émettrice sont, en principe, à la charge de l'importateur étranger, mais celui-ci peut demander que ce soit l'exportateur qui les prenne en charge :

- commission d'ouverture (pourcentage du montant calculé par trimestre) ;

- commission d'utilisation (en pourcentage du montant du crédit) ;

- autres commissions et frais (modification, prorogation, courrier…).

Les frais demandés par la banque notificatrice ou confirmatrice concernent directement l'exportateur et sont donc à sa charge :

- la commission de notification (en « pour mille » en fonction du montant du crédit) ;

- la commission de confirmation (en « pour mille » en fonction du montant du crédit calculé trimestriellement) ;

- la commission de levée de documents (en « pour mille » du montant du crédit) ;

- la commission pour paiement différé (en « pour mille » du montant du crédit par mois) ;

- les autres commissions et frais (prorogation, modification, courrier…).

Pour ouvrir un crédit documentaire, la banque de l'importateur (banque émettrice), si elle accepte d'ouvrir le crédit documentaire demandé par son client en faveur de l'exportateur étranger, effectue sa notification : elle avise le bénéficiaire (l'exportateur) de l'ouverture du crédit en sa faveur soit par l'intermédiaire de la banque du bénéficiaire (banque notificatrice), soit par l'intermédiaire d'un de ses correspondants bancaires dans le pays du bénéficiaire, qui avisera ce dernier.

La banque émettrice transmet cet avis à son correspondant et/ou à la banque notificatrice par télex ou *swift* contenant tous les détails de la mise en place du Crédoc.

Le bénéficiaire est avisé par remise d'une copie du *swift* ou du télex, voire de la lettre contenant les modalités détaillées d'ouverture.

L'exportateur remet alors la marchandise à un transporteur, généralement *via* un transitaire, et procède aux formalités prévues au contrat et reprises par le crédit documentaire (assurances, certificats sanitaires d'origine ou de conformité... éventuellement autorisations d'exportation).

Le transporteur lui remet en échange un document de transport (connaissement maritime, lettre de transport aérien, récépissé de transport routier, etc.) attestant la prise en charge des marchandises et spécifiant la destination prévue dans le contrat commercial. Ce document de transport est remis à la banque notificatrice (celle de l'exportateur), accompagné d'une facture commerciale en plusieurs exemplaires et de tous les documents spécifiés par la banque émettrice du Crédoc (liasse documentaire).

Chapitre 9

La responsabilité du banquier

La banque est un métier de commerçant, caractérisé par des spécificités, des informations détenues, des pouvoirs... une profession exercée dans le respect :

▸ du secret professionnel ;

▸ de la déontologie ;

▸ d'un code d'éthique et de conventions écrites.

La complexité des relations entre les banques et leur clientèle renforce la législation en vigueur (code de la consommation, code monétaire et financier...) et a donné naissance à des règles spécifiques :

▸ des règles d'affichage de la tarification bancaire ;

▸ un code d'éthique sur le contenu et la forme des publicités émises ;

▸ la formalisation d'une convention de compte titres pour les clients intervenant sur les marchés financiers.

L'activité du banquier est également liée à un devoir de prudence (ne pas donner suite à des opérations illicites, par exemple) dans l'exercice de sa profession, mais en découle également une obligation de non-ingérence, interdisant au banquier de s'immiscer dans les affaires de son client.

1. La non-conformité

Toujours en vigueur aujourd'hui, le comité de la réglementation bancaire et financière a adopté le 21 février 1997 le règlement 97-02 relatif au contrôle interne des établissements de crédit.

Il est applicable depuis le 1er octobre 1997. Il prévoit un renforcement du contrôle interne des établissements de crédit (EDC).

1.1 Objectifs et résultats

▸ S'assurer que les risques de toutes natures sont analysés et surveillés.

▸ Contribuer à la détection précoce et à la prévention des difficultés.

Ce comité a pour but de contraindre les banques à rationaliser la gestion de leurs risques en formalisant des obligations qualitatives afin de se rapprocher des pratiques existantes à l'étranger.

Certains EDC ont alors réfléchi sur leur organisation, leur système d'information et ont revu leur dispositif. La principale conséquence a été de doter les établissements de crédit d'un contrôle interne.

Dans l'exercice de leurs activités, les établissements de crédit supportent différents types de risques. En fonction de leur taille et de la complexité de leurs activités, ils devraient mettre en place des systèmes de gestion du risque, à savoir les processus de détection, de mesure et de contrôle des expositions aux risques pour toutes les principales catégories de risques encourus.

D'importants travaux ont déjà été entrepris au sein d'autres organisations internationales en ce qui concerne les diverses catégories de risques supportés par les établissements de crédit.

Parmi les objectifs définis par le règlement 97-02 apparaissent de façon très nette la mesure et le suivi des risques. En effet, on constate une forte sensibilisation aux risques encourus par les établissements de crédit et la nécessité d'un bon dispositif de contrôle.

En janvier 2006, la profession bancaire a décidé de renforcer le dispositif dans le cadre d'un meilleur contrôle de la conformité :

▸ le risque de non-conformité est défini comme le non-respect des réglementations et des normes propres aux activités bancaires et financières ;

▸ afin d'assurer le contrôle de ce risque, chaque banque va créer une fonction de conformité. Son rôle est de :

- formaliser des procédures et des modalités de contrôle du risque de non-conformité,

- donner son avis sur la conformité des nouveaux produits,

- centraliser les informations concernant les dysfonctionnements,

- mettre en œuvre des moyens pour y remédier ;

▸ une faculté est laissée aux salariés des établissements de signaler un dysfonctionnement éventuel ou d'interroger un responsable de la conformité sur une opération ;

▸ il y aura au moins un responsable de la conformité par établissement ou par groupe, qui rapportera à l'organe exécutif (direction générale). Toutefois, les banques pourront adapter leur dispositif de contrôle interne, y compris du contrôle de conformité, à leurs caractéristiques (nature, volume de l'activité, taille et risques encourus) ;

▸ le conseil d'administration peut demander un compte rendu au responsable du contrôle de conformité lorsqu'il l'estime nécessaire. Il doit examiner les résultats du contrôle de conformité au moins deux fois par an.

Dès 2006, les actions menées dans le cadre du contrôle de conformité et les enseignements tirés doivent être mentionnés dans le rapport annuel sur le contrôle interne.

1.2 *Conséquences du risque de non-conformité*

La conformité aux lois et règlements est devenue une préoccupation majeure et le risque pénal, qui était tabou, est devenu un sujet en soi.

La réglementation est dense et complexe, le non-respect des textes peut coûter cher à l'entreprise et à ses dirigeants :

▸ des sanctions judiciaires, administratives ou disciplinaires ;

▸ des pertes financières ;

▸ une atteinte à la réputation ;

sont les conséquences du manque de respect des dispositions législatives et réglementaires des normes et usages professionnels et déontologiques propres aux activités des banques.

Le risque de non-conformité se traduit par des contrôles émanant de la Commission bancaire, AMF, CNIL (Commission Nationale de l'Informatique et des Libertés) aboutissant à :

▸ des sanctions disciplinaires (de l'avertissement au retrait d'agrément) ;

▸ des sanctions pécuniaires ;

▸ des sanctions pénales possibles (amendes + peines de prison).

1.3 Domaines couverts par la conformité

▸ La déontologie des marchés financiers (règlement général de l'AMF).

▸ La protection et connaissance des clients :

- conformité des produits et des opérations ;

- niveau de conseil et d'information ;

- respect de la réglementation CNIL ;

- sécurité des biens et des personnes.

▸ La lutte contre le blanchiment et le financement du terrorisme.

2. La responsabilité civile et pénale du banquier

La responsabilité du banquier peut être engagée par les clients et par les tiers.

Les clients établissent la faute de la banque :

▸ non-exécution de ses obligations ;

▸ mauvais traitement d'une opération ;

▸ non-respect du contrat.

Les tiers établissent l'absence de précaution dans la gestion des comptes ou dans le cas d'octroi abusif de crédit :

▸ non-respect des contrôles à l'ouverture du compte ;

▸ octroi abusif de crédit causant un dommage aux créanciers.

Figure 9.1 – La responsabilité civile et pénale du banquier

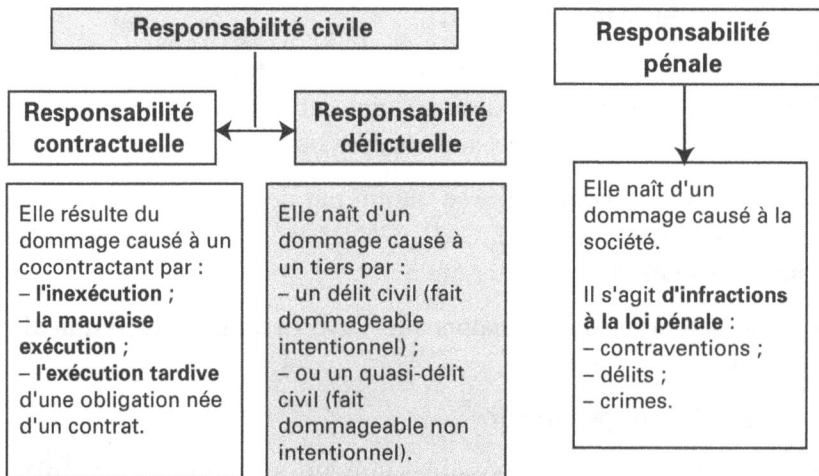

Responsabilité civile		Responsabilité pénale
Responsabilité contractuelle	**Responsabilité délictuelle**	
Elle résulte du dommage causé à un cocontractant par : – **l'inexécution** ; – **la mauvaise exécution** ; – **l'exécution tardive** d'une obligation née d'un contrat.	Elle naît d'un dommage causé à un tiers par : – un délit civil (fait dommageable intentionnel) ; – ou un quasi-délit civil (fait dommageable non intentionnel).	Elle naît d'un dommage causé à la société. Il s'agit **d'infractions à la loi pénale** : – contraventions ; – délits ; – crimes.

© Groupe Eyrolles

2.1 Éléments constitutifs de la responsabilité civile

La victime du dommage doit prouver :

- ▸ l'existence d'un dommage ou préjudice certain ;
- ▸ le fait générateur ou fait dommageable (l'origine du dommage) ;
- ▸ et le lien de causalité entre les deux.

2.2 Conditions de mise en œuvre de la responsabilité civile

**Figure 9.2 – Conditions de mise en œuvre
de la responsabilité civile**

Fait dommageable	Lien de causalité	Dommage ou préjudice
– **faute intentionnelle** (volonté de nuire, ex. : concurrence déloyale) ; – **faute non intentionnelle** (imprudence, négligence, maladresse) ; – **risque** (l'employeur assume les risques liés aux accidents du travail).	Le préjudice doit être la **conséquence directe et certaine** du fait dommageable.	– préjudice **matériel** (perte d'un bien, manque à gagner), **moral, corporel**. Le préjudice doit être : – **certain** (un dommage hypothétique ne peut être indemnisé) ; – **personnel** ; – **direct** ; et doit porter atteinte à un **intérêt légitime**.

2.3 Conditions de mise en œuvre de la responsabilité pénale

- ▸ Un élément légal (un acte interdit) : l'infraction doit être prévue par un texte de loi.

- ▸ Un élément matériel (une action ou une omission) : réalisation de l'infraction.

- ▸ Un élément intentionnel : volonté et conscience de nuire à autrui ou à la société.

2.4 Cas d'exonération de responsabilité

- ▸ Force majeure : événement imprévisible, insurmontable et extérieur à la personne. Ex. : hold-up.

▸ Fait d'un tiers : dans ce cas, la faute a été provoquée par un tiers (un proche a contribué à faciliter le vol ou l'utilisation frauduleuse du chéquier ou de la carte).

▸ Faute de la victime. Ex. : imprudence du titulaire de la carte bancaire.

3. La déontologie

La relation banque-client implique des droits et devoirs réciproques. Le banquier a des obligations engageant sa responsabilité à la fois envers son client (obligation de tenue de compte, secret bancaire, obligation de surveillance, obligation de rendre compte…) et envers les tiers (obligation de vérification de l'identité, de l'adresse du titulaire du compte…).

Déontologie

Ensemble des règles de bonne conduite en matière de comportement professionnel et personnel, dictées par le respect d'obligations légales ou réglementaires et certains principes d'éthique.

Afin d'assurer le respect de la primauté des intérêts des clients et de l'intégrité du marché, l'article L. 533-4 du code monétaire et financier énonce les obligations des établissements prestataires de services d'investissement :

Article L. 533-4 du code monétaire et financier
– Se comporter avec loyauté et agir avec équité au mieux des intérêts de leurs clients et de l'intégrité du marché.
– Exercer leur activité avec la compétence, le soin et la diligence qui s'imposent, au mieux des intérêts de leurs clients et de l'intégrité du marché.
– Être doté des ressources nécessaires pour mener à bien leurs activités et mettre en œuvre ces ressources et procédures avec un souci d'efficacité.
– S'enquérir de la situation financière de leurs clients, de leur expérience en matière d'investissement et de leurs objectifs en ce qui concerne les services demandés.
– Communiquer, d'une manière appropriée, les informations utiles dans le cadre des négociations avec leurs clients.
– S'efforcer d'éviter les conflits d'intérêts et, lorsque ces derniers ne peuvent être évités, veiller à ce que leurs clients soient traités équitablement.

- Se conformer à toutes les réglementations applicables à l'exercice de leurs activités de manière à promouvoir au mieux les intérêts de leurs clients et l'intégrité du marché.
- Pour les sociétés de gestion de portefeuille, exercer les droits attachés aux titres détenus par les organismes de placement collectif en valeurs mobilières qu'elles gèrent, dans l'intérêt exclusif des actionnaires ou porteurs de parts de ces organismes de placement collectif en valeurs mobilières et rendre compte de leurs pratiques en matière d'exercice des droits de vote dans des conditions fixées par le règlement général de l'AMF. En particulier, lorsqu'elles n'exercent pas ces droits de vote, elles expriment leurs motifs aux porteurs de parts ou actionnaires des organismes de placement collectif en valeurs mobilières.

Les règles énoncées doivent être appliquées en tenant compte de la compétence professionnelle, en matière de services d'investissement, de la personne à laquelle le service d'investissement est rendu.

3.1 Les principales obligations

Primauté des intérêts de la clientèle

Le banquier ne doit pas agir au détriment des clients ou des tiers dans la diffusion d'informations, lors de la vente d'un produit ou service, ou d'une façon générale, dans la nature des informations fournies à un confrère par exemple.

Intégrité des marchés

Les clients doivent bénéficier d'une information, d'une protection et d'un traitement assurant l'égalité la plus absolue entre eux afin de préserver l'équité et protéger leur vulnérabilité. L'AMF a d'ailleurs rendu obligatoire la désignation d'un déontologue pour tout prestataire de services financiers pour garantir cette attention particulière que nécessite l'activité sur les marchés.

Figure 9.3 – Les trois délits majeurs

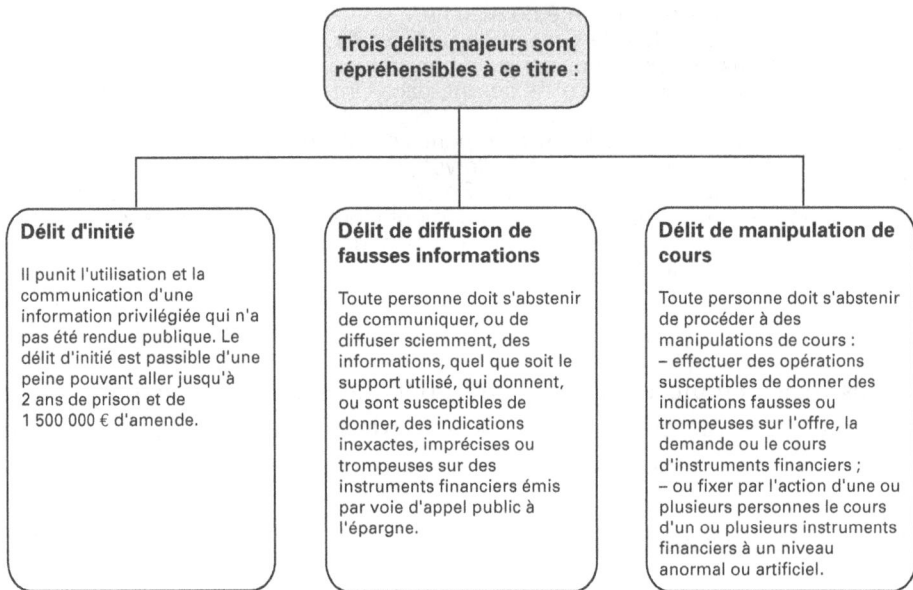

```
        ┌─────────────────────────┐
        │ Trois délits majeurs sont│
        │ répréhensibles à ce titre│
        └─────────────────────────┘
```

Délit d'initié

Il punit l'utilisation et la communication d'une information privilégiée qui n'a pas été rendue publique. Le délit d'initié est passible d'une peine pouvant aller jusqu'à 2 ans de prison et de 1 500 000 € d'amende.

Délit de diffusion de fausses informations

Toute personne doit s'abstenir de communiquer, ou de diffuser sciemment, des informations, quel que soit le support utilisé, qui donnent, ou sont susceptibles de donner, des indications inexactes, imprécises ou trompeuses sur des instruments financiers émis par voie d'appel public à l'épargne.

Délit de manipulation de cours

Toute personne doit s'abstenir de procéder à des manipulations de cours :
– effectuer des opérations susceptibles de donner des indications fausses ou trompeuses sur l'offre, la demande ou le cours d'instruments financiers ;
– ou fixer par l'action d'une ou plusieurs personnes le cours d'un ou plusieurs instruments financiers à un niveau anormal ou artificiel.

3.2 Loyauté vis-à-vis de son employeur

Cet aspect, souvent évoqué dans la convention collective de la banque, précise la transparence à l'égard de l'employeur, ou de son représentant légal dûment mandaté, en ce qui concerne les opérations effectuées à titre personnel sur des instruments financiers *via* son ou ses comptes, ou sur ceux pour lesquels le salarié bénéficie d'un pouvoir de gestion ou de décision.

3.3 Respect des lois et règlements et vigilance particulière à l'égard du blanchiment

Vont s'appliquer dans ce cadre le respect de la réglementation en vigueur et les devoirs et obligations du banquier sur l'ouverture, le fonctionnement et la clôture du compte. Même si le principe de non-ingérence interdit au banquier de s'immiscer dans la gestion des comptes de ses clients, il est soumis à un devoir de prudence et de vigilance. La lutte contre le blanchiment en est la parfaite illustration.

3.4 Conclusion

Le non-respect de la déontologie expose la banque, voire le collaborateur à des sanctions disciplinaires, qui viendraient s'ajouter à la mise en jeu de la responsabilité personnelle du salarié auprès des juridictions compétentes (sanctions pénales notamment).

De nouvelles sources de responsabilité du banquier contenue dans la loi sur la sécurité financière du 1er août 2003 entrent progressivement en application. Les nouveaux textes sur le démarchage financier en sont une bonne illustration.

Tableau 9.1 – Responsabilités dans le fonctionnement du compte

Devoirs du banquier	Applications
L'obligation de tenir le compte	– Tenue du compte sans erreur ni omission – Bonne tenue du compte dont les opérations sont liées en affaire avec des tiers – Les opérations doivent être portées en compte en temps et en heure selon les usages, sous respect des règles d'ordre public (date de valeurs) – Le défaut de protestation d'un client après réception d'un relevé de compte ne couvre pas les erreurs éventuelles que ce relevé peut contenir
L'obligation de surveillance	– La responsabilité du banquier est engagée vis-à-vis des tiers – La responsabilité du banquier est limitée au principe de non-ingérence
L'obligation de rendre compte	– La banque fournit des relevés périodiques d'information des opérations réalisées (souvent une fois par mois) – Chaque cotitulaire doit être informé individuellement de la clôture d'un compte joint
L'obligation de conseil	– Notion d'obligation d'information – Notion d'obligation de renseignement – Notion d'obligation de conseil – Notion de mise en garde
L'obligation particulière	– Traitement adapté pour les personnes en situation de faiblesse – Traitement particulier des régimes spécifiques (tutelle, curatelle…) – Notion d'abus de faiblesse

4. Le secret professionnel

Tableau 9.2 – Les différents aspects du secret professionnel

Aspects juridiques	Instauré par la loi bancaire du 24 janvier 1984, et intégré depuis dans le code monétaire et financier à l'article 511-33, le secret professionnel est défini ainsi : « Tout membre d'un conseil d'administration et, selon le cas, d'un conseil de surveillance et toute personne qui, à un titre quelconque, participe à la direction ou à la gestion d'un établissement de crédit ou qui est employé par celui-ci, est tenu au secret professionnel... » La loi prévoit, toutefois, certains cas ou situations où la levée du secret professionnel n'est pas opposable. En outre, la commission bancaire, la Banque de France, tout comme l'autorité judiciaire dans le cadre d'une procédure pénale, peuvent prétendre à communication d'éléments confidentiels
Aspects techniques	Le banquier se heurte à deux difficultés : – Quelles sont, parmi les informations détenues sur ses clients, celles qui relèvent du secret professionnel et celles que l'on peut communiquer à un tiers ? – Quels sont les cas et les conditions dans lesquels on doit révéler un secret professionnel ?
Aspects commerciaux	La difficulté du banquier réside dans la limite des informations fournies et le suivi du compte du client : – Les limites : si le banquier ne fournit pas assez d'information à une autorité, celle-ci lui reprochera d'entraver la bonne marche de ses investigations ou enquêtes, tout comme, dans certains cas, le client pourra reprocher les réticences au banquier qui n'aura pas facilité l'entrée en relation d'affaires avec un tiers. – Le suivi : le banquier devra être vigilant au regard des investigations qui sont faites sur les comptes de son client par la fréquence et la nature des demandes d'informations des différentes autorités, révélant ainsi des difficultés avérées et qui peuvent nuire à l'évolution de la relation

---

Attention !

Dans le cadre de sa profession, le banquier ne doit jamais révéler à son client le fait qu'il soit visé par une enquête ou une demande d'investigation par une de ces autorités, sous peine d'être accusé de complicité, ou d'entraver le bon déroulement d'une enquête qui concerne le client. Le secret professionnel est, là aussi, plus que nécessaire dans son application !

5. La lutte contre le blanchiment

Les lois de 1990 et 1993 ont instauré une obligation de déclaration de soupçon, ainsi qu'une obligation de vigilance pour les banques. Ces obligations ont été élargies par la loi sur les Nouvelles Régulations Économiques (NRE) de mai 2001.

Figure 9.4 – Évolution de la réglementation

12/07/1990 Obligation de vigilance (trafic de stupéfiants) + **Obligation de déclaration** de soupçon à TRACFIN

29/01/1993 Extension de surveillance aux sommes pouvant provenir de l'activité d'organisations criminelles

13/05/1996 Délit de blanchiment constitué par le fait d'apporter son concours à une opération de blanchiment

1998/2001/2004 Obligations de déclaration étendues : les notaires, les sociétés d'assurances, les entreprises d'investissement, les changeurs manuels puis les casinos, marchands de biens de grande valeur (objet d'art, pierres et métaux précieux, antiquités), les agents immobiliers, les avocats, experts comptables et CAC.

15/11/2001 Identification du noircissement : lutte contre le terrorisme

5.1 Les trois phases du blanchiment des revenus d'activités criminelles

▸ Conversion : introduire dans le système bancaire et financier des fonds (souvent en espèces) provenant de tout crime et délit.

▸ Empilage : dissimuler l'origine criminelle des fonds, par multiplication des opérations entre divers comptes, produits, établissements, et/ou personnes dans plusieurs pays.

▸ Intégration : « recycler » les gains d'activités illicites, en les plaçant dans l'économie légale, pour les rendre utilisables.

Le blanchiment est un délit pénal qui peut être juridiquement défini de deux façons :
– « Faciliter, par tout moyen, la justification mensongère de l'origine des biens ou des revenus de l'auteur d'un crime ou d'un délit. »
– « Apporter un concours à une opération de placement, de dissimulation ou de conversion du produit direct ou indirect d'un crime ou d'un délit. »

5.2 Les obligations des établissements de crédit

Obligations de déclaration

Depuis la loi NRE, les banques déclarent automatiquement à TRACFIN (Traitement du Renseignement et Action contre les Circuits FINanciers clandestins) :

▸ toute opération dont l'identité du donneur d'ordre ou du bénéficiaire reste douteuse malgré les vérifications d'identité auxquelles les organismes financiers doivent procéder ;

▸ toute opération faisant apparaître un fonds fiduciaire (et notamment trust ou fiducies) dont l'identité des constituants ou des bénéficiaires n'est pas connue.

Obligations de vigilance

Suite aux lois de 1990 et 1993, les banques sont tenues :

▸ d'identifier tout client avant de nouer une relation contractuelle avec lui. Cette obligation concerne également d'autres professions, comme les notaires, avocats…

▸ d'identifier les clients « occasionnels » qui demandent de faire des opérations supérieures à 8 000 € ou de louer un coffre ;

▸ de surveiller particulièrement les opérations supérieures à 150 000 €, qui se présentent dans des conditions de complexité inhabituelles, et ne paraissent pas avoir de justification économique ou d'objet licite. Les entreprises bancaires doivent se renseigner auprès du client des caractéristiques de l'opération, et consigner ces caractéristiques par écrit.

Obligations d'organisation

Les entreprises bancaires doivent :

▸ écrire des procédures internes décrivant les mesures à suivre pour respecter les obligations ;

▶ former et informer leur personnel ;

▶ s'assurer que leurs filiales et succursales à l'étranger respectent ces règles. Si les réglementations locales ne le permettent pas, elles doivent en informer TRACFIN.

Obligations spécifiques de contrôle et de vérification pour les chèques

Depuis le règlement Comité de la réglementation bancaire et financière d'avril 2002 pour assurer le contrôle des chèques à des fins de lutte contre le blanchiment et contre le financement du terrorisme, les banques doivent :

▶ introduire des mesures spécifiques sur le contrôle des chèques dans leur règlement écrit ;

▶ mettre en place un programme annuel de contrôle d'une sélection de chèques, en fonction de l'activité de la banque, de l'évolution des typologies de blanchiment et des informations du GAFI (Groupe d'Actions Financières) ;

▶ mettre en place une organisation interne assurant l'efficacité des contrôles, notamment par la formation du personnel.

5.3 Les organismes de contrôle

TRACFIN

Créée en 1990, TRACFIN est une cellule rattachée à la Direction Générale des Douanes et Droits Indirects (DGDDI).

Quelque 70 personnes y travaillent, essentiellement des fonctionnaires des douanes. Le service est dirigé par un secrétaire général, qui est aussi le directeur général des douanes et droits indirects. Il compte également un magistrat. Le rouage opérationnel est assuré par environ 50 enquêteurs analystes financiers, qui traitent les déclarations de soupçons reçues.

Une double mission

▶ Coordonner le renseignement sur les circuits financiers clandestins, en recueillant, traitant et diffusant les informations.

▶ Recevoir et enrichir les déclarations de soupçons.

Ses déclarations constituent la clé de voûte du dispositif français anti-blanchiment.

Des pouvoirs spécifiques

▸ Il peut faire opposition à l'exécution de l'opération déclarée pendant 12 heures maximum. Le président du tribunal de grande instance de Paris peut proroger ce délai.

▸ Il peut demander à tout organisme financier la communication de toutes pièces relatives à une opération, soit pour reconstituer l'ensemble des transactions effectuées par une personne et liées à l'opération suspecte, soit pour renseigner les services étrangers exerçant des compétences analogues.

Le secret bancaire n'est donc pas opposable à TRACFIN

Après enquête, lorsque les soupçons mènent à une présomption de blanchiment, TRACFIN saisit le procureur de la République. Il saisit aussi les autorités judiciaires chaque fois que ses investigations mettent en lumière des faits délictueux situés à la périphérie du champ strict de la déclaration de soupçon (fraudes et contrefaçons, escroqueries, corruption, etc.).

Le Groupe d'Action Financière (GAFI)

Créé lors du sommet du G7 à Paris en 1989, le GAFI est un organisme intergouvernemental qui développe des stratégies de lutte contre le blanchiment de capitaux. Il regroupe 34 pays membres et 2 organisations internationales, dont la Commission européenne.

Les 40 recommandations

En 1990, le GAFI a rédigé un plan d'action contre le blanchiment des capitaux sous forme de 40 recommandations, révisées en 1996. Elles traitent du rôle du système de justice pénale dans cette lutte, du rôle du système financier et de sa réglementation ainsi que de la coopération internationale. Chaque État membre s'est engagé à mettre en œuvre ces 40 principes, en fonction de ses propres spécificités et contraintes.

Une vingtaine de recommandations concernent plus particulièrement le système financier (banques et institutions financières non bancaires).

Par exemple, ces entreprises doivent :

▸ identifier tous leurs clients et conserver les documents appropriés ;

▸ déclarer les transactions suspectes et mettre en place des mesures de contrôle interne ;

▸ accroître leur vigilance dans toutes leurs relations avec les pays dont les dispositifs anti-blanchiment sont défaillants.

Depuis le 22 octobre 2004, 9 recommandations spéciales ont été ajoutées aux 40 premières. Elles concernent surtout la lutte contre le terrorisme (gel et confiscation des biens terroristes, par exemple).

La liste des Pays et Territoires Non coopératifs (PTNC)

Le GAFI inscrit sur cette liste les pays pour lesquels la vigilance doit être accrue car ils présentent, par exemple, des défaillances dans leurs dispositifs anti-blanchiment ou un manque de volonté manifeste de coopération. Cette évaluation s'effectue sur la base de 25 critères. À ce jour, plus aucun pays ne figure sur la liste des PTNC.

→→→ Site incontournable : www.fatf-gafi.org

Glossaire des opérations bancaires courantes

Comme elles s'y étaient engagées devant le Comité Consultatif du Secteur Financier, les banques mettent à la disposition du public un glossaire contenant près d'une centaine de termes fréquemment utilisés dans le domaine de la relation bancaire. Pour chacun de ces termes, une définition simple et facilement compréhensible est proposée. Elle permet de bien saisir le sens des mots et la réalité qu'ils recouvrent.

Bien sûr, certaines expressions peuvent aborder une réalité juridique qui va au-delà de la simple définition proposée ici. Ce glossaire s'inscrit délibérément dans une démarche pédagogique accessible au plus grand nombre.

Abonnement. Convention passée avec une banque à un prix déterminé et périodique pour la mise à disposition régulière ou pour l'usage habituel de services.

Abonnement à des services de banque à distance. Frais perçus par la banque pour un abonnement à son offre de services de banque à distance (Internet, téléphone fixe, téléphone mobile, SMS…).

Agence. Lieu d'accueil de la clientèle d'une banque.

Agios. Intérêts débiteurs perçus par la banque, généralement à l'occasion d'un découvert en compte, calculés en fonction de la somme, de la durée et du taux d'intérêt du découvert, et auxquels s'ajoutent les frais et commissions.

Amortissement. Remboursement, prévu en une ou plusieurs fois, d'un emprunt. Selon le type d'emprunt, il peut être étalé dans le temps ou effectué en une seule fois en fin de contrat.

Autorisation de découvert. Accord donné par la banque permettant de bénéficier d'un découvert d'un montant maximal déterminé et remboursable selon des modalités convenues d'avance, notamment dans la convention de compte de dépôt ou dans un contrat.

Autorisation de prélèvement. Autorisation donnée par le client à sa banque de payer les prélèvements qui seront présentés par une société ou des créanciers désignés par autorisation.

Avis à tiers détenteur (ATD). Procédure administrative (forme de saisie-attribution) permettant au Trésor public ou à l'Administration fiscale d'obtenir le blocage puis le règlement, une fois le délai de contestation de deux mois expiré, de sommes qui leur sont dues au titre de certains impôts.

Banque. Établissement autorisé par la loi à assurer des opérations de banque, c'est-à-dire la réception de fonds du public, les opérations de crédit ainsi que la mise à la disposition de la clientèle ou la gestion de moyens de paiement. Le terme « établissement de crédit » ou « caisse » est également utilisé.

Carte bancaire. Moyen de paiement prenant la forme d'une carte émise par un établissement de crédit et permettant à son titulaire, conformément au contrat passé avec sa banque, d'effectuer des paiements et/ou des retraits. Des services connexes peuvent y être associés (assurance, assistance…).

Carte de crédit. Carte de paiement permettant à son titulaire de régler des achats et/ou d'effectuer des retraits au moyen d'un crédit préalablement et contractuellement défini.

Carte à autorisation systématique. Carte de paiement à débit immédiat permettant à son titulaire de régler des achats et également d'effectuer des retraits dans les automates bancaires (DAB/GAB), après vérification de la provision disponible sur son compte de dépôt, sauf exception (péages par exemple). Les achats et/ou les retraits sont débités immédiatement.

Carte à débit différé. Carte de paiement permettant à son titulaire de régler des achats dont les montants sont débités par la banque, généralement en fin de mois. Toutefois, les retraits sont débités au jour le jour.

Carte à débit immédiat. Carte de paiement permettant à son titulaire de régler des achats et/ou d'effectuer des retraits dont les montants sont généralement débités au jour le jour.

Carte de retrait. Carte délivrée par la banque permettant d'effectuer exclusivement des retraits de billets dans des automates bancaires (DAB/GAB). Son utilisation peut être limitée ou non à un seul guichet bancaire, à une seule banque ou à une seule agence.

Change manuel. Opération qui consiste à convertir des billets de banque d'une monnaie dans une autre monnaie. Cette opération donne généralement lieu à la perception d'une commission de change.

Chèque. Moyen de paiement normalisé avec lequel le titulaire (tireur) d'un compte donne l'ordre à son banquier (tiré) de payer au bénéficiaire du chèque la somme inscrite sur celui-ci. La provision doit être disponible lors de l'émission du chèque et maintenue jusqu'à sa présentation.

Chèque de banque. Chèque émis par une banque à la demande du client, et dont le montant, immédiatement débité du compte de dépôt du client, est de cette façon garanti. Les chèques de banque sont souvent exigés pour le règlement d'achats importants.

Chèque de voyage (ou « traveller's chèque »). Moyen de paiement acheté à la banque, libellé en euros ou en devises étrangères, payable à tous les guichets de la banque ou de ses correspondants à l'étranger et accepté par certains commerçants pour régler des achats.

Chèque sans provision. Chèque émis sur un compte de dépôt dont le solde disponible ou le découvert autorisé est insuffisant pour régler le montant du chèque. L'émetteur se voit interdit d'émettre des chèques jusqu'à ce qu'il régularise sa situation. L'émission d'un chèque sans provision entraîne des frais bancaires et, éventuellement, des pénalités à payer au Trésor public (si la régularisation n'a pas lieu dans un délai de deux mois après l'interdiction). La provision doit être disponible dès l'émission du chèque et maintenue jusqu'à sa présentation.

Chéquier. Carnet comportant généralement 25 à 30 formules de chèques (ou « vignettes »). Certaines banques donnent le choix du format du carnet.

Code BIC. Code permettant d'identifier une banque au niveau international. Il se trouve sur le relevé de compte. Il est nécessaire au traitement automatisé des virements européens et internationaux.

Code IBAN. Code permettant d'identifier un compte bancaire au niveau international. Il se trouve sur le relevé de compte. Il est nécessaire au traitement automatisé des virements européens et internationaux.

Code RIB. Code permettant en France d'identifier les coordonnées bancaires d'un client. Le RIB comporte le nom du titulaire du compte, le nom de la banque, le code établissement, le code guichet, le numéro de compte et la clé de contrôle. Désormais, y figurent également le code IBAN et le BIC. Il peut être communiqué par le client à tous ses débiteurs ou créanciers pour permettre l'enregistrement automatique des opérations (virements, prélèvements, TIP) sur son compte.

Commission. Somme perçue par une banque en rémunération d'un service fourni à son client.

Compte de dépôt. Compte bancaire ordinaire (ou compte courant) utilisé pour gérer quotidiennement son argent. C'est sur ce compte qu'un client dispose en général d'une carte bancaire et d'un chéquier. Le compte doit être créditeur, sauf accord avec la banque.

Convention de compte de dépôt. Contrat écrit entre une banque et une personne physique n'agissant pas pour des besoins professionnels. Il précise les conditions dans lesquelles fonctionne ce compte et les droits de chacune des deux parties. Toute ouverture d'un compte de dépôt donne lieu obligatoirement à la signature d'une convention de compte de dépôt.

Cotisation à une offre groupée de produits et de services. Frais perçus périodiquement sur le compte d'un client pour la mise à disposition d'une offre de prestations de services groupées.

Cotisation carte. Frais perçus, généralement annuellement, sur le compte du client pour la mise à disposition ou le renouvellement d'une carte bancaire et des services correspondants.

Créancier. Personne physique ou morale à qui est due une somme d'argent.

Crédit (écriture de crédit). Opération comptable qui augmente le solde du compte, par exemple à la suite d'un virement reçu, d'un dépôt d'espèces, ou d'une remise de chèque.

Crédit (opération de crédit). Opération par laquelle un établissement de crédit met ou promet de mettre à disposition d'un client une somme d'argent moyennant intérêts et frais, pour une durée déterminée ou indéterminée. (Lorsque le crédit est dit gratuit, les frais et les intérêts sont nuls.)

Crédit renouvelable. Opération par laquelle un établissement de crédit met ou promet de mettre à la disposition d'un client une somme d'argent moyennant intérêts et frais sur la partie utilisée. Cette somme est réutilisable au fur et à mesure des remboursements en capital. Elle peut être remboursée à tout moment, en totalité ou en partie.

DAB. Appareil qui permet de retirer une somme d'argent du solde du compte bancaire à l'aide d'une carte bancaire et d'un code confidentiel, dans des limites fixées à l'avance contractuellement.

Date d'opération. Date à laquelle l'opération est effectuée par le client.

Date comptable. Date à laquelle la banque enregistre comptablement l'opération sur le compte du client.

Date de valeur. Date de référence qui sert au calcul des intérêts créditeurs ou débiteurs.

Débit (écriture de débit). Opération comptable qui diminue le solde du compte, par exemple à la suite de l'émission d'un chèque, d'un prélèvement ou d'un retrait d'espèces à un DAB.

Débiteur (nom). Personne physique ou morale tenue de remplir une obligation. Le plus souvent, il s'agit de payer une somme d'argent à un créancier. Un compte de dépôt est dit débiteur lorsque son solde est négatif.

Débiteur (adjectif). Position d'un compte de dépôt dont le solde est négatif, ou adjectif qualifiant des intérêts (intérêts débiteurs).

Découvert du compte. Position d'un compte de dépôt lorsque son solde est négatif. Cette situation peut avoir été contractualisée (autorisation de découvert) préalablement ou non par le banquier.

Dépassement. Fait d'excéder le montant d'un seuil (plafond autorisé) ; par exemple, découvert du compte ou seuil de retrait d'espèces autorisé par carte bancaire.

Droit au compte. Droit qui permet à une personne, si elle n'a pas ou plus de compte de dépôt et si une banque refuse de lui en ouvrir un, de demander à la Banque de France de désigner une banque où bénéficier d'un compte et des services bancaires gratuits associés au droit au compte.

Droits de garde. Frais perçus par la banque pour la conservation d'un portefeuille de valeurs mobilières (actions, obligations…).

Émission de chèque. Signature du chèque par son titulaire et remise ou envoi à son bénéficiaire.

Endos de chèque (ou « endossement »). Formalités pour l'encaissement d'un chèque (*cf.* remise de chèque). Le bénéficiaire signe au dos du chèque. L'encaissement d'un chèque par la banque du client, pour le porter sur son compte, nécessite un endossement préalable de sa part.

Envoi de chéquier. Envoi postal auquel procède la banque pour adresser le (les) chéquier(s) au client. Cet envoi est payant.

Espèces. Terme utilisé pour désigner les billets de banque et les pièces de monnaie.

Forfait de frais par chèque rejeté pour défaut de provision. Frais perçus forfaitairement par la banque pour un rejet de chèque, lorsque le chèque a été rejeté pour défaut ou insuffisance de provision.

Frais. Montant prélevé par l'établissement de crédit au titre de la réalisation d'une opération ou de la fourniture d'un service.

GAB. Appareil qui permet à l'aide d'une carte bancaire et de son code confidentiel d'effectuer un certain nombre d'opérations sur un compte (retrait d'argent, consultation du compte, commande de chéquier…), contrairement au DAB qui ne permet que des retraits de billets.

Incidents de fonctionnement du compte. Fonctionnement du compte hors du cadre défini contractuellement avec la banque ou de celui défini par la loi ou la réglementation (par exemple, dépassement de découvert autorisé).

Instrument de paiement. Instrument (carte bancaire, chèque, prélèvement, virement, TIP et porte-monnaie électronique) mis à la disposition d'un client permettant de réaliser une opération (débit ou crédit) sur son compte. Il faut y ajouter les espèces.

Intérêts créditeurs. Somme due au client au titre de ses comptes rémunérés ou de ses placements. Le calcul de cette somme tient compte des dates de valeur.

Intérêts débiteurs. Somme due à la banque lorsqu'un compte présente un solde négatif pendant un ou plusieurs jours. Le calcul de cette somme tient compte des dates de valeur.

Lettre d'information préalable pour chèque sans provision.
Lettre adressée par la banque, lorsque le client a émis un chèque sans provision, préalablement au rejet du chèque. Elle informe le client des délais pour constituer la provision et régulariser sa situation ainsi que des conséquences, notamment financières, d'un éventuel rejet.

Libellé. Ensemble de mots et abréviations utilisés sur les relevés de compte et précisant la nature et l'origine des opérations.

Location de coffre-fort. Location d'un compartiment sécurisé par la banque dans ses locaux à un client, pour que celui-ci y dépose des valeurs personnelles.

Mise en place d'une autorisation de prélèvement. Enregistrement par la banque de l'autorisation de prélèvement donnée par le client. Elle est nécessaire et préalable au paiement des prélèvements.

Offre groupée de produits et services (ou « package »). Offre globalisée de produits et services permettant de couvrir un ensemble de besoins d'un client. Chaque produit ou service peut être souscrit séparément.

Opposition administrative. Procédure administrative (forme de saisie-attribution) permettant au Trésor public d'obtenir le blocage, puis le règlement, dans un délai de quinze jours, des sommes qui lui sont dues au titre d'amendes ou de condamnations pécuniaires.

Opposition carte par la banque. Opération par laquelle la banque refuse toute transaction en cas d'utilisation abusive d'une carte par le titulaire de la carte (client-porteur).

Opposition carte par le client-porteur (titulaire). Opération par laquelle le titulaire (client-porteur) de la carte signale à sa banque, par courrier, Internet ou téléphone confirmé par courrier, la perte, le vol ou l'utilisation frauduleuse de la carte, ou le redressement/la liquidation judiciaire du bénéficiaire du paiement par carte.

Opposition chèque(s)/chéquier(s) par l'émetteur (titulaire).
Opération par laquelle l'émetteur d'un chèque ou le titulaire d'un chéquier signale à sa banque, par courrier, Internet ou téléphone confirmé par courrier, la perte ou le vol ou l'utilisation frauduleuse du chèque/chéquier ou le redressement/la liquidation judiciaire du bénéficiaire, de ce (ces) chèque(s)/chéquier(s).

Opposition sur prélèvement. Opération par laquelle le titulaire d'un compte donne l'ordre à sa banque, par courrier, Internet ou téléphone confirmé par courrier, de refuser à l'organisme émetteur la demande de(s) paiement(s) qu'il a présentée et pour laquelle une autorisation préalable de prélèvement avait été donnée.

Porte-monnaie électronique. Moyen de paiement hébergé sur une carte (spécifique ou incorporée dans une carte de paiement) émise par un établissement de crédit et permettant à son titulaire d'effectuer des paiements de petits montants (actuellement moins de 30 €). Il est rechargé d'un certain montant par le client et est utilisable chez les commerçants et prestataires de services adhérents.

Prélèvement. Opération qui permet à la banque, conformément à l'autorisation de prélèvement donnée par le client, de payer un créancier en débitant son compte de dépôt.

Prélèvement impayé. Rejet d'un prélèvement par la banque quand le solde disponible du compte est insuffisant pour le régler.

Prêt. Opération par laquelle la banque met à la disposition d'un client une somme d'argent. En contrepartie, celui-ci verse à la banque des intérêts et divers frais et lui rembourse le capital selon des modalités déterminées dans un contrat. Les prêts sont de diverses formes, selon leur objet : prêt immobilier, prêt à la consommation (prêt personnel, prêt affecté…).

Recherche de documents. Prestation généralement payante de recherche et d'édition par la banque, à la demande du client, de documents concernant son compte (historique de compte, duplicata de relevés de compte, documents juridiques…).

Rejet de chèque. Refus de paiement, par la banque de l'émetteur, d'un chèque remis à l'encaissement par le bénéficiaire. Le refus est le plus souvent dû à un défaut ou à une insuffisance de provision.

Rejet de prélèvement. Refus du paiement d'un prélèvement du fait d'une insuffisance de provision ou d'une opposition demandée par le client.

Relevé de compte. Document récapitulant les opérations enregistrées sur le compte d'un client pendant une période déterminée, généralement mensuelle. Il est conseillé de le conserver pendant dix ans.

Remboursement périodique de prêt. Paiement à la banque, à l'échéance contractuelle convenue, d'une partie du capital et des intérêts auxquels s'ajoutent des frais d'assurance éventuels.

Remise de chèque(s). Dépôt de chèque(s) par le client auprès de sa banque pour encaissement. Elle nécessite la signature du bénéficiaire au dos du chèque (endos) et l'indication du numéro de compte à créditer.

Retrait. Opération par laquelle un client retire de son compte, au distributeur de billets ou au guichet, une certaine somme en espèces dont le montant est porté au débit de son compte. Les conditions de facturation ne sont pas les mêmes suivant que le retrait est fait ou non auprès d'une autre banque que la sienne, et à l'intérieur ou hors de l'Union européenne.

Saisie-attribution. Procédure juridique permettant à un créancier de se faire payer le montant de sa créance. Le créancier doit nécessairement disposer d'un titre exécutoire (jugement). Il existe une somme insaisissable sur le compte (solde bancaire insaisissable) dans la mesure où ce compte est créditeur.

Solde bancaire insaisissable. Somme forfaitaire qui ne peut être saisie. Elle est destinée aux besoins alimentaires immédiats lorsque le compte est saisi. Toute personne dont le compte est saisi peut, sur simple demande auprès de sa banque dans les quinze jours suivant la saisie, disposer de cette somme insaisissable égale au RMI « pour une personne seule », dans la limite du solde créditeur du compte. Le solde bancaire insaisissable n'est possible que sur un seul compte de dépôt, même si le client dispose de plusieurs comptes.

Solde du compte. Différence entre la somme des opérations au débit et au crédit d'un compte. Le solde est dit créditeur (positif) lorsque le total de ses crédits excède celui de ses débits, et débiteur (négatif) dans le cas contraire.

Taux d'intérêt. Pourcentage permettant de calculer la rémunération d'une somme d'argent pour une période donnée (jour, mois, année).

Télérèglement. Moyen de paiement permettant de régler à distance une dette. Il est à l'initiative du débiteur.

TIP. Moyen de paiement envoyé par un créancier à l'appui d'une facture afin de la régler à une date précise. Le débit du TIP sur le compte du client peut intervenir dès réception du TIP du créancier.

Virement. Opération par laquelle un client donne l'ordre à sa banque de débiter son compte pour en créditer un autre. Il peut être occasionnel ou permanent.

© Groupe Eyrolles

Virement occasionnel automatisable dans l'UE. Virement occasionnel, d'un montant inférieur ou égal à 12 500 € (50 000 € à partir du 1er janvier 2007), émis dans l'UE (y compris la France), d'un compte vers un autre compte en fournissant l'identité correcte du bénéficiaire. En France, cette identité est fournie par le RIB et dans l'UE par l'IBAN et le BIC.

Virement occasionnel non automatisable émis sans RIB, BIC ou IBAN (Europe), ou émis hors d'Europe. Virement, soit ne remplissant pas les conditions d'automatisation dans l'UE (*cf.* définition du virement occasionnel automatisable dans l'UE), soit pour lequel le compte du bénéficiaire est situé en dehors de l'UE.

Source : www.fbf.fr

Liste des principaux acronymes

ADI :   Assurance-Décès Invalidité

AERAS : s'Assurer pour Emprunteur avec un Risque Aggravé de Santé

AFD :   Agence Française du Développement

AFECEI : Association Française des Établissements de Crédit et des Entreprises d'Investissement

AMF :   Autorité des Marchés Financiers

APL :   Aide Personnalisé au Logement

ASF :   Association Française des Sociétés Financières

ATD :   Avis à Tiers Détenteur

BC/BE : Bon de Caisse/Bon d'Épargne

BCE :   Banque Centrale Européenne

BFBP : Banque Fédérale des Banques Populaires

BIC :   *Bank Identifier Code*

BMTN : Bon à Moyen Terme Négociable

BOR :   Billet à Ordre-Relevé

CAT :   Compte À Terme

CAUE : Conseil d'Architecture, d'Urbanisme et de l'Environnement

CCCC : Caisse Centrale de Crédit Coopératif

CCH :   Code de la Construction et de l'Habitation

CCLRF : Comité Consultatif de la Législation et de la Réglementation Financière

CCSF : Comité Consultatif du Secteur Financier

CDGF : Conseil de Discipline de la Gestion Financière

CDN : Certificat de Dépôt Négociable

CEC : Compte d'Épargne Codéveloppement

CECEI : Comité des Établissements de Crédit et des Entreprises d'Investissement

CEL : Compte d'Épargne Logement

CGLS : Caisse de Garantie du Logement Social

CMF : Conseil des Marchés Financiers

CNCEP : Caisse Nationale des Caisses d'Épargne et de Prévoyance

CNCM : Confédération Nationale du Crédit Mutuel

CNCT : Conseil National du Crédit et du Titre

CNIL : Commission Nationale de l'Informatique et des Libertés

COB : Commission des Opérations de Bourse

CPCCM : Conférence Permanente des Caisses de Crédit Municipal

CRBF : Comité de la Réglementation Bancaire et Financière

CRC : Comité de la Réglementation Comptable

CRDS : Contribution pour le Remboursement de la Dette Sociale

CRM : *Customer Relationship Management*

CSG : Contribution Sociale Généralisée

CSL : Compte Sur Livret

DAB : Distributeur Automatique de Billets

DGDDI : Direction Générale des Douanes et Droits Indirects

DGI : Direction Générale des Impôts

EDC : Établissement De Crédit

EMV : *Eurocard Mastercard Visa*

EONIA : *Euro Overnight Index Average*

EURIBOR : *EURo InterBank Offered Rate*

EURL : Entreprise Unipersonnelle à Responsabilité Limitée

FBE : Fédération Bancaire Européenne

FBF : Fédération Bancaire Française

FCC :   Fichier Central des Chèques

FCP :   Fonds Commun de Placement

FGAS :   Fonds de Garantie de l'Accession Sociale à la propriété

FGD :   Fonds de Garantie des Dépôts

FIBEN : Fichier Bancaire des Entreprises

FICOBA : Fichier des Comptes Bancaires et Assimilés

FICP :   Fichier national des Incidents de remboursement des Crédits aux Particuliers

FMG :   Fonds Mutuel de Garantie

FNCI :   Fichier National des Chèques Irréguliers

GAB :   Guichet Automatique de Banque

GAFI :   Groupe d'Actions Financières

GIE :   Groupement d'Intérêt Économique

GIFS :   Groupement des Institutions Financières Spécialisées

IBAN :   *International Bank Account Number*

IFS :   Institution Financière Spécialisée

IS :   Impôt sur les Sociétés

LCR :   Lettre de Change-Relevé

LDD :   Livret de Développement Durable

LEE :   Livret d'Épargne Entreprise

LEP :   Livret d'Épargne Populaire

LJ :   Livret Jeune

LOA :   Location avec Option d'Achat

MATIF : Marché À Terme International de France

MCNE : Mobilisation de Créance Née sur l'Étranger

MIF :   Marché d'Instruments Financiers

MONEP : Marché des Options NÉgociables de Paris

MURCEF : Mesures URgentes de Réformes à Caractère Économique et Financier

NFC :   *Near Field Communication*

NRE :   Nouvelles Régulations Économiques

ONF :   Office National des Forêts

ONIC :   Office National Interprofessionnel des Céréales

OPCVM : Organisme de Placement Collectif en Valeurs Mobilières

PACS : Pacte Civil de Solidarité

PAS : Prêt d'Accession Sociale

PASS : Plafond Annuel de la Sécurité Sociale

PC : Prêt Conventionné

PCE : Prêt à la Création d'Entreprise

PEA : Plan d'Épargne en Actions

PEG : Plan d'Épargne Groupe

PEI : Plan d'Épargne Interentreprises

PEL : Plan d'Épargne Logement

PEP : Plan d'Épargne Populaire

PERCO : Plan d'Épargne Retraite Collectif

PERP : Plan d'Épargne Retraite Populaire

PFL : Prélèvement Forfaitaire Libératoire

PIN : *Personal Identification Number*

PNB : Produit Net Bancaire

PPD : Privilège de Prêteurs de Deniers

PTIA : Perte Totale et Irréversible d'Autonomie

PTNC : Pays et Territoires Non Coopératifs

RDS : Remboursement de la Dette Sociale

RMI : Revenu Minimum d'Insertion

RNG : Revenu Net Global

SACI : Société Anonyme de Crédit Immobilier

SARL : Société Anonyme à Responsabilité Limitée

SBB : Service Bancaire de Base

SCM : Société Civile de Moyens

SCOP : Société Coopérative de Production

SCP : Société Civile Professionnelle

SCPI : Société Civile de Placement Immobilier

SDR : Société de Développement Régional

SELARL : Société d'Exercice Libéral à Responsabilité Limitée

SEPA : *Single Euro Payments Area*

SICAV : Société d'Investissement à Capital Variable

SIG :   Soldes Intermédiaires de Gestion

SIREN :   Système d'Identification du Répertoire des Entreprises

SIRET :   Système d'Identification du Répertoire des éTablissements des entrepreneurs individuels

SMS :   *Short Message Service*

SOFICA : Société pour le Financement du Cinéma et de l'Audiovisuel

SRD :   Service à Règlement Différé

TAEG :   Taux Actuariel Effectif Global

TIBEUR : Taux Interbancaire offert en EURope

TIP :   Titre Interbancaire de Paiement

TLE :   Taxe Locale d'Équipement

TMM :   Taux du Marché Monétaire

TPE :   Terminaux de Paiement Électroniques

TPE :   Très Petite Entreprise

TRACFIN : Traitement du Renseignement et Action contre les Circuits FINanciers clandestins

TRI :   Taux de Rendement Interne

URSSAF : Union de Recouvrement des Cotisations de Sécurité Sociale et d'Allocations Familiales

VEFA :   Vente en l'État Futur d'Achèvement

www.ingramcontent.com/pod-product-compliance
Lightning Source LLC
Chambersburg PA
CBHW080515220326
41599CB00032B/6086